Un Breton à Paris

Du même auteur

Aux Éditions Albin Michel

Romans

LES CHEMINS DE KERGRIST, prix de l'Académie de Bretagne
LE DIEU DES CHEVAUX
LA MAISON DU MOUSTOIR
LE MUR D'EN FACE
LE CHEMIN NOIR
LA VILLE EN LOQUES, prix des Volcans
LE CHÂTEAU D'AMOUR
LE CHRIST AUX ORTIES
CHANTICOQ
LES NUITS DU PARC-LANN
LA QUERELLE DE DIEU
LA TRAVERSÉE DU LAC
L'EMPIRE DES FOUGÈRES
UNE ENFANCE BRETONNE
LA SAISON DU BOURREAU

Poésie

LA LAMPE DU CORPS
STANCES DU VERBE AMOUR
LA MARCHE DES ARBRES, grand prix international de poésie
JEUNESSE DE DIEU, prix Apollinaire
LE SONGE ET LE SANG, grand prix de poésie de l'Académie française

Poésie complète

LA LUMIÈRE ET L'ARGILE (1945-1970)
LE RÈGNE ET LE ROYAUME (1970-1982)
LA SOURCE ET LE SECRET (1982-1990), bourse Goncourt de la poésie
DANSES ET CHANTS POUR ÉLISANE (1990-1995)

Suite en fin de volume

Charles Le Quintrec

Un Breton à Paris

Albin Michel

IL A ÉTÉ TIRÉ DE CET OUVRAGE

Quarante exemplaires sur vergé blanc chiffon, filigrané des Papeteries Royales Van Gelder Zonen, de Hollande, dont trente exemplaires numérotés de 1 *à* 30, *et dix exemplaires, hors commerce, numérotés de* I *à* X.

22, rue Huyghens, 75014 Paris

www.albin-michel.fr

ISBN broché 2-226-13458-1
ISBN luxe 2-226-13491-3

À Notre-Dame-des-Victoires
mon amour et ma reconnaissance.

Je passais au bord de la Seine
Un livre ancien sous le bras
Le fleuve est pareil à ma peine
Il s'écoule et ne tarit pas
Quand donc finira la semaine ?

Guillaume APOLLINAIRE.

Rue Saint-Joseph

1

TOUT enfant on m'avait prédit que je prendrais le train des grandes ruptures, ce train qui s'arrête dans toutes les petites gares comme pour vous dire que vous avez encore le temps de vous saisir de votre valise, la possibilité de faire demi-tour et de rentrer chez vous.

Je fus tenté de descendre à Questembert, Redon, Ponchâteau, Savenay, puis j'ouvris un journal, allumai une cigarette et me laissai glisser vers Nantes à la vitesse des arbres et des talus qui paraissaient me vouloir accompagner à contresens et à contre-voie.

Ce 18 décembre 1948 qui était un samedi, ma sœur Marie-Jo m'attendait à la gare Montparnasse. C'était la vieille gare, celle qui avait amusé les badauds en pendouillant une locomotive très fofolle à la verticale de sa façade.

Ma sœur m'embrassa, s'enquit de la santé des parents et, comme j'avais très soif, m'entraîna dans un bar de la rue de l'Arrivée. Le garçon y pourchassait, avec des injures, une vieille dame qui proposait les journaux du soir à la clientèle. J'appelai la malheureuse et lui achetai *Paris-Presse*.

Repassant derrière le comptoir en me jetant un regard assassin, le grossier personnage mit un long temps à nous servir.

« T'en verras d'autres, dit Marie-Jo. Si tu commences à vouloir entrer dans des querelles qui ne te regardent pas, tu vas vite regretter Vannes et sa femme ! »

Elle eut un rire que je ne lui connaissais pas et me tendit un ticket de métro.

« Nous descendrons à Sentier. C'est la station la plus commode pour la rue Saint-Joseph. Sentier et Bourse. Tu apprendras vite à te débrouiller dans le jeu des correspondances... Je te connais. Tu vas devenir un vrai Parisien. »

L'assurance de ma sœur me fut désagréable. À vingt-deux ans, quittant Vannes et ma thébaïde du château de Limoges, je « montais » à Paris dans l'espoir d'oublier la maladie et la misère qui trop souvent avaient été mon lot ; dans l'espoir aussi de me manifester dans la capitale en tant que poète.

J'étais encore malade, mais de poésie cette fois, ce que j'essayais de cacher de mon mieux, même à mon entourage. Parfaitement incurieuse de mes exercices littéraires et de mes états d'âme, Marie-Jo me fit l'éloge de la « pension de famille » qui allait être la mienne.

Rue Saint-Joseph, nous fûmes accueillis par certaine dame Brousse qui nous guettait. Ma sœur m'en avait parlé comme d'une personne très riche. Nonobstant son immense fortune, j'eus le temps de me rendre compte qu'elle vivait dans un galetas pire que notre cachot de la rue de Séné.

Appuyée au chambranle de l'Expérience, elle négligea de répondre à mon salut, vint me regarder sous le nez et me fit comprendre qu'elle ne serait dupe ni de mes fantaisies, ni de mes comédies et qu'aussi beau parleur que je pourrais être, elle saurait percer mes manières et bientôt mes mensonges.

« Il me reste le placard du troisième pour ce jeune homme, dit-elle. Il saura y ranger ses affaires et dormir à son aise. »

Ce quadrilatère de chambre agrémenté, si on peut dire, d'une fenêtre donnant sur une cour dont on ne voyait pas le pavé, ressemblait à un débarras. La tapisserie laissait voir des effilochures et des pans de muraille qui remontaient à Saint Louis. Comme la table, la chaise était boiteuse. L'armoire qui avait perdu ferrures et vernis ressemblait à ces épaves que les naufrageurs récupèrent en mer d'Iroise.

Je rangeai ma valise dans une encoignure et sortis sur le palier pour m'asperger à la fontaine qui se trouvait là. Ne sachant que faire de cette fin de journée, je frappai à la porte de Marie-Jo et lui demandai de m'accompagner chez Hervé Bazin.

Impasse Daunay, à la perpendiculaire du Père-Lachaise, à deux pas de la Petite Roquette qui était une prison de femmes, Marie-Jo impressionnée à l'idée de rencontrer un écrivain dont on parlait dans les journaux, se souvint d'une course qu'elle avait à faire dans le quartier et me quitta sans plus d'explications.

Je fus aussi tenté de prendre la fuite. Brusquement, il me sembla que l'asphalte n'était plus très stable sous mes chaussures. Je n'ai pas changé : les personnages que je n'invente pas, à distance, me font peur. Plus encore quand ils ont la réputation de se défier des importuns et des soi-disant poètes.

Ayant triomphé d'un escalier des plus hasardeux où circulaient des fragrances javellisées et la minuterie venant à s'éteindre, je frappai à une porte qui se révéla être la bonne. Elle s'ouvrit sur une pièce avec une machine à écrire sur une table et quelques livres sur des rayonnages.

Je me nommai et Bazin, sans plus de civilités, se fit fraternel. Il m'aida à me débarrasser de mon manteau, pendit celui-ci à la patère de la porte et me présenta à sa femme. Elle n'eut aucun élan, aucune parole de bienvenue et je pensai à écourter ma visite. Sans doute habitué à ces manières, Bazin me dit : « Arrive ! »

Je pénétrai dans une chambrette chaudement ouatée et je vis Jacqueline se penchant sur un berceau. Elle nous demanda de ne plus bouger et de parler bas. Chut !... Me désignant l'enfançon dont on ne voyait que les yeux et le nez, Bazin chuchota : « C'est mon fils ! C'est Jean-Paul ! »

Pour m'impressionner – mais je sus bientôt que c'était vrai –, il se flatta d'avoir, de ses mains, fabriqué les meubles de son petit ménage.

À l'entendre, il maniait le rabot et la varlope mieux que la plume et l'odeur du hêtre et du merisier le changeait agréablement de celles des carbones et des encres de couleur. Menuisier, mais aussi ébéniste, il vous enjolivait une commode digne de Boulle et vous festonnait une simple planche pour le plaisir de la fixer au haut de l'armoire ; plus encore dans la penderie où elle ne serait vue de personne.

À Guernesey, Victor Hugo avait usé de ce vice-là et poussé jusqu'aux plafonds du salon et du billard, des meubles achetés aux enchères de l'île.

Le succès de *Vipère au poing* lui brossant l'avenir en rose, j'eus bientôt en face de moi l'homme qui m'adressait à Vannes des lettres sur le bon usage des livres et sur la manière de parvenir à la notoriété littéraire.

Alors que je le tutoyais dans mes épistoles, je m'abaissai lâchement à lui dire *vous*. Il en fut affecté cinq minutes, puis n'y pensa plus.

Simple, parlant bas, curieux, il manifestait des silences qui préludaient à des questions précises. Ainsi, il me demanda de lui parler de ma vie à Vannes entre Paul-Alexis Robic et Mme Debauve dont il approuvait l'enthousiasme à mon endroit. Par-dessus tout, il entendait que je l'entretienne du château de Limoges.

Visiblement, ce château l'intriguait. À ma honte, je dus avouer qu'il n'appartenait pas à ma famille, que nous n'étions, parmi d'autres, que des châtelains vacataires. Il eut un sourire qui lui galocha la fossette du menton et posa une main cordiale sur mon épaule l'air de me dire : « Quelle importance ! »

Nous passâmes à table. La soupe était bonne. Sorti de son berceau, Jean-Paul en eut sa part. Moi, avant de porter la cuiller à ma bouche, j'hésitai à faire le signe de la croix. Mon hôte remarqua mon trouble et laissa couler à saccades un rire grelottant qui devait être celui de Brasse-Bouillon devant Folcoche.

Avec du vin, je m'enhardis à le regarder en face pour la première fois. Derrière des lunettes d'écaille comme en portent les chefs de clinique et les professeurs, les yeux paraissaient s'amuser de tout et se moquer du reste. Ils se durcissaient pour vous demander une attention plus soutenue. En lame de couteau, la bouche se voulait à la fois malicieuse et rassurante. Le menton relevait deux lobes volontaires. Tout le visage semblait hésiter entre gaminerie et pondération gravissime. Je compris que l'auteur, encore jeune, cachait mal les charmants désordres de son personnage.

Emprunté en diable, j'enrageais de ma timidité. Histoire de me reprendre un peu, je lui passai des poèmes qu'il lut avec plaisir. C'étaient des octosyllabes dans le goût d'Apollinaire mais avec quelque chose de ma patte :

Dans le lazaret de ma ville
Je sculpte un rêve féodal
L'automne est un prince tzigane
Si délicat de la poitrine
Qu'un baiser d'amour lui fait mal[1]...

Une nouvelle que j'avais écrite avant de prendre le train, lui parut également intéressante. Il la ferait publier dans un hebdomadaire dirigé par un ami. Encouragé, j'allai chercher dans la poche de mon manteau les pages d'un roman célinien des plus mal léchés. Il y mit le nez puis éclata de rire.

« Dis donc, tu as de la libido à revendre ! Attention de ne toucher au sexe qu'avec des pincettes ! Il y a trop de feu là-dedans pour s'y brûler trop jeune ! Quel âge as-tu ?... Vingt ans ?... Quoi, vingt-deux ans ! On ne devient romancier que la trentaine faite. Oublie ça ! Passe à autre chose. Pour le moment, sois pleinement poète et laisse faire le temps. »

Je signais Charles-André Girod. À ses yeux, c'était là un nom qui ne semblait pas devoir passer la rampe. Un pseudonyme ?... Mais alors quelle idée !... Quand il apprit que je m'appelais Le Quintrec, il se leva comme indigné.

« Tu vas me faire le plaisir d'entrer dans ton patrimoine ! Tu n'as peut-être pas de château, mais ton nom, celui de ton père, de tes aïeux, en est un ! Ici, on ne recevra plus Girod. Le Quintrec, lui, sera toujours le bienvenu. À toi de jouer ! »

Il me poussa vers une commode dans les tiroirs de laquelle des « traits », dans des calepins, voisinaient avec des « poèmes

1. *Les Temps obscurs.* (Toutes les notes sont de l'auteur.)

en forme de torche ». Un abécédaire de couleurs – ô Rimbaud ! – attendait qu'on le complétât. Parmi les titres de romans qu'il entendait déposer à la Société des Gens de lettres : *La Mort du petit cheval*, *Les Évadés de la Pentecôte* ; *L'Huile sur le feu* ; *Lève-toi et marche*. Il rêvait d'écrire le roman de sa belle-mère, femme aimante et douce. Ce serait une contre-vipère. Cela mettrait fin aux polémiques bourgeoisement idiotes suscitées par son livre.

Je crus arrivé le moment de lui parler de certains confrères que Paul-Alexis Robic et moi-même tenions en haute estime. Il me répondit par une lecture de *La Tête contre les murs*, roman qu'il venait d'achever – mais le manuscrit regorgeait encore de notes et de repentirs. Il lisait sans effets de voix, sans élever le timbre de celle-ci. Il semblait économiser son souffle et libérait un œil inquisiteur qui cherchait à deviner la nature de mes réactions.

Mon voyage m'avait tellement fatigué que je ne parvenais pas à comprendre ce qu'il me lisait. Je faisais des efforts surhumains pour garder les yeux ouverts et marquer un intérêt qui allait crescendo.

Pris par son œuvre, il advint qu'il m'oubliât. Il lisait pour lui. Se relisait en quelque sorte. Non pour je ne sais quelle satisfaction narcissique, plutôt pour se rassurer sur son travail. Le maçon se trouvait là, au pied du mur. Peut-être était-il aussi maçon à ses moments perdus !

Mme Bazin allait et venait de la cuisine à la chambre de Jean-Paul sans s'occuper de nous. Il se trouvait toujours quelque chose à redresser dans son domaine. Ce que nous disions de Hugo, de Balzac, de Zola et des poètes de *La Coquille*[1] : Bernard Clavel, Armand Lanoux, Youri, Robert Sabatier, lui était parfaitement indifférent. Elle n'ouvrit pas trois fois la bouche de la soirée. Elle se voulait tout entière à sa progéniture.

Digne des maîtres qu'il s'était choisis et se voulant leur égal, il referma son manuscrit pour m'entretenir des grands éditeurs parisiens et de la stratégie qu'il est bon de développer pour les surprendre, les séduire et les mettre dans sa poche. Grasset était son dieu.

Son discours comportait des « secrètes » qu'il étouffait avec un air d'en savoir toujours plus long. Gide, Montherlant, Mauriac, tous avaient quelque chose à cacher. Les grandes familles ne tiennent que si la rente répond du savoir-vivre et du savoir-faire.

Lancé dans cette direction, il me parla héritages, droits de succession, contrats, droits d'auteur, éditions, rééditions, projets de traduction et d'adaptation, articles, iconographies, intervious.

Le mot de Gide : « Familles, je vous hais ! », lui ayant porté chance, il riait comme un gamin d'avoir appris que la terrible Folcoche le lisait sous le manteau et, publiquement, le félicitait de sa réussite. Il disait en faisant un sort à chaque syllabe : « Elle et moi sommes faits du même métal. »

Il quitta la littérature pour la Bretagne dont il aimait les aspérités et le vieil océan. Plus qu'Angevin, il se voulait Breton. Par son père, Hervé, et par sa génitrice, fille de Jean Guilloteaux, sénateur du Morbihan. La bretonnitude expliquait de son caractère et de son entêtement à l'ouvrage. Il

1. Revue fondée et dirigée par Hervé Bazin.

me demanda de porter les doigts dans sa chevelure et se flatta de sa « bosse bigoudène ». Je n'avais rien à opposer à tant de fortune.

Vers dix heures du soir, notre ego versant dans la mélancolie, il m'emmena aux Insulaires, bistrot de la rue Saint-Louis-en-l'Ile que fréquentaient trois ou quatre douzaines de porte-lyres.

Comme – succès oblige – il était sorti par la grande porte de leur petite boutique, il fut accueilli sans chaleur excessive et l'on fut totalement incurieux de savoir qui j'étais et de quoi je pouvais être capable.

Je les revois autour du poêle antédiluvien qu'il fallait rengorger et tisonner de quart d'heure en quart d'heure, les cheveux leur tombant aux épaules en boucles crasseuses, prenant la pose, avançant le menton, goguenards, fielleux, jugeant des littérateurs et de leurs chefs-d'œuvre comme autant de bravaches. Tout leur était cible et dans ce tout, Claudel, Gide, Montherlant, Mauriac, Malraux se trouvaient être les plus visés.

Ils entouraient des filles mal tournées, mal coiffées, la cuisse haute, la gorge offerte. Plus que la littérature, la révolution permanente leur permettait d'être agressives, vulgaires et de dire des horreurs. Elles tiraient à l'épate sur le cigare de George ; idolâtraient Louise Labé, la Belle Cordière ; portaient aux nues Louise Michel, Rosa Luxembourg, les vivandières de l'an II, la mère de Rousseau, celle de Gavroche et les putains des barricades. Sans Bazin qui me regardait curieusement et qui se tordait à sourires silencieux, j'eusse crié de mon admiration à ces pucelles-là !

Pour couper court aux invectives des uns et aux folleries des autres, Bazin me demanda de dire un poème. Je n'osai m'exécuter. Par avance, j'étais épouvanté de devoir me mettre le cœur à nu devant ces voyeurs.

Président des plus paternes, André Philippot passait la parole à Reignoux qui bénéficiait d'une claque fidèle ; à Spiraux, à Michel Mériel qui vous torchait la métaphore aussi bien que le père Hugo. Claude Berna racontait qu'il s'était trouvé nez à nez avec Lucifer dans la chambre d'Antonin Artaud ; Michel Mourre, lui, rêvait d'épouvanter les chaisières de Notre-Dame. En dominicain défroqué, il se flattait de savoir s'y prendre.

Philippot écoutait benoîtement les uns et les autres. Sa componction était parfaite. Il appréciait d'un signe de tête et marquait un début de désapprobation avec la même éloquence. La figure poupine, le ventre rond, il affichait en toute circonstance les certitudes de l'homme bien nourri. Pour l'émouvoir, il eût fallu en venir aux mains.

Ces gens-là – en cette soirée cela m'apparut au grand jour – ne s'intéressaient qu'aux poètes maudits que Verlaine, l'oreille à la beethovénie, avait réchappés des bouquineries des bords de Seine. Villon, le gigantal ancêtre, Baudelaire, Rimbaud leur permettaient de changer plus souvent d'idée que de chemise et de pousser véhémentement leur ami Artaud dans une camisole de force. Mourir fou, fou furieux, paraissait l'idéal à atteindre. Comme n'est pas fou qui voudrait nous en faire accroire, on jouait à la folie ; on invoquait la Kabbale et le Grand Albert ; on invectivait des monstres ; on s'extasiait de monstresses, de déesses callipyges et de nabots fornicateurs sortis de Jérôme Bosch.

Ainsi, cette première journée de Paris n'avait été qu'une soirée de tabac, de bière, de vin, d'œuvrettes insipides, de sarcasmes, de pirouettes et de paradoxes. Manquaient le gilet rouge de Théophile Gautier et les cheveux bleu soleil de Baudelaire. La mode en était passée.

Je quittai Bazin sous les tours Notre-Dame avec promesse de se revoir bientôt et je voulus rentrer par les quais.

Dans l'ombre, la Seine paraissait grelotter. L'heure et la nuit glaciale entretenaient de maigres feux sous les ponts.

Je fus accosté par un énergumène qui me demanda un argent que je n'avais pas et menaça de me plonger dans le fleuve où tremblaient des réverbères. Il céda le pas à une fille qui marcha à ma hauteur le manteau entrouvert. Une cigarette au bec, elle voulut m'offrir de sa tendresse et m'emmener à Capoue, dans une péniche. Elle fut tendre, attendrie, puis grossière. Elle appela un homme qui paraissait faire le guet, mais je détalai comme aux plus beaux jours et me retrouvai sur le Pont-Neuf.

Aux Halles, sous les pavillons de Baltard, grouillait une humanité hirsute, confrontée à des tâches multiples qui exigeaient un furieux empressement. Le Zola [1] de ma rue l'avait magnifiquement décrite.

Je pris par la rue Montorgueil où des crainquebilles mettaient une dernière main à leur boutiquaille. Dans leur ombre, les chiffonniers étaient à l'ouvrage et crochaient dans le bois et le carton.

Un guignol sortit de dessous une porte cochère pour me parler des femmes. « Vous me voyez en Maurice, dit-il, mais j'ai d'autres noms que la police connaît. Motus ! »

---

1. Zola est né rue Saint-Joseph.

Ses yeux broussailleux abordaient les mystères de la féminité avec d'étranges lueurs. Ses mains dessinaient, caressaient des galbes imaginaires. Avec autant de barbe que de cheveux, le tout à la diable, il m'avoua descendre du prince de Galles. À l'entendre, il recevait une pension de Buckingham Palace. En vérité peu de chose, quand même de quoi se payer quelques « fillettes » de beaujolais nouveau.

Il raffolait des fillettes qu'il portait à sa bouche avec délectation. Il irait à Saint-Eustache pour la première messe. Il se tiendrait sous le porche et avancerait le chapeau vers les âmes compatissantes. Elles auraient trop froid pour lui jeter ou lui refuser une pièce. Il se mettrait à genoux devant la plus belle, joindrait les mains et la bénirait dans la majesté de ses bottes de cuir, de sa toque et de son manteau de loutre. Elle se laisserait attendrir. « Tenez, vieux ladre, payez-vous du pain frais et laissez-moi passer ! »

Il riait, Maurice, et crachait un jus de chique qui lui dégoulinait le long des poils de la barbe. Son breuvage m'apparut digne de son humour.

Ce fut dans sa compagnie – et sans qu'il s'en doutât, bien sûr ! – que j'entendis un air pour qui Nerval eût donné « tout Rossini, tout Mozart et tout Weber ». C'était, sur une flûte traversière, l'évocation d'un village d'enfance avec une rivière pour lui laver les pieds. Je pensai au Parc-Lann, à mes jeux d'autrefois avec René de l'Assistance, Marie et Joseph Caudal.

Comme j'avais été heureux sous les peupliers du long de la Marle. Alors, une chèvre et trois chevreaux crépus suffisaient à mon bonheur. Qu'en adviendrait-il maintenant que Paris me savait perdu ?

Autour de nous, dans ce troquet sordide que le pauvre Villon aurait abandonné à la chienlit, on dansait, on riait

– on riait de nous ! – et l'on se donnait la fête. On lançait les dés, on battait les cartes, on criait des choses affreuses et l'on rentrait dans une danse des plus chaloupées au son d'un accordéon trônant sur une estrade.

« À la tienne, fiston, et vive l'anarchie ! »

Au moment de le quitter, Maurice m'embrassa à la vie à la mort et ce fut superbement gris que je retrouvai le placard de Mme Brousse en faisant attention de ne réveiller personne.

2

MME Brousse entendait savoir ce que j'allais devenir. Sur le palier de sa loge, les bras croisés sur sa poitrine, les cheveux filasse torsadés en chignon, les yeux comme délavés par les averses de l'existence, petite, presque frêle dans l'ample manteau de laine grisâtre, elle me voulait sonder, me conduire pour le moins à des confidences.

Moi, j'ignorais qui j'allais être demain, après-demain, dans une semaine, dans un an. Sans diplôme, sans qualification professionnelle, que pouvais-je espérer d'un monde que je savais cruel et d'une ville qui me faisait peur ?

Entourées de ses filles – adolescentes qu'elle avait recueillies à la charité – elle me fit l'éloge d'un M. Salomon, fourreur de son état, qui possédait deux magasins rue du Sentier. Il recherchait un calicot avec du courage et voulant apprendre. Je n'aurais pas à emprunter le métro et l'autobus pour me rendre à mon travail. Économie de temps et de fatigue ! Et puis, M. Salomon était un si brave homme !

Ma sœur l'interrompit et, tout à trac, vanta mes qualités d'écriture. Jamais autant !... Un bureaucrate ! Qui aurait pu penser une chose pareille !

« Bernadette, allez me chercher mon châle, cette jeunesse

me donne froid ! Vous, Germaine, faites taire le chien ou plutôt, sortez-le ! Il a sûrement ses besoins... Voyez-vous, jeune homme, il vous faut regarder la vie en face pour en attraper un morceau. J'en connais de votre âge dans des affaires qui roulent ! C'est pas les écritures qui les gênent, c'est le compte en banque qui leur donne du poids ! Enfin, à votre aise, mais vous allez vite vous rendre compte que Paris va vous apprendre à vivre. »

Je fus dehors, comme délivré. Mon petit déjeuner je le pris dans ce café de la rue Montmartre où, en juillet 1914, Jean Jaurès fut assassiné. Depuis le collège, j'admirais cet homme de bien qui avait payé de sa vie les vertus de son verbe. Toutes jaunies qu'elles fussent, on pouvait encore lire, sous le buste du tribun, les coupures de presse rapportant l'horreur d'un drame affreux et d'un deuil national.

Ému comme je l'étais facilement alors, je crus devoir dire un mot de l'événement au patron qui me regarda d'un œil darne tandis que la patronne dépinglait une liasse de billets de banque au-dessus de sa caisse.

Dans une loggia à petit guichet donnant sur le trottoir, une jeune brunette vendait des horoscopes et des billets de Loterie nationale. Je rêvai de lui acheter tous ses gagnants et de l'emmener se divertir à la Bastille, dans un bistrot dont Marie-Jo disait merveilles. Je dus me contenter de lui adresser un signe amical de la main auquel elle répondit par un haussement d'épaules.

Pressé par ma sœur qui me voulait avec une situation, je me mis à consulter les journaux pour les annonces. Ils étaient pleins de crimes, de guerres, de rois fous, de boxeurs dopés, de comédiens snobs, d'écrivains tristement épurés par leurs pairs.

Non seulement la France, mais le monde entier suppurait de partout. Dans les îles sous le vent, les tontons macoutes – pires que les tyrans abyssins – forçaient des femmes sans honneur et des filles sans pucelage.

Il était écrit que le mal ne venait pas que de la guerre, toute mondiale qu'elle eût été à deux reprises, mais de l'homme incapable de réfréner ses plus bas instincts.

Dans *Combat* qui se fabriquait rue du Croissant, parallèle à la rue Saint-Joseph, les potins – plus encore littéraires – en appelaient aux Jouhandeau qui se battaient pour l'édification du Tout-Paris et à Jacques Prévert, poète populaire, qui bricolait des collages scabreux. Ses *Feuilles mortes* faisaient vomir les délicats, mais plaisaient aux autres, aux plus nombreux, qui s'envoyaient en l'air en « tapinant » dessus.

Dans *L'Intransigeant* – demandez *L'Intran* ! – je recevais en prime l'image tricolore de la politique française qui permettait à l'étranger de se payer notre tête. Nous étions la risée de l'Europe et du monde. Nous n'avions pas eu assez de la Seconde Guerre mondiale, il nous fallait nous battre encore en Indochine, en Afrique, à Madagascar. Nous étions le corps malade de l'Occident par ailleurs mal inspiré face aux puissances totalitaires et aux menaces de Staline.

Le maître du Kremlin exerçait une sorte de fascination sur les peuples satellites de l'URSS et les autres. Chez nous, il avait le parti des fusillés et l'intelligentsia à ses bottes.

Nous étalions notre impuissance à gérer nos affaires et passions de présidents désignés en présidents pressentis ; de présidents renversés dès qu'investis, en présidents par intérim.

Le miracle ? C'est que nous avions des équipes de rechange à tous les niveaux et que les hommes de valeur ne manquaient pas dans nos marécages.

On se battait à la Chambre comme on l'avait fait, jadis, sur les grands chemins. On s'invectivait de travée en travée. On allait jusqu'à glisser des anacoluthes et des anaphores dans la pompe de ses comminations. « Le fascisme ne passera pas ! », telle était l'antienne.

Sorti du café, je me laissais happer par la foule des Grands Boulevards. C'était une foule faite de tout, capable de s'enflammer pour un déni de justice et pour la justice de Matamore.

Oisive et pressée, méfiante et candide, travaillée en ses remous par des appels, des cris, des piétinements de passages cloutés ; livrée aux badauderies des uns, aux agressions des autres, elle refluait de Bonne-Nouvelle vers Richelieu-Drouot, quand, à contre-courant, je me retrouvai face au théâtre de l'Ambigu que des esprits sacrilèges parlaient de démolir.

Cette Mecque du mélodrame parlait à mon imagination. Mussé là-haut, chez « les enfants du paradis » je reconnaissais le mime Debureau, Lacenaire, l'assassin-poète ; Frédéric Lemaître, le Grand Frédéric qui, tous les soirs, tenait la scène et faisait grossir ses femmes en une seule nuit. C'est du moins ce qui se peut lire dans les annales.

J'appris à flâner, à traîner la jambe de rue en ruelle, à revenir sur mes pas pour entr'apercevoir des filles sous les portes cochères.

Dans des yeux d'adolescentes, je surprenais les roses bleues de ma chance. Elles se retournaient pour rire, sourire et se moquer. Quand il m'arrivait de les accoster et de les inviter à boire quelque chose, je leur parlais de nos chemins creux, de nos grèves, de nos landes, du plaisir que je prenais à les faire chanter dans mes poèmes à la manière du divin Guillaume. Ignorant tout d'Apollinaire, elles pouffaient à ce nom et me quittaient – la barbe ! – sans se retourner.

Mme Brousse disait à ma sœur qu'elle se désolait de me voir désoccupé. À ses yeux, si je n'avais pas de travail, je ne manifestais pas le goût d'en trouver un. Cependant, certain peaussier qui me voulait engager, avait laissé un message à me remettre à la taverne de la mère Bride, boutique de basses poutres, avec un bar de vieux noyer derrière lequel, en catiminois, la tenancière vous fabriquait une « verte » digne de Verlaine.

L'amour de « l'absomphe » réunissait là gens de même espèce : Juifs mal revenus des camps de la mort qui cherchaient à rattraper le temps perdu dans des affaires qui flambent et s'éteignent le jour même ; journalistes, expéditionnaires de presse, couturiers clandestins. On faisait cercle autour du bar et l'on cachait aux très rares intrus la couleur de la boisson des poètes et des dieux.

Je vis M. Gouze. Il m'offrit trois mille francs par mois pour douze heures de travail d'affilée, avec repos le jour du sabbat.

Trois mille francs pour douze heures de travail par jour, plutôt crever rue Montorgueil, à la manière de Maurice, prince des rues.

Je remerciai le peaussier de son offre généreuse. C'était un petit homme noir de peau et de cheveu avec dans la voix des intonations ludiques. Il demeurait chez Zola, dans la maison où l'écrivain était né en 1840. Il s'en battait l'œil. Il n'avait rien lu du romancier et me disait, en prenant son voisin, le dénommé Jacob, à témoin : « Cé pas avec dé romances qu'on fait frouctifier lé affaires dé cé monde. » Je lui fis remarquer qu'une belle peau pouvait faire la fortune d'un beau livre, à commencer par la Bible. Il en convint avec une sorte de bagoulement et me tourna le dos.

Ce fut par l'entremise d'un ami de Marie-Jo qui connaissait rue de Clichy certain Georges Delattre, que j'entrai à la banque Scalbert.

La veille de Noël, ma sœur m'emmena au Carreau du Temple où j'acquis des souliers italiens à bouts pointus ; un pantalon marron foncé dont il fallut raccourcir les jambières ; une veste pied-de-poule et deux chemises à rayures. Ce fut habillé de neuf, endimanché en quelque sorte, que je pénétrai le 3 janvier 1949 dans le vaste hall de la maison de crédit.

Je sus immédiatement que je n'y étais pas à ma place. La curiosité des uns, l'indifférence des autres, la suffisance de certains chefs-chefs, me jetèrent dans les alarmes. Je regrettai ma chambre glaciale du château de Limoges et mes longues promenades dans les rues de Vannes et vers la pointe des Émigrés [1]. Les mouettes rieuses, les goélands argentés et les hérons bleu cendré de la fable vinrent brusquement à me manquer. L'image de maman, je la perdais boulevard Haussmann et je la retrouvais, quelque peu floue, à l'angle des rues La Fayette et de la Chaussée-d'Antin. Là, dès huit heures du matin, une vieille femme grillait des châtaignes et, d'une main charbonneuse, vous en tendait dans un cornet de papier-journal.

La saveur de ce fruit que je dégustais en marchant vers la Trinité, me rendait les bonheurs des bois de Trézélo et du Rest où j'avais fringué dans la compagnie de Josic. Que deve-

1. Voir *Une enfance bretonne*, Éditions Albin Michel, 2000.

nait ce bougre ? Était-il triste comme je l'étais moi-même ? Regrettait-il mon compagnonnage ? Buvait-il toujours de cette liqueur d'étoiles que l'on recueille dans les alambics de la nuit ? J'aurais donné dix ans de ma vie pour le revoir à l'auberge de Kerluherne et le suivre de Plescop à Paimpont.

M. Georges Delattre qui m'avait fait passer un examen probatoire, me tint la porte d'un long corridor et me précéda dans un bureau où s'affairaient une vingtaine de personnes. Je fus placé sous les ordres de M. Malin qui demanda à Marie-Thérèse Jouveneau de me mettre au courant.

Elle avait un beau visage grave et des manières aristocratiques. Ses espiègleries étaient d'une enfant. Un mot trop leste, une grossièreté la fermaient pendant des heures. Elle était à la fois lisse et candide et douée – du moins dans le travail – d'une intelligence remarquable.

Comme elle jouait à la maîtresse d'école, je lui parlai de Hugo, de Nerval, de Verlaine, de Guillaume Apollinaire. Elle ne connaissait de Victor Hugo que le poème à Léopoldine : « Demain, dès l'aube... » Aux poètes, elle préférait les chanteurs à guitare qui se mouchent dans leurs cheveux. Luis Mariano était son idole. Elle l'allait applaudir au Châtelet avec sa sœur et Simone Thomas.

Secrétaire de M. Malin, Simone Thomas était une fille brune, élancée, le menton agrémenté d'une magnifique fossette. Je fus pendant deux ou trois semaines dans l'embarras de les aimer toutes les deux.

Seule, Simone eût accepté que je lui fasse la cour. Il nous arrivait d'avoir des apartés et d'échanger des impressions sur le travail et les collègues, vers les Galeries Lafayette pendant des heures. Nous parlions aussi de Paris, des théâtres, des cinémas, des derniers films que nous avions vus.

Je lui apportai *La nuit remue*, d'Henri Michaux, que le locataire qui m'avait précédé dans le placard avait en quelque sorte laissé derrière lui à mon intention. Cet ouvrage m'avait dilaté la rate et l'esprit et rendu avec force le besoin d'écrire. J'en parlai à Simone avec tant d'enthousiasme qu'elle devina quelque chose de mon feu.

Elle-même, lectrice passionnée, me prêta *La Vie de Rancé*. J'y plongeai avec délices. Ma dette envers François René de Chateaubriand date de ces jours-là.

« Sociétés depuis longtemps évanouies, combien d'autres vous ont succédé ! Les danses s'établissent sur la poussière des morts et les tombeaux poussent sous les pas de la joie. Nous rions et chantons sur les lieux arrosés du sang de nos amis. Où sont aujourd'hui les maux d'hier ? Où seront demain les félicités d'aujourd'hui ? Quelle importance pourrions-nous attacher aux choses de ce monde ?... »

Ce ton testamentaire m'étreignait le cœur. Je savais être là au plus haut de la langue française. Cette prose portée par les orages de la vie, je la trouvais ample et sourde avec une musique qui lui donnait des ailes.

Je me précipitai à la Bibliothèque nationale où l'on me remit les poésies du grand homme. Curieusement, je les jugeai fades.

« J'ai beaucoup fait de vers avant de descendre à la prose. » Cet aveu me stupéfia et je me demande encore comment – en avance qu'il était sur ses contemporains pour tout ce qui se rapporte à l'intuitif et à l'imaginatif – il a pu s'abuser sur lui-même au point de passer les meilleures années de sa jeunesse dans l'imitation des Parny, Delille et des petits élégiaques.

Il aura été dénaturé – dévoyé plus encore – par cette société qui, avant la Révolution, cultivait le champ clos d'un bonheur dont Talleyrand a pu dire qu'il atteignit à une sorte de perfection. Va encore pour le bonheur ! Mais comment expliquer ces rimeries, ces mièvreries, cette tristesse vague, cette mélancolie où il entre plus de pose que de vrai tourment et que dire de ces flots de larmes répandues sur des amours imaginaires ?...

En vérité, c'est en prose que Chateaubriand devient un poète sans égal. Sans doute faut-il remonter à Bossuet pour trouver un langage pareillement accordé au souffle qui le vivifie. C'est le grand élan ! C'est la période à son plus haut degré ! Ce sont des interrogations passionnées sur le temps de la terre et sur ce qu'il advient de la terre quand le temps ne compte plus. Trouvant son style, Chateaubriand l'impose à son siècle.

Je fus bientôt assez instruit du personnage pour en parler à Simone Thomas avec amour. Je crois lui avoir dit que si Chateaubriand avait mis à décrire son pays, sa personnalité propre, ses traditions, ses mœurs, sa noblesse native, sa pauvreté endémique, sa misère alors consommée, le génie qu'il déploiera à brosser les fresques floridiennes, la Bretagne, incontestablement, eût trouvé l'homme de son destin.

Je lui aurais fait d'autres discours si le sieur Malin, dans sa perversité, me voyant au mieux avec les jeunes filles, n'avait décidé que je ferais équipe avec les anciennes.

Au fond du bureau, sous un éclairage blafard, on me fit place entre Mlle Jeanne et Mlle Marie, deux sœurs qui portaient avec discrétion le deuil de quelque fiancé mort à la Grande Guerre.

Elles m'accueillirent sans plus d'aménité et me passèrent une brassée de comptes que je devais « arrêter » après avoir additionné les colonnes des débits, des crédits, celles des agios et je passe sur celles des valeurs qui me sortaient par les yeux et les narines et m'obligeaient de jouer en même temps de la plume et du mouchoir.

J'en voulais à la procure de Shanghai et au marquis de La Giclais de m'imposer des calculs démentiels. La nuit, dans mon placard, entre fièvre et hallucinations, je manquais de devenir fou.

Un beau jour, par hygiène assurément, je me détournai des fortunes et des revers de fortune de nos clients avec une sorte de haute indifférence. Que leurs soldes fussent de trois mille ou de trois millions de francs m'était parfaitement égal. Avec trois mille francs, j'achèterais les châtaignes de la vieille femme de la Chaussée-d'Antin ; avec trois millions, j'en adresserais les deux tiers à ma mère. Avec le reste, je paierais des vacances à Simone Thomas aux Galapagos. Je délirais au point que j'entendis Marie-Jo confier à la logeuse qu'elle ne me reconnaissait plus.

Le matin, Malin prenant l'avis de Jacques Bottine, son second, sur l'excellence du travail des mécanographes et le Ritalo, revenu de l'Adoration perpétuelle au Sacré-Cœur de Montmartre avec des berlingots qu'il distribuait aux dames, il m'arrivait encore de m'immiscer dans l'argent et les intérêts d'une clientèle qui ne m'était rien. C'était, une fois par mois, l'heure à laquelle Mme Laffont passait avec nos enveloppes. Je glissais la mienne dans ma poche-portefeuille sans même en regarder le montant. Compte tenu des sommes qui m'avaient déjà été versées, je me savais dans le rouge.

L'après-midi, il en allait tout autrement. Un verre de vin pris au placard, une bière dégustée sur le zinc d'un troquet, je me faisais la vie en noir et devenais irritable.

Le cœur serré, l'estomac laborieux, je comptais les mouches et je m'endormais chez les anges. Les deux sœurs qui avaient fini par m'adopter me regardaient avec un air où la tristesse le disputait à la commisération. Elles adoucissaient les griffures de leurs plumes pour m'aiser dans mes rêves.

L'une regardant l'autre disait : « Le pauvre garçon » et elles plongeaient dans leur ouvrage avec la bonne pensée de m'aider dans le mien dès que j'ouvrirais les yeux.

Quand le chef de service approchait, elles me touchaient le coude et je relevais une tête que la sieste avait alourdie.

« Comment se comporte notre protégé ? demandait M. Malin d'un air qui l'était presque.

– C'est un excellent garçon, répondait Mlle Jeanne. Nous avons craint le pire, c'est le meilleur que nous avons eu.

– Un excellent garçon et d'une politesse ! ajoutait Mlle Marie en joignant les mains. Dieu merci, la jeunesse n'est pas ce qu'on dit !

– Il nous offre des châtaignes, le pauvre Tristan, dit Mlle Jeanne.

– Il nous tourne aussi des vers qui sont d'une grande beauté, fit Mlle Marie qui dans sa prime jeunesse avait adressé des odes à Francis Jammes.

– Des vers, Monsieur serait-il poète ?

– Oui, monsieur Malin, mais seulement quand les comptes sont arrêtés ! »

Je les revois, minces, fripées, portant des manches de lustrine et toujours cherchant un pince-nez ou un lorgnon. Elles me faisaient penser aux fées bienfaisantes qui se penchent de préférence sur les berceaux des enfants rêveurs.

Quand les chiffres en leur insignifiance parvenaient à m'encolérer, je leur demandais la permission d'allumer une cigarette. Permission accordée avec une sorte de reconnaissance, j'écrivais sous leurs yeux ce qui me passait par la tête. Ce travail hautement intellectuel bénéficiait de leur respect et de leur silence. Il ne fallait pas me distraire et faire bien attention de ne pas épeurer l'Inspiration.

Mes rimes embrassées, mes enjambements audacieux, mes cadences avec « de la musique avant toute chose », leur arrachaient de petits cris approbateurs. Elles me regardaient alors avec une pointe d'attendrissement. Comme elles auraient été heureuses d'avoir un petit-fils si bien gentil et si lettré !

Pauvres chères et charmantes demoiselles, que je vous ai aimées dans la lumière et la candeur de Clara d'Ellébeuse, mais c'est en pensant à Fabre d'Églantine que je me suis souvenu, pour vous, du temps des bergères.

C'était un après-midi que le soleil perçait à la fenêtre. C'était le temps de la Chandeleur. Je pensai à leur offrir une ballade mais ce fut une simple cantate qui sortit de ma plume.

Toutes mes peines parisiennes
N'échapperont pas à la mer
Je les y plonge entre deux verres
Tout en chantant Il pleut bergère
Si c'est une pluie de misère
Rentre tes moutons de dentelle.

Tous les diables de l'archipel
Déchirent l'été le plus fou
Il pleut. Il veut que tu sois belle
Que tu danses parmi les loups
Un pied léger, un pied partout
Rentre tes moutons à l'hôtel.

Rentre tes moutons de bruyère
Et tes chevaux à la volée
La kermesse va commencer
Dans un pardon de cloches claires
Jésus nous vient de Galilée
Avec la palme du berger.

Si tu m'aimes pleure beaucoup
Dans la basilique tombale
Et puis viens-t'en à la Saint-Charles
Goûter mon cidre et mes ragoûts
L'ange se déplume – on s'en fout ! –
Puisque Dieu n'y voit aucun mal.

La chose à peine écrite, l'encre pas du tout sèche, je me relus entre basse et murmure. Pas sourdes quoique en âge de l'être, Mlle Jeanne éclate en sanglots et Mlle Marie perd connaissance.

Il fallut que Marie-Thérèse et Simone aidées de Mme Besland se précipitassent pour lui faire respirer des sels et lui tapoter les bajoues.

Sur ces entrefaites, M. Malin accourut demander ce qui s'était passé. Personne ne put répondre. Il se fit un long silence que Mlle Jeanne brisa en portant un mouchoir à sa bouche comme pour atténuer la portée de ce qu'elle allait dire.

« Cet enfant, dit-elle en me désignant, nous a si profondément remuées que nous nous sommes revues sous le cerisier du jardin avec maman. Il nous a rendu, l'espace d'un instant, notre jeunesse et notre joie. Qu'on était heureuses alors ! C'était avant la Grande Guerre ! On pouvait encore rêver en ce temps-là, monsieur Malin !... »

M. Malin, le tic de la tête la portant vers l'épaule gauche, l'œil droit chassant une paupière des plus folâtres, regagna son fauteuil en bougonnant.

« Toutes ces histoires, exclama-t-il à l'adresse de Jacques Bottine, commencent à bien faire. Je l'ai déjà dit à nos messieurs : à soixante ans, il faut rentrer à la maison.

– C'est la faute à notre poète, fit le Ritalo. Il débite des fadaises à ces vieilles folles !

– Ah, celui-là ! Qu'allons-nous faire de celui-là, je vous le demande ? Je vais en parler à M. Jean. »

Souvent accompagné de M. Vandamme qui était la politesse même, M. Jean Scalbert était un homme d'allure aristocratique. Grand, mince, il portait le chapeau et le manteau avec élégance et vous retirait le gant pour vous serrer la main. À l'instar de Brummell, le raffinement de sa mise passait inaperçu.

Lorsque je le croisais dans l'escalier, voire au sortir de l'établissement qui portait son nom, il me demandait des nouvelles de maman et de notre père. Dans ses yeux je lisais une bonté profonde. Quand il lui arrivait de nous réunir, prenant la parole, il mettait l'accent sur le mot « famille ». Pour lui, nous étions comme une grande famille.

Évidemment, ceux qui, dans son dos, répandaient les pires vilenies sur son compte, étaient les plus empressés à lui lécher les bottes. Le Ritalo qui ne cessait de l'agonir parce qu'il était le patron, ne manquait jamais de lui apporter les fleurs de son jardin.

Dieu merci, je n'ai jamais joué les Janus. Je n'ai jamais eu deux visages et encore moins deux vérités. J'irai plus loin : j'aimais, j'admirais, je respectais M. Jean Scalbert. Il faisait partie de ces vieilles maisons de France qui ont fait de notre pays, le pays d'un certain bonheur de vivre. Le mot de Guizot : « Enrichissez-vous ! » avait donné aux Scalbert l'audace de l'argent. Fondée à Lille en 1839, leur banque avait mis un siècle pour s'implanter à Paris. Lorsque j'y entrai, elle était des plus florissantes.

De la rue de Clichy, je ralliais la rue Saint-Joseph à pied. Chemin faisant, je me racontais des histoires. Je reprenais mes études et je devenais prêtre. J'entrais comme porcher dans un monastère. Je me voyais dormir béatement au milieu de mes bêtes. Je pleurais quand il me fallait les livrer au père hôtelier qui en faisait du boudin pour les pauvres de la paroisse.

Ma bure de porcher prenant des puces, j'entrais en qualité de jardinier dans un béguinage. J'y soignais les roses et cultivais les asperges dont la mère abbesse était friande. Il m'arrivait de craquer une allumette et de mettre le feu au bûcher dans l'espoir de réveiller les novices en alarme et de les voir à moitié nues. J'aurais donné les jonquilles et les lilas du Ritalo pour obtenir le privilège d'admirer une vraie jeune fille dans la nudité de son vêtement.

Boulevard Haussmann, changement de musique. J'écrivais un livre de prières. Je m'exerçais aux oraisons funèbres. Je crois me souvenir d'avoir esquissé celles de Raimu et de Louis Jouvet.

Chateaubriand me conduisait aux Amériques, aux pieds d'Atala que je regardais comme une autre Antigone, Chactas, aveugle, étant Œdipe. Plus immédiatement, les *Rhénanes* d'Apollinaire m'envoûtaient. J'avais appris par cœur des vers d'*Alcools*, dont « L'adieu » :

J'ai cueilli ce brin de bruyère
L'automne est morte souviens-t'en
Nous ne nous verrons plus sur terre
Odeur du temps brin de bruyère
Et souviens-toi que je t'attends.

Boulevard Montmartre, j'accompagnais les gens du voyage des Saintes-Maries à la Sainte-Baume et je poursuivais par Compostelle et Fatima un périple qui n'aurait plus de fin.

On l'aura compris : il me fallait échapper à la lénifiante stupidité des bureaux et redevenir un poète. Pour y parvenir, j'embrassais les arbres et je parlais aux pigeons des squares et des rues.

Je priais pour que la paix des arbres du Parc-Lann me fût rendue. Manquant d'arbres, je manquais d'air. Comme je regrettais les sous-bois de mes oiseaux ! Que devenait la rivière qui m'avait vu bâtir un vrai bonheur avec trois libellules et trois cailloux ?

Rue Montmartre, il m'arrivait de rencontrer Alain Bosquet. Il sortait de *Combat*. Nous prenions un verre à la terrasse du Café du Croissant. Au-dessus de nos têtes, *Les Nouvelles littéraires* de Germaine Beaumont et Georges Charensol attiraient des écrivains en herbe déjà tombés, selon le mot de

Chateaubriand, de la médiocrité dans l'importance. Je me gaussais de leurs prétentions et je me torchais de leurs articulets le plus souvent illisibles.

Bosquet raffolait de mes sarcasmes. Étant à la fois russe, américain, belge et français, il m'enviait, je crois, d'avoir des racines. Il écrivait à la mémoire de la planète des testaments que j'aurais à connaître par priorité. Il avait pleine confiance dans mon jugement. Il disait que mon instinct l'emportait sur la culture des exégètes et des censeurs.

Il affirmait entre deux boutades : « Avec trois lecteurs à Paris et trente de par le monde, je serais heureux ! »

J'aimais son cynisme, ce qu'il appelait son « image impardonnable ». Il parlait de se glisser, en cadavre élégant, dans le sonnet du plus beau suicide. Il célébrait la Femme sortie d'un tableau de Max Ernst ou de Picasso avec des seins-syllabes, des muqueuses en voltige et un ventre-vocabulaire. Sa grande affaire consistait à regarder le poème écrivant son poète. Tout cela en imposait au provincial que j'étais encore. Je crus comprendre qu'il se voulait à la fois le pou et le peigne, l'étoile et le ver luisant.

Il disait volontiers que nous ne sommes qu'un peu de terre sortie du néant. Les Écritures ne disent pas autre chose. Cependant, de préférence à l'Ancien Testament – le Livre de son peuple –, il faisait référence aux écrivains russes, anglais, moldo-valaques et ne cachait rien de son admiration pour Fernando Pessoa, Emily Dickinson et Saint-John Perse.

Je m'amusais de sa manie de citer à tout propos « Jouve, Perse, Ponge » et je mesurais l'abîme qu'il y avait de mon ignorance à sa vaste culture.

La pochette avantageuse, la cigarette blonde lui brûlant les doigts, il était au courant de tous les potins littéraires et devenait intarissable sur ce qui se passait chez Gaston Gallimard quand les auteurs – et des plus huppés –, venaient lui offrir de leur encens et de leur plumaille.

D'une bouche qui s'arrondissait de plaisir, il faisait la liste de ceux qui comptent ; de ceux – très peu nombreux – qu'il regardait comme importants ; de ceux dont il est préférable d'oublier les œuvrettes.

Cette liste, d'une semaine à l'autre, subissait des changements notables. Tel poète qu'on purgeait au purgatoire, entrait par effraction au paradis, tandis que tel autre, naguère encore adoré, se voyait précipité dans les infernaux paluds. Comme je m'étonnais de tant de grâces et de disgrâces, il éclatait de rire.

Un jour que nous avions donné des notes aux jeunes personnes qui passaient sur le trottoir et qu'il me parlait de ses exploits militaires dans une Allemagne enténébrée, je lui fis part de ma haine de toutes les guerres.

« Tu devrais écrire là-dessus, me dit-il, mais sais-tu écrire en prose ?... »

Sans qu'il s'en doutât, cette question me porta au désespoir. Le redoutable métier de prose que M. Jourdain découvrit en dansant chez les Turcs, troubla mes nuits au point de me jeter dans des romans qui n'aboutirent pas. Dans le domaine de la chose écrite, je n'avais encore rien fait d'autre que de plaire à de vieilles filles que mes environs prenaient pour des folles.

3

POUR fuir les sermons de Mme Brousse, je retardais chaque soir l'heure de rentrer au placard.

Mes poèmes, je les écrivais en marchant le long des avenues ou en rêvant sur le banc d'un square. J'aimais celui de la Trinité – église de la conversion de Charles de Foucauld – mais les bousculades des enfants finissaient toujours par m'en éloigner.

Le plus souvent, par la rue Vivienne et la rue de la Bourse, je me dirigeais vers Notre-Dame-des-Victoires où il m'était permis de prier la Sainte Vierge et de me recueillir.

Nonobstant les lumières vite renversées, vite redressées, des cierges qui lui faisaient couronne, je ne la voyais pas tout de suite. Il me fallait un certain temps pour en distinguer le visage gracieux et les mains miséricordieuses. Je lui confiais beaucoup de mon âme et je lui demandais de veiller sur mes parents ; sur mon frère qui se battait en Indochine et sur mes sœurs, maintenant dispersées.

Tout m'était joie dans ce sanctuaire où j'avais mes stations, comme Lucie de Chateaubriand avait ses laures dans les bois de Combourg. Devant sainte Rita, protectrice des gens du voyage, et devant sainte Thérèse de l'Enfant-Jésus que j'avais si souvent invoquée au sanatorium de la Musse, j'entrais dans une méditation toujours plus jaillissante, toujours plus heureuse.

De Notre-Dame-des-Victoires – dans le même état de ferveur –, je me rendais au Palais-Royal où il m'arrivait de surprendre Camille Desmoulins debout sur un tonneau, déclamant le pathétique du peuple de Paris qui, pour la première fois, s'extasiait qu'on s'occupât de lui.

Sous le pont des Arts, je reconnaissais Restif de La Bretonne en conversation avec un chourineur curieusement sorti d'Eugène Sue ; plus loin, vers la rue qui, aujourd'hui porte son nom, Jean-Jacques réchappé des complots ourdis par ses adversaires, s'appuyait au bras de Thérèse.

Devant la Maison de Molière, à même le trottoir, je caressais le marbre blanc de la statue de Musset et sous la fenêtre toujours éclairée de Colette, je rêvais de Sido.

Un soir de plus grande solitude, saluant la Seine comme une aïeule qui a du temps de reste, je pris par la rue Bonaparte et montai vers la vraie vie, cette vie dont Rimbaud dit qu'elle est ailleurs quand, à mes yeux, elle palpitait intensément boulevard Saint-Germain, entre les statues de Diderot et de Danton.

Comme au bureau on disait pis que pendre de la faune existentialiste du Flore et des Deux-Magots, je poussai jusqu'à la célèbre abbaye et sentis passer sur mon visage l'haleine même de la grâce.

Verbe et Vertige ! En un instant je fus comme adoubé, comme propulsé vivant dans les voyelles du Voyant de Charleville !

Autour de moi, garçons et filles en marche vers l'île d'Aphrodite, jouaient à se prendre la main, à se prendre la bouche et se déployaient comme nuages de phalènes. Des toques légères, des falbalas charmants, des ombrelles pour abriter les papillons de la nuit, se croisaient avec légèreté.

Des dessins sur les trottoirs permettaient à quelques ilotes de tendre la sébile. Des cris aigus de filles chatouillées répondaient à des musiques nègres.

Des âmes sœurs, des yeux fous... et ceux-là qui vous disent que vous êtes beau, que vous êtes moche, que c'est sans importance, m'aidèrent à changer de peau et de mentalité entre deux pirouettes.

Loin de Mlles Jeanne et Marie, de Marie-Thérèse, de Simone Thomas, de M. Malin et du Ritalo, par les vertus de la trompette d'Armstrong, la trompinette de Boris Vian et la clarinette de Sydney Bechet, sous l'obscure clarté des réverbères, j'entrai dans cette fête en *in excelsis* qui ne finira jamais.

Fasciné comme on peut l'être quand une étoile consent à venir vous allumer les mains, je m'immisçai d'enthousiasme dans les exercices et les processions funambulesques des noctambules.

J'affectais des airs de rupture que Mme Brousse s'empressa de dénoncer à Marie-Jo. Dans les bondissements de cette frairie, le temps se mit à passer si vite que je ne vis plus passer le temps. J'en vins à confondre le jour et la nuit. De ce fait, je négligeai de retourner à la banque.

Certificat médical avec arrêt de travail expédié par la poste rue de Clichy, je traînai pendant près de deux semaines sous le regard suspicieux de ma sœur remontée à me vouloir du bien, et sous les yeux de la logeuse qui m'offrit de sa prune de Neuvy-Pailleux et m'invita au dix-huitième anniversaire de Bernadette qu'on allait célébrer avec du champagne.

Trompant la vigilance de ces dames, à la montée du soir je m'échappais comme un voleur, et c'était au pas de course que j'entrais dans la fraternité d'hommes et de femmes qui jetaient la vie et la mort dans le même chapeau, quitte à se coiffer de leurs longs cheveux sauvages.

Entre la place Saint-Michel et la rue des Saints-Pères, la rue de l'Abbaye et celle du Vieux-Colombier où Jacques Copeau avait tenté de sauver un théâtre en quête d'auteurs, je me délimitai un quartier que j'arpentai bientôt en souverain seigneur.

Tout y tenait du miracle ! Regorgeant de chalands et de buveurs intrépides, les cafés orchestraient des danses mulâtresses ; des musiques noires ; des empoignades hautement intellectuelles avec concepts à rebours et théosophies vertigineuses. On y dénombrait foule de peintres abstraits et de poètes maudits.

Dans ce quartier de ma plaisance, les librairies déversaient sur les trottoirs des ouvrages qui sentaient encore le soufre et la poix d'anciennes saisines. En filigrane, on y pouvait voir le sceau de quelque main de justice.

Ces livres qui avaient été arrachés aux monstrueuses diableries des inquisiteurs, donnaient une lugubre idée de magistrats libidineux et fornicateurs qui en avaient décidé l'autodafé pour mieux dissimuler de leurs vices.

J'en feuilletais sans passion superflue. J'entrouvrais aussi des magazines avec des femmes que des aboyeurs de foire frappaient à coups de fouet et que des voyous emportaient, pantelantes, vers l'alcôve de Belzéboul.

Chaque soir, chaque nuit plus encore, on dansait dans ma tête et dans des caves empuanties par le punch, la sueur et l'urine.

Jusqu'à des heures perdues de fatigue, c'étaient des fantasias superbes – le cavalier se confondant avec sa monture – ; des gorges offertes au couteau sacrificateur ; des étreintes nées de la bacchanale des néons multicolores et des lampes tamisées ; des cris, des croupes, des verges éructives, des pénétrations paranoïaques !

Gagnant en profondeur, le tohu-bohu s'épanouissait depuis La Rhumerie en sonorités sauvages. J'entendais : « Da, da, da ! Dada dou ! Di doudou da ! Doudoudou di ! Dada dada dou ! Di doudou di ! Di doudou dou ! Dada di doudou ! Di doudou dada ! Di doudou da ! »

Un tambour ici, plus loin des tam-tams ne battaient bien que le ciel et si les saltimbanques de la nuit ne s'alignaient jamais en ordre de parade, j'appréciais qu'ils fussent toujours disponibles et que rien ne fût jamais prévu ; que toujours le miracle arrivât ; que tout allât toujours – di doudou di ! Dou doudou da ! – en se détruisant et en se renouvelant sans cesse.

Les nègres blancs, les enfants de Nabuchodonosor, les fils de Melchisédec, les férus de la Kabbale, les compliqués, les défroqués, les petits-maîtres et les petits marquis, ceux qui avaient fait de la taule, ceux qui s'en étaient réchappés en rigolant ; d'anciens bagnards portés par les fortunes de la drogue, du pétrole et du proxénétisme, s'encanaillaient avec des partenaires sorties des plus grandes maisons.

À la terrasse des cafés et jusque dans les latrines, on se voulaient novateurs. On parlait de délivrer la poésie de ses pieds tordus ; on allait rouler le roman dans ses avatars ; il ne serait plus admis, plus tolérable que la marquise sortît à cinq heures.

On rêvait de jeter le cinéma et le théâtre dans les poubelles du misérabilisme bourgeois. La couture, la haute couture étaient à réinventer. Les robes de la reine de Trébizonde et de la princesse de Clèves seraient en lamelles d'acier. La peinture – puisqu'elle prenait toute la place et se dévergondait en Bourse –, on la voulait pendue aux cimaises les plus célèbres dans la nudité d'une couleur étale et les blafardises du néant. On ferait appel aux grimoires de l'ancienne Égypte et aux audaces de la trigonométrie pour peindre Lucifer à l'esbroufe et lui tirer la langue et la queue.

Ces palabres faisaient avancer l'heure et, quand au milieu de la nuit les marchands du Temple entreprenaient de faire leurs comptes et de supputer leurs bénéfices avant de plonger dans un sommeil réparateur, un saxo, puis un autre, puis un autre encore trougloudaient depuis Saint-Séverin, tandis que rue de la Huchette, une guitare tremblait les angoisses d'un monde condamné à disparaître. Des danses orgiaques s'improvisaient que des énergumènes, en rupture de savane, transformaient derechef en tambourinades.

Même la police ne parvenait pas à s'immiscer dans les cercles de la nuit folle où, les feux de Bengale éteints, il arrivait qu'on découvrît un homme avec une lame profondément enfoncée entre les épaules.

Mon congé médical ayant pris fin, je redevins à la manière de Léon-Paul Fargue, un piéton de Paris. J'arpentais les rues avec une sombre fureur. Il m'arrivait de répandre sur le trottoir des cagettes de fruits mal équilibrées et de m'éloigner sous les insultes d'un homme qui s'en prenait à ma mère de m'avoir mis au monde.

Toutes ces rues femelles livrées aux plus bas commerces avec leurs foules badaudes et leurs bêtes répugnantes, conduisaient au bureau du sieur Malin qui n'attendait qu'une occasion pour me reprendre sur mes horaires, mon travail et certains de mes propos qu'il qualifiait d'anarchistes.

Pour garder cœur, j'entrais dans le rêve des autres. De ceux qui font un best-seller d'un bouquin mal broché et une religion d'une préface de Sartre. Je pensais à des chansons, à des odes, à des élégies, à des fables, plus encore à des romans que je savais porter en moi. L'écriture – je le ressentais presque douloureusement – allait me révéler un homme que je ne connaissais pas. Avec les mots de mon amour, je bâtirais château.

Dans ces jours-là, j'accueillis Vorag dont on m'avait parlé comme d'une brigande. Avec ses chapeaux à larges bords, ses jupes étroites lui tombant au-dessus des genoux, ses bottes de cuir attendri, elle avait une allure princière.

Son pouvoir – parfois terrible – se lisait dans ses yeux bleus. Elle déchantait et elle enchantait à la fois. Comme je la pressais en imagination sur mon cœur, elle me souffla dans le creux de l'oreille : « Regarde-moi ! Prends-moi ! Jette-moi dans les ronces de Kermeur ! Jette-moi, jette-toi dans le feu vivant et tu entreras dans la légende ! »

Afin de ne pas la décevoir, je fis provision de mots, d'images, de métaphores. J'en découvrais – et des plus beaux, et des plus signifiants – jusque dans le placard de Mme Brousse. Dans l'autobus, au bureau, à la terrasse d'un café ou dans les librairies, il m'était permis de dérouler, à fil d'or, l'écheveau d'un récit ou d'une fiction dont je ne voyais pas la fin.

Qu'ils me fussent donnés par Dieu ou que j'eusse à les convoquer, les mots qui m'étaient mortier participaient d'un chant et m'entraînaient de la colère à la vision bienheureuse avec des violons plus doux que les frôlements du vent dans les aulnes.

Dieu, je le rencontrais partout faisant le partage de la balle et du grain et jamais en repos. Ce n'était pas le Seigneur de majesté répandu, satisfait, de par Sa Création, plutôt le Créateur de plein emploi sollicité par des songes qui le modelaient et le transformaient sans cesse.

Où que je fusse, ces mots que je devais à l'Esprit, me rendaient à mes bois et à mes landes ; à la rivière de mes premiers jeux ; à la tendresse de mes parents ; à l'agonie de notre vieille tante à l'hospice des petites sœurs des pauvres [1].

Un petit mort s'en va sous terre
Et la cloche n'en a rien dit
Le corbillard creuse l'ornière
Le curé frileux et poli
Marmonne un latin prolétaire.

Nous sortirons de ce jour fade
M'avait dit le marchand d'amis
– Marchand, je veux vingt camarades
Pour former le cortège et puis
Un festin pour la régalade.

1. Voir *Une enfance bretonne, op. cit.*

Un petit mort s'en va sous terre
– C'est un enterr'ment sous la pluie ! –
Quel est le matou grabataire
Qui fait ce boucan dans la nuit ?
Mon Dieu, le pauvre qu'on enterre !

Lazare n'était qu'endormi
Au lit des visites dernières
Un petit mort qui m'était cher
Brouille l'algèbre et l'infini[1].

Le souvenir était là, tenace, qui exigeait que j'entrasse dans toutes ses parties. Que je fisse le triste devant Simone Thomas ou l'important du côté d'Albert Lemoigne, l'œil à la malice, l'esprit à la dérision, je ne donnais le change à personne. « Réveillez-vous, disait Simone, vous voici à vos lièvres ! » ... Plus rudement Albert me reprenait et lançait à boutade : « Tu devrais dérouiller ! La chasteté à ton âge, c'est une colossale erreur ! »

Je n'étais pas si chaste qu'on voulait le croire quand Vorag daignait pousser ma porte. Je faisais cependant si peu de bruit dans ses bras que Mme Brousse se fit alarmiste. « Votre frère nous file un mauvais coton, dit-elle à Marie-Jo. Il est souvent dans la lune, mais c'est une lune rousse ! » Un soir que je rentrais de la banque sans plus d'argent et sans illusions, elle m'interpella avec de l'acrimonie dans la voix : « À quoi passez-vous vos soirées quand Bernadette vous attend pour l'emmener au cinéma ?... »

Que j'étais loin de ces divertissements futilitaires ! Je me

1. *La Lumière et l'Argile*, Éditions Albin Michel, 1981.

caparaçonnais de ferveur. C'en était au point que je n'entendais plus les aboiements du chien de la logeuse, les rotatives de presse de la rue du Croissant, les romances radiophoniques de M. Miguel et les vocalises de M. Dandoche qui se carrait volontiers dans l'espace de sa fenêtre pour me donner à admirer le bout de sa bêtise et le fond de sa gorge.

À bout de nerfs, je m'allongeais sur mon lit de moine. Après en avoir écarté les cafards, je prêtais l'oreille à l'oisellerie de mes bois. Le chant du merle valait bien celui de la grive du parc du château de Montboissier. Je le surprenais en habit de gala, saluant avec bonheur les filles de la pluie et Vorag qui les emmenait au milieu de la mer.

Surgi d'entre les ajoncs comme un pulven[1], je rêvais d'arracher ma mère à sa gueuserie et mon père à l'obscurantisme de ses ronces. Je me devais de libérer notre clan. Pour ce faire, je ne disposais que de cadences héritées des « antiques ».

Je suis dans le hoquet des rues
Comme un rescapé d'hôpital
Je bois et le vin me fait mal
Je fume et le tabac me tue[2].

À la barbe de ma logeuse qui suspectait mes loisirs et mes plaisirs solitaires et qui n'aimait pas du tout mes fréquentations, je donnais aux femmes de mon esprit des visages lisses, des yeux profonds, des chevelures écarlates.

---

1. Menhir.
2. *La Lumière et l'Argile*, *op. cit.*

Déjà la sylphide de Chateaubriand me tourmentait l'âme et m'entraînait dans des jeux qui me sont encore bonheur aujourd'hui.

Vers Pâques, je me trouvai riche d'une vingtaine de feuillets que je soumis à Alain Bosquet et que je lus à Jean Laugier dans sa mansarde de la rue de l'Ancienne-Comédie.

Les yeux de Iago, la barbe du More de Venise, tout en squelette comme les rescapés des camps de la mort, ce poète, comédien et dramaturge, me conseilla d'adresser ma glane à Théophile Briant qui dirigeait une *Feuille de poésie et d'art* et qui, chaque année, à la brasserie Lipp, décernait des prix à l'enseigne du Goéland...

Ce fut chez Pierre Viaud qui dirigeait une librairie rue Saint-Séverin et qui se disait arrière-petit-neveu de Loti, que je rencontrai Jean Laugier pour la première fois. Notre compagnonnage ne fut jamais d'eau douce, mais je pense qu'il durera autant que nous.

Viaud avait fréquenté Bazin dans une maison très particulière où l'on tâchait de redresser toute jeunesse en marge, puis s'était brouillé avec lui. Avant la rupture, l'auteur de *Vipère au poing* lui avait parlé de ma visite impasse Daunay, de mes lettres, de mes poèmes. Il me voyait en « prince des poètes » ce qui n'allait pas manquer de contrarier certains et d'encolérer beaucoup.

J'étais fidèle à la boutique de Viaud où il m'arrivait de rencontrer des porte-lyres de mon âge, mais parfaitement incurieux des ouvrages au rabais qu'on y pouvait trouver. J'appris bientôt qu'il interrogeait à mon sujet.

Certain samedi, n'y tenant plus, il me demande de le suivre dans une sorte de débarras-cuisine et de lui montrer mes mains.

« Mes mains ? Pour quoi faire ?

– Bazin prétend que tu es un vrai poète, voire ! Je me défie de ses beaux enthousiasmes et de ses découvertes de quinzaine. Il n'a pas d'instinct, aucune culture... Je te raconterai sur son compte un autre jour... Tes mains, Monseigneur, vont nous révéler quelque chose de ta nature profonde. »

Il appela sa femme : « Renée, arrive ! »

Tous deux scrutèrent longuement, minutieusement ma paume gauche, puis la droite. La gauche renseigne sur ce qui vous a été donné par le destin. La droite, sur ce que vous en faites.

Viaud caressa sa barbe, remonta ses lunettes au crochu de son nez, regarda son épouse et, derechef, réexamina mes menottes. Il finit par dire : « Pas de doute, tu as reçu le signe.

– Quel signe ?

– Je le vois profondément incrusté au-dessous de l'annulaire.

– C'est vrai, laissa tomber Renée, tu as la marque.

– Quelle marque ?

– La double marque ! intervint Renée.

– Oui, la double marque... Tu vas nous faire un poète et un prosateur, dit Viaud. Aucun doute là-dessus.

– Comme Chateaubriand ? lançais-je en riant d'une science que je ne prenais pas au sérieux.

– Ne te moque pas. Ces choses-là ne dépendent pas que de nous. Chateaubriand, qui sait ?... »

Il dit à sa femme : « Débouche cette bouteille... Nous attendions une bonne occasion pour la déguster. Nous allons lever notre coupe à la gloire de Monseigneur qui, je l'espère, n'oubliera pas nos prédictions... »

C'était un mousseux pétillant, mais trop sucré. J'en laissai tomber quelques gouttes en guise de prémices aux dieux littéraires, puis je quittai mes hôtes à moitié convaincu d'avoir été choisi et, dans les jours qui suivirent, pas convaincu du tout.

4

JADIS – et encore naguère – l'hôtel de Mme Brousse avait dû faire de la passe. Je voyais parfaitement notre logeuse en mère maquerelle ou en sous-maîtresse, ce qu'elle avait peut-être été dans son jeune temps.

Jour et nuit en camisole, les yeux comme accrochés à des chardons, le visage parcheminé, accablé de ridules, elle campait une petite personne en procès avec l'humanité tout entière. On la disait pingre quand elle se voulait bienfaitrice. Elle avait ouvert sa maison et son cœur à Germaine et à Bernadette qu'elle entendait éduquer et marier à son goût. Elle veillait sur leurs sorties, tranchait de leurs fréquentations, s'assurait de la périodicité de leurs règles.

Quand elle apprit que la petite Bernadette me regardait avec les yeux de Chimène et se lamentait de mon indifférence, elle me convoqua à son tribunal inquisitorial.

« Votre sœur me dit que vous envisagez de quitter la banque ! Vous ne serez donc jamais raisonnable, monsieur Charles ? La banque vous fait une marche à monter. Jusqu'où monteriez-vous si vous vous en donniez la peine ?...

» Laissons cela... Vous n'ignorez pas que vous avez troublé – allez savoir pourquoi ! – notre gentille Bernadette qui vous ferait une épouse charmante, dévouée et fidèle sans vous tenir le bridon à vous étrangler. Que si, de votre côté, vous aviez quelque inclination à son endroit, je vous établirais, elle, dans le magasin de prêt-à-porter dont elle rêve ; vous, dans une librairie de la rue Saint-Séverin qui est à vendre et qui vous conviendrait avec une clientèle de professeurs, d'étudiants et d'étrangers toujours prêts à serrer Paris dans une valise... »

Ayant dédaigné la demoiselle et le cadeau, je fus voué à l'anathème. Elle disait à Marie-Jo qui prenait le pli de l'approuver : « Ma bonne amie, votre frère, je le vois sur une mauvaise pente, sur une très mauvaise pente. Il fréquente des gens peu recommandables et fait le guignol avec une bande de propres-à-rien dans les quartiers les plus chauds... Vous devriez le reprendre avant qu'il ne soit trop tard... Mieux vaut prévenir ! »

Nonobstant sa fortune, elle se rendait chaque matin rue Montorgueil ramasser les fruits et les légumes qui traînaient aux pieds des crainquebilles. Elle rapportait au galetas de pleins cageots de prunes, de pêches, de brugnons que ses orphelines nettoyaient pour des confitures.

Pas de petits profits et jamais vertu plus grande que l'épargne. Son homme de confiance s'appelait Antoine Pinay. Elle lui avait apporté une partie de ses trésors et s'était coiffée de ses bons. Elle avait ainsi le don de toujours mettre dans la bonne corbeille et de ramasser le paquet en donnant l'impression de vouloir faire le bien.

« Comment se fait-il, monsieur Charles, que votre mère, si convenable à ce qu'on dit, n'ait jamais réussi à mettre quatre sous de côté ?

– Avec six enfants à nourrir, à habiller, à instruire...

– Les enfants ne font rien à l'affaire. On a le sens de l'économie ou on ne l'a pas. Moi, dans les pires moments de ma vie, je me suis toujours arrangée pour regratter ici et là ! »

Quand je pénétrais dans sa loge, que j'en supputais le pourrissement – et l'affreux clébard sur la table secouant de ses puces dans le potage –, je me disais que jamais le soleil n'était entré dans masure de la sorte et, quand je la surprenais rafistolant son bric-à-brac, je frémissais de fureur et il m'arrivait de penser à Raskolnikov.

Pourtant, j'étais habitué à la pauvreté dans tous ses dépouillements et à la misère dans toutes ses exagérations, mais cette crasse volontaire, entretenue par l'avarice, me rendait fou-méchant.

Je sus très vite que sa fortune dépassait le supportable. Des bruits couraient sur ses biens. Ses immeubles étaient nombreux dans Paris et son magot boursier s'arrondissait au palais Brongniart.

Il se murmurait que des juifs de ses amis lui avaient confié titres de rente et de propriété qu'ils ne recouvrirent jamais pour n'être jamais venus les réclamer. Ceux qui, par miracle, revinrent des camps de la mort, retrouvèrent leur patrimoine très avantagé. Elle s'était montrée excellent régisseur.

« J'aurais pu vous avoir un appartement, me dit-elle, mais vous avez été assez bête pour tourner le dos à ma Bernadette. Jolie et courageuse comme elle est, elle vous aurait apporté non pas le bonheur qui n'est rien, mais un argent qui vous aurait permis d'avoir vos affaires et de mener une vie agréable. Vous m'avez bien déçue et votre sœur plus encore. Y pensez-vous ?... Votre argent vous aurait donné tous les droits, y compris celui d'avoir des maîtresses... »

Pour échapper à ses remontrances, je passais devant sa loge à pas de loup quand l'affreux clébard me dénonçait par des aboiements furieux. Elle abandonnait sa friteuse pour me lancer : « Un certain M. Audiberti est venu pour vous rencontrer. Il paraît que vous écrivez des livres maintenant ?... Des livres pour dire quoi ? Feriez mieux de payer votre terme et de travailler aux Halles pour vous améliorer l'ordinaire. Il n'y a que les paresseux qui se contentent d'une seule vache au pré ! »

Un matin que je partais pour la banque, j'entendis son frère lui parler durement. « Tu n'as pas honte, disait-il, dans le quartier on te prend pour une clocharde. L'autre jour, rue Réaumur, j'ai vu un enfant te faire l'aumône sous les yeux de sa mère et tu n'as pas essayé de détromper ces gens-là. Au contraire, tu as pris la pièce qu'on te tendait. Tu es folle ou quoi ?

– C'est bien fait ! C'est bien fait ! Pourquoi refuser l'argent des imbéciles ?... Moi, honte ? De quoi ?... Il faudrait sans doute que je m'habille comme une princesse et que je fasse ici les embellissements convenus... Mais alors, tous ces malheureux qui vivent chez nous, qui comptent sur nous pour avoir un lit après une journée de travail, il faudrait les mettre à la porte ? C'est ça que tu veux ?... Allez, mets-toi en milord si cela peut te faire plaisir et laisse-moi vivre comme ça me plaît ! »

Un jour que j'étais chez elle à l'heure du déjeuner, elle me demanda d'avoir l'obligeance d'aller prendre une serviette dans l'armoire. C'était un monument de meuble au centre duquel je ne vis qu'un drap noué aux quatre coins. J'y plongeai la main et la retirai pleine de billets de banque. Elle vit mon trouble et en fut intensément heureuse. Toute sa personne tendait à me dire : « Si vous aviez voulu, tout cela et beaucoup plus que cela, serait à vous ! »

J'en parlais au bureau, notamment à Simone Thomas et à Albert Lemoigne, Breton originaire de Brest, qui me faisait amitié. J'en entretins surtout Gérard de Crancé, poète à l'esbroufe que je rencontrais dans un troquet de la Rive gauche. Comme il maudissait sa concierge qui passait son courrier aux rayons X – ce qui me paraissait désopilant et bien exagéré – je répliquai par un portrait au vitriol de ma taulière. « Si tu la voyais ! Elle s'est fait un visage couleur de vieux torchis. Elle est impayable ! Elle est unique ! Hugo l'aurait acoquinée à la Thénardière ! Balzac en aurait fait un personnage du *Père Goriot* ! J'y pense : c'est d'*Illusions perdues* qu'elle est sortie ! Oui, oui ! Elle a conduit Vautrin chez Rubempré pour le perdre ! »

Gérard se moquait de ma manie de toujours vouloir faire des rapprochements entre les gens de notre quotidien et les héros de nos lectures.

C'était un garçon d'une trentaine d'années, grand, blond, beau gosse, avec des yeux qui vous scrutent le corsage et plongent dans le décolleté.

Dans sa garçonnière de la rue de Richelieu traînaient de ses recueils signés El Gitano. Il publiait encore sous d'autres pseudonymes. D'emblée, il me voulut dans la mouvance de Verlaine et de Guillaume Apollinaire avec des superlatifs qui m'allèrent droit au cœur sans me grossir la tête.

« Tu la connais la vieille dame du Quai Conti ?

– Quelle vieille dame ? Je ne connais que Mme Brousse !

– Celle qui te prépare une chaufferette sous la Coupole ?

– L'académicienne ?

– Tu vieilliras dans ses bras. Chaque jeudi, à l'anglaise, vers cinq heures, elle te servira un thé-citron. C'est dans sa poche que tu prendras tes berlingots. La vie, chaperonnée de la sorte, avec des maîtresses, te semblera douce.

– Mais à cinq heures, c'est l'heure de la marquise !... »

Il riait, entrouvrait sa chemise sur une poitrine velue et me servait un whiskey en provenance d'une officine de Dublin. Tchin ! Nous buvions aux anciennes baronnies, au scandale de Panama, à la mémoire de Spartacus, à la petite culotte de Mme Verlaine.

Verlaine !

Qu'il fût bureaucrate à la mairie de Paris, fiancé à Mlle Mathilde Mauté de Fleurville ou « femme » de Rimbaud ; qu'il allât de délogement en délogement de Douai à Londres et d'Arras à Bruxelles... qu'il fît le prisonnier modèle, le pédagogue, l'agriculteur ou le clochard, par l'angélisme de son âme et la grossièreté de son existence, Verlaine, chaque jour davantage, m'inoculait le merveilleux poison de « la musique avant toute chose ». J'étais dans l'admiration quasi religieuse de ses romances légères et de ses ariettes oubliées.

Ah ! les oaristys ! les premières maîtresses !
L'or des cheveux, l'azur des yeux, la fleur des chairs,
Et puis, parmi l'odeur des corps jeunes et chers,
La spontanéité craintive des caresses...

Qu'il frappât sa mère, sa femme et son Dieu ; qu'il s'encrapulât dans la compagnie de l'infernal époux m'était poignance et pourtant, je m'agenouillais pour pleurer de ses larmes à l'heure de la contrition.

Qu'il était pitoyable et grand, faunesque et rude, le bonhomme qui fauchait d'une jambe récalcitrante le trottoir de sa vacherie d'existence. Je me serais jeté dans la Seine et dans la Tamise pour en repêcher le cadavre innocent.

C'est à Verlaine que je dois les plus belles heures de ma jeunesse misérable. Verlaine de mes amours : le plus grand poète français avec Villon. Avec Thérèse de Lisieux, il fut chaque jour à mes côtés au sanatorium Émile-Roux de la Musse [1]. Je priais avec la sainte et je chantais avec l'ivrogne !

Gérard aimait Verlaine et le critiquait férocement quand le whiskey se révélait de mauvaise qualité. Il publiait dans les petites revues où vertigent de grands rêves. Il avait peu fait, mais laissait voir une folle envie de faire. Il appartient désormais à l'immortelle phalange des poètes sans œuvre car on ne peut tenir pour telle les exercices qui lui permettaient de se rappeler au souvenir de ses amis.

Non content de me voir à l'Académie, il me voulait de la Chambre, siégeant au plafond entre Victor Hugo et Alphonse de Lamartine. Ses folleries nous conduisaient le plus souvent chez des filles point trop farouches.

Ses manières, ses enveloppements, ses agressions langagières, ses digressions, la manière qu'il avait d'offrir le champagne et de roucouler derrière une palissade, tout m'amusait chez ce diable qui cachait, même à ses intimes, le blason de sa banque ou celle de son père.

Il lui fallait plaire puis embarquer la Colette jusqu'à son lit. J'attendais à la porte, assis sur une marche d'escalier, qu'Éros eût parlé après quoi, j'étais embarqué à mon tour, je veux dire : conduit chez un bougnat qui vous servait une soupe à l'oignon avec un semblant de cautèle.

---

1. Voir *Une enfance bretonne, op. cit.*

« C'est la meilleure de Paris, disait Gérard. Regarde ! La cuillère tient debout dans la bolée !

– Et comment, my friend ! exclamait Maurice en sortant des murs pour licher son content.

– Tu le connais ? demandait mon ami en lorgnant une serveuse.

– C'est un bâtard d'Angleterre. Son père a fini par être roi des Albions et sa mère reine de Paris, quand Paris, une plume dans le cul, raffolait d'Offenbach.

– Alors, à boire pour le prince ! gueulait Gérard, et que ça saute !... »

Ce fut Gérard qui m'emmena chez Lipp, histoire de rencontrer Maurice Fombeure dont Paul-Alexis Robic, du temps de nos promenades sur la Rabine vannetaise, faisait grand cas.

Nous le trouvâmes tout à fait garde champêtre de Saint-Germain-des-Prés, s'allumant l'œil d'un cognac, paraissant goûter les jactances, nuisances et dévergondées de ses enfants perdus.

Je me sentis très proche de l'auteur des *Arentelles* et des *Moulins de la parole*. Qu'il eût des manières rustiques, une voix traînante de paysan poitevin qui a le temps de vivre et de mourir et qu'il chantât entre gauloiserie et gaillardise, me plaisait infiniment.

Pleins des abeilles de son village, ses yeux lui sortaient de la tête dès qu'il sollicitait la chantepleure. En vérité, le temps de trois semaines, et ce rude compagnon me devint frère.

Je le revois, cheveux drus plantés sur un crâne paysan, râblé, carré, le visage marqué par les petits verres et les grandes gueuses. Je l'entends aussi. Pour le moment, il singe la colère et lance à ses troupes par trop dissipées : « Taisez-vous, bande de rastaquouères et saluez bien humblement M. Ferdinand

Lop, notre maître à tous ! Que nous proposez-vous en ce jour, noble seigneur ?

– Un travail sur M. de Voltaire.

– Combien d'ouvrages avez-vous pillés pour réduire le bonhomme à quarante pages ?

– Voltaire a du creux... Ses éminences n'en sont que plus remarquables.

– Sachez, beau doux ami, que les amis ici présents s'en torchent de M. de Ferney et rêvent de sortir Rousseau des marbres du Panthéon et de le reposer au sein d'une nature dont il fut à la fois le prêtre et le protecteur.

– Rousseau ? Ce faux vicaire ?

– Nous l'allons rendre à Mme d'Houdetot. »

Le nez crochu, le dos voûté, Lop s'éloignait vers le fond de la brasserie en maudissant les poètes qui se moquent de tout, ce qui ne prouve rien.

On se gaussait de sa dégaine, de sa longévité germanopratine et l'on s'en revenait d'enthousiasme à Maurice Fombeure qui célébrait les labours et les faubourgs avec la même jubilance. Il savait trouver de sa bonne terre à l'orée et jusqu'au cœur des grandes villes. C'était, toujours de bonne humeur, l'évocation de la rivière aux oies, des fritures juteuses, des vins sanctifiés, des enclumes sonores et des dormeuses – endormeuses – réveillées à chat petit.

Ses trouvailles étaient dignes de Saint-Amant et des poètes bachiques. Le ton en était inimitable, même pour Claudel qui le fit savoir.

Je lui reconnaissais des secrets comme celui de répandre du poivre rouge sur les morceaux maigres et de mettre le roi dans les danses villageoises.

Le mercredi, à la brasserie Lipp, il recevait du monde et, en professeur qu'il était, jouait sans plus de bravoure au maître d'école. Quand il arrivait que Marcel Arland, Jean Follain, Jean Rousselot, Michel Manoll, Jacques Charles et Robert Goffin, arrivé de Bruxelles, fussent présents, il se faisait taiseux, tassait du tabac dans sa pipe, l'allumait à celle d'André Berry et laissait monter vers sa personne les rumeurs et le bruit de ce que, déjà, nous eussions pu appeler le microcosme.

À l'arrivée de Carmen, sa grande épouse, précédée de ses grands chapeaux et de ses grands airs, il se recroquevillait, comme effaré, le dos aux céramiques du père Fargue et laissait le gentil Luc Bérimont nous présenter les stars sans étoile d'une chanson exsangue dont nous nous moquions comme d'une guigne. Il n'est que de prêter l'oreille aux paroliers de nos vedettes du music-hall, pour juger du bien-fondé de nos sarcasmes.

Quand Bérimont, le poète de la Femme dans le feuillolement des automnes me vit pour la première fois, il dit à Manoll : « Ce jeune Girod me fait penser à notre petit René... »

Il s'agissait de René Guy Cadou qui n'a fait que passer sur cette terre ; aujourd'hui bien vivant dans les Classiques Larousse. Il appartient – avec Fombeure, Luc Bérimont, Max Jacob et quelques autres – à la phalange de ceux qui dirent NON à la poésie intellectualiste et absconse qui est, hélas ! celle de notre basse époque.

Les mercredis de Fombeure, chez Lipp, réservaient souvent des surprises et c'en fut une, pour moi, que d'y rencontrer Gaston Criel.

Il était là comme un Gavroche trop vite grandi avec une

tête chevaline et une bouche grande ouverte où il manquait des dents. Ses mains aussi, larges battoirs noués de veines, étaient impressionnantes.

Il m'emmena dans le square jouxtant la basilique Saint-Germain où l'on pouvait admirer la tête d'Apollinaire par Picasso. Je trouvai ce trophée assez déplorable. Il voulut savoir si j'avais raison et, une carte de presse à la main, il interrogea les passants, les femmes surtout, sur ce qu'on pouvait penser de l'œuvrette du triomphal artiste. Les réponses furent autant de dérobades. Les gens n'osaient pas dire du grand Pablo que c'était un frimeur.

Déçu, vexé, triste plus encore, Criel voulut m'expliquer le peintre, le sculpteur, le céramiste, le matador, le picador et la corrida. Pour ce faire, il m'entraîna à la Rhumerie et là, brusquement, abandonnant son habit de lumière, il se mit nu pour me prouver son amitié.

De son Nord natal, il était tombé à Paris comme un coq de bruyère blessé aux ailes. Sa bonne étoile le conduisit chez Gide dont il devint le secrétaire, puis chez Sartre, qui l'occupa un semestre. À l'entendre, Gide écoutait aux portes et Sartre s'encapuchonnait pour écrire. Des anecdotes suivirent que j'ai oubliées.

Dans ces jours-là, il entra comme par effraction dans le temple du jazz et reçut en plein cœur l'émotion de sa vie. Il se voulait *hot* avant toute chose. Il avait d'ailleurs écrit sur le jazz et ses plus vrais desservants.

On avait bien vendu trois cents exemplaires de son opuscule au Quartier latin. C'était un succès.

Tout allait pour le mieux quand, rue des Canettes, un de ses voisins le dénonça pour proxénétisme. « Ah, le con ! Il m'a foutu les flics au cul, tout ça parce que je couchais avec deux ou trois nénettes. Il était jaloux, le gueusard ! Il aurait voulu que je l'invite à partager.

» Donc les flics avec les manières et le langage que tu connais. On me bouscule, on me parle haut, on augmente le son ; je reçois une baffe d'un sournois, puis une autre, puis des coups de poing sur la gueule et l'on s'en prend à mes nénettes ! On va jusqu'à les tirer du lit où nous avions bien rigolé. Elles étaient à poil, les pauvres ! Ah, le con ! On embarque tout le monde ! Commissariat. Interrogatoires au pas de course ponctués de swings, d'uppercuts, de crochets. Le sournois avait appris son métier rue des Saussaies, à la Gestapo. Ils m'ont tellement bien asticoté que j'en ai perdu les oreilles. Je n'entends plus ou presque plus, mais je lis sur tes lèvres ce que tu penses de mon affaire.

– Je pense que trois nénettes à la fois c'était risqué.

– Comment ça, risqué ? Non, pas risqué du tout ! Je les laissais faire et elles savaient si bien s'y prendre que je gueulais de plaisir et que le voisin, ah, le con ! tu sais la suite.

– Ils t'ont relâché avec des excuses ?

– Mon cul ! J'ai fait trois mois de cabanon. J'en suis sorti comme un moitié mort avec l'idée d'accabler mon mouchard, mais il avait décampé, le pourri ! Il était parti, Dieu sait où, avec mes nénettes ! Ah, le con !... »

Quand je racontai cette histoire chez Lipp, la fête s'organisa d'elle-même. Les garçons furent priés d'être bien polis et de nous apporter de la bière et du cognac. À la tienne, Étienne ! Notre vacarme s'amplifia avec l'arrivée de Bérimont qui avait le don d'allumer les abat-jour et de se glisser sous la couette de la mignonne en lui récitant, « Le lac » de Lamartine.

Ce fut au sommet de notre musique que Fombeure, à la

vie, à la mort, m'invita à lui rendre visite rue du Vieux-Colombier.

Quelques jours plus tard, je me présentai à son domicile, et le trouvai très au-dessous du joyeux caporal qu'on appréciait à la brasserie dans l'amitié de Marcelin Cazes. Carmen, en revanche, fut des plus onctueuses et m'accueillit un caramel à la bouche.

M'avançant une chaise, elle me fit comprendre que je pouvais tout dire de Maurice dans ce qu'elle appela mes « conférences ». Tout, à condition de ne faire aucune allusion au cortège du divin Bacchus.

« Voyez-vous, cher jeune ami, Maurice n'est pas dans l'anecdote si pittoresque qu'elle soit. Il n'est pas sur les barricades avec les buveurs de sang et les anarchistes, moins encore dans les beuglants de la Butte. Il est dans l'amour de sa femme et de Jacques, son fils. C'est un orphelin de mère qui a connu la douleur tout enfant. Aujourd'hui, c'est un homme de courage et d'honneur.

» Je ne pardonnerai jamais à ceux qui le font boire pour le plaisir de se moquer de lui. Que si vous êtes de cette compagnie, vous pouvez prendre la porte, nous ne vous retiendrons pas. En revanche, si vous êtes le brave garçon que je crois, alors nous vous aiderons. Nous vous pousserons et bientôt vous dépasserez – talent compris, car vous avez du talent ! – tout ce qui pullule ici et là ; pauvres gens qui s'imaginent aller à la Postérité par les poux et les puces de leurs passions misérables. On les trouve drôles ; on leur fait une publicité outrancière, quand ils ne sont qu'abjects. »

Pendant le sermon que j'écoutais sans broncher mais aussi sans avoir le courage d'allumer une cigarette, Maurice, les yeux en dessous, me demandait d'être roide. Je le fus jusqu'au bout avec des intonations de politesse dont je ne me savais pas capable.

Chère grande Carmen aux grands airs et aux grands chapeaux, vous rêviez d'un mari sobre et tout à fait sevré, afin de le présenter, parfaitement digne, à la vieille dame du Quai Conti, la seule, oui, la seule, dont vous ne fussiez pas jalouse.

5

Du placard de Mme Brousse à Saint-Germain-des-Prés et du bureau à Notre-Dame-des-Victoires, ma vie passait de l'espoir à la déception ; du rêve vainqueur au cauchemar ; de la ferveur à la tristesse et des rires insolents aux larmes que je dissimulais de mon mieux.

Marie-Jo dans les fiançailles, il me fallait penser à mes repas et au blanchissement de mes chemises. J'échappais à toutes ces corvées en courant par la rue Montmartre et la rue du Mail au sanctuaire de mes recueillements.

J'y étais seul avec mon mystère. Seul et soudé à la Présence par le virginal truchement de Marie. Elle m'était à la fois une mère et une fiancée. J'avais besoin de sa compréhension et de sa tendresse.

Quand j'étais trop malheureux, je me proclamais libre de la vouloir reine ou de taire son nom ; d'oser devant elle les mots de la célébration ou ceux du sacrilège. Je redevenais alors comme le pauvre enfant perdu du Parc-Lann.

Cette prière au milieu de tout, plus haut que tout le reste, aura gouverné ma vie. C'est la Sainte Vierge qui m'a permis de regarder vers Jésus et d'élever mon esprit vers le Père.

En vérité, Dieu n'est pas en repos dans mon cœur et je n'aimerais pas à me figer dans un dieu de marbre. Comme moi-même, puisque créé à Son Image, Dieu est aventure. Je me dis que Dieu devient, se transforme et se divise à l'Infini pour ne faire qu'Un.

Chaque fois que mes contemporains proclament sa mort, je surprends quelque chose de Sa Face cachée au plus haut de la plus haute montagne où demeure le peu de lumière de la douce Espérance. Que si cette lumière venait à s'éteindre, ce serait nuit et ténèbres pour tous les hommes.

Que Dieu doive changer ; qu'on éprouve siècle après siècle le besoin de le mettre au goût du jour, me scandaliserait si je ne l'avais moi-même maquillé, renié par lâcheté. En fils d'Arvor, Dieu m'est tombé des mains jusque dans les cathédrales. Ni la pompe des offices, ni les ors de l'autel, ni la majesté des nefs, ni la mauve circulation des vitraux n'ont pu empêcher mon esprit de divaguer et tous mes sens de capter les odeurs de l'été et d'entendre au-dessus du plain-chant – du reste mis en réserve –, le fredon d'une abeille, folle de savoir le soleil sur l'églantier qui lui est univers.

Le caractère sacré de la liturgie, les exhortations des clercs, les vaticinations des frères prêcheurs ne m'ont que rarement ravi aux pensées profanes.

Il m'est arrivé cependant de pleurer au récit de la Passion de Jésus au point de vouloir tendre la main et la joue à la première personne rencontrée dans la rue. Que ne l'ai-je fait ! Que n'ai-je, au moins une fois, regardé mon semblable comme un autre moi-même ? Que ne suis-je entré, au moins une fois, dans cette folie d'amour afin d'exclamer : « Je vous embrasse dans la lumière du Christ ! »

Né natif de Brocéliande, j'ai toujours su que le salut procède de la plus haute futaie. Tout jeune, je suis entré dans le chant des saules et des peupliers qui bordaient ma rivière. Cette rivière avec des iris et des libellules partout les ombelles, était extraordinaire, car alors non polluée. Au plus profond d'elle-même, cette eau se moirait dans son propre mystère.

C'est par cette poésie à l'usage du corps – la poésie des ablutions et de la pêche aux écrevisses -- que je suis entré dans celle de l'âme.

À Notre-Dame-des-Victoires, je me savais à la recherche d'un langage tellement simple ou simplement savant, qu'il conviendrait à tout un peuple. La poésie, je la recevais comme une grâce et je remerciais Marie, mère de Jésus, de me la dispenser si généreusement. À l'époque déjà, je m'éprouvais dans la volonté de croire en un homme qui ne fût pas trop indigne de Dieu.

Comme l'enfance, la prière est un moment de grâce. L'enfance, c'est l'émerveillement ; la prière, c'est l'émerveillement retrouvé.

La prière, c'est la plus belle aventure que ma mère m'ait apprise. Elle me permettait de bâtir des chapelles de branchages dans les prés où paissait le troupeau des Guillo que j'avais à charge de surveiller. J'y célébrais d'éclatants offices. Debout sur une pierre, comme on l'est dans une chaire, je m'exerçais à l'homélie rapide, légère, et au sermon. Je tenais les mots dans une émotion qui transformait tout autour de moi. J'étais un prêtre soulevé par la parole et la communiquant à des foules enchantées. Quand je reprenais terre, je courais après des génissons qui galopaient dans les luzernes du voisinage. « Tu me les as encore laissés échapper ! me criait François, gare au fouet ! »

Ce « gare au fouet » n'était qu'une menace verbale. Le cadet des frères Guillo était un homme sage, pondéré, qui cherchait femme à sa convenance. Son frère, Joseph, désirait aussi se marier. Avec de la sournoiserie, je leur vantais telle ou telle minouresse rencontrée à Vannes ou à Sainte-Anne-d'Auray. Je devais la décrire, mais le portrait que j'en traçais à table, entre la soupe et le ragoût, était toujours inopérant. La donzelle était en chapeau, quand il eût été plus convenable qu'elle portât une coiffe. Et puis, elle n'avait que vingt ans. C'était trop tendre pour des barbons presque quadragénaires. On riait. Ces vacances-là portaient le rire jusqu'à la faucheuse qui rejetait des javelles dont nous faisions des gerbes que nous nous empressions de serrer à la taille et de mettre debout, les unes contre les autres, comme folles de vouloir s'embrasser pour l'amour du monde.

Je me souviens : je traversais la lande de Kerfuns pour me rendre à l'école et j'entretenais d'enthousiasme qui vous écoute entre deux silences, entre deux nuages : « Faites, Seigneur, que ma vie soit mauve ! »

Elle l'était, plus encore lorsque je me soulevais de colère au milieu de jocrisses qui ne savaient de la poésie, saint langage sacré, qu'en donner la caricature. Chez Lipp, aux Deux-Magots, aux Insulaires partout les places fortes et littéraires de la capitale, je criais de voir le Verbe défiguré par les linguistes, les sophistes, les grammairiens, les rhéteurs ; par des gens qui se vantent de ne plus croire à l'inspiration, mais il n'est que de les lire, les pauvres ! pour se rendre compte qu'ils n'essaient pas de nous en faire accroire. Ce sont gens sans imagination, sans cœur et, ce qui est plus grave : gens qui n'ont pas souffert.

Pour se mêler de poésie, il faut savoir que la seule alternative, c'est la mort. Un poète qui ne mourrait pas de douleur si on lui enlevait le libre exercice de la poésie, est un faussaire et un voyou.

Je disais à la Sainte Vierge qui m'abandonnait ses mains : « J'arrive de Bretagne, d'un pays encore sauvé du tumulte. Tout jeune, j'ai beaucoup fait de rêves sur la lande. Je me suis approché des tourbières et des lacs. Je me suis avancé dans la forêt pour surprendre le sanglier dans sa bauge et la fée dans les fils que vous tissez entre les ajoncs. J'ai surpris de votre sourire entre les nuages. J'étais avec Bernadette au pied des Espelugues, face à la grotte de Massabielle, et avec Thérèse de Lisieux dans sa cellule de carmélite. Je me suis beaucoup parlé. Je me suis garrotté de ciel et de terre. J'ai dansé sur les flots. Je l'ai fait, soutenu par Notre-Seigneur. J'ai eu la chance de grandir libre et pauvre dans un monde vrai. Je n'ai pas été falsifié par les philosophes de la nuit et les idéologues des officines faustiennes. On ne m'a pas inculqué de notions abstraites. Quand l'heure des grandes études a sonné, je suis tombé malade et mes humanités je me suis efforcé de les faire, seul, dans un sanatorium. »

Cela, je le sais maintenant, m'a été bénéfique. Si j'avais suivi la filière : licence, agrégation, je fusse devenu un autre homme. Un cœur sec. Pas de culture du tout paralyse ; trop de culture dessèche. Les grandes écoles n'ont jamais fait les grands poètes.

Les poètes, c'est l'ombre qui les façonne, c'est la ferveur qui les fortifie. Le savoir n'est rien. Il tombera de nous comme une peau inutile.

Nous perdrons tout savoir à l'heure du solde de tout compte, mais quelle plus haute science quand nous ne serons plus là pour nous en prévaloir !

J'ai tout appris du vent de la lande. La meilleure école qu'il m'ait été donné de fréquenter, c'est celle des arbres le long de la rivière. Le frémissement de leur feuillage m'enlevait comme plume au soleil. En amont, maman faisait sa bleuée. J'entendais son battoir.

Dans ces premiers mois de Paris, séparé de mes parents, je me suis dit pour garder cœur, que les poètes ont presque toujours été gâtés du côté de la mère. Celle de François Villon, « pauvrette et ancienne », continue de trembler pour son coquillard de fils dans toutes les mémoires, pauvrette et ancienne à jamais.

Celles de Victor Hugo et d'Alphonse de Lamartine ont su quelque chose du génie de leurs fils quand ceux-ci n'étaient encore que des enfants.

Mme Baudelaire fut chérie avec transport, puis avec douleur et colère quand elle devint Mme Aupick. Gérard de Nerval que les dieux inspiraient, s'est pendu, une nuit de rude hiver, rue de la Vieille-Lanterne à Paris, pour n'avoir pas connu sa mère. On ne guérit pas d'être né orphelin.

J'en arrive avec respect à Vitalie Cuif, la mère de Rimbaud, ignominieusement brocardée par les biographes de son rejeton. Cette femme forte et vaillante me paraît digne de la gloire de son enfant. Tant que ce dernier éprouva le besoin de fuir sa robe, il nous donna des chefs-d'œuvre. Quand elle n'a plus été là pour le sermonner et le menacer du pénitencier, il est devenu marchand de soleil, trafiquant d'armes, un aventurier sans importance.

La lettre de Vitalie Cuif à Verlaine est d'une émouvante noblesse. Quel caractère ! Quelle grandeur d'esprit ! Quelle sacrée bonne femme !

Il y avait des Vitalie Cuif entre le Parc-Lann et Chanticoq et de par toute la Bretagne. Ces femmes, sorties de l'Ancien et du Nouveau Testament, sont plus nombreuses et plus saintement répandues qu'on ne pense. C'est par elles que le monde, vaille que vaille, tient bon face aux crimes dont on l'abreuve.

La mère de Verlaine en aura supporté, la pauvre !... sans jamais se plaindre de son Paul qui, cependant, l'insultait et la battait comme plâtre quand il s'était ivrogné à l'estaminet.

Je ne veux plus aimer que ma mère Marie
Tous les autres amours sont de commandement.

Il dit vrai, Verlaine. Dans ses périodes d'angélisme, il est l'enfant de la Madone qui apprend à Jésus à mettre un pied devant l'autre.

C'est en me récitant ces vers qu'après une ultime génuflexion je me précipitais au-devant de mes amis pour leur dire que j'avais soif et faim et que le vin de Cana, avec des étoiles et des abeilles dedans, serait le bienvenu.

Gérard de Crancé qui était à la recherche de la Mère des Compagnons, m'entraînait dans des tavernes puantes où il arrivait que le surin s'enfonçât sans un mot d'explication entre deux omoplates. Il y avait là de ce rebut d'humanité que Michelet a cru voir, les jours d'émeute, vers la Conciergerie et la Convention. Épouvanté, je quittais Gérard et je courais retrouver Hervé Bazin chez Loize, rue Bonaparte.

Il y exposait le manuscrit et les brouillons, disons les différents états de *Vipère au poing*. Quand je verrai ceux de Flaubert à la Bibliothèque nationale, je me rendrai compte que la phrase qui ouvre *Salammbô* : « C'était à Mégara, faubourg de Carthage, dans les jardins d'Hamilcar », lui a été donnée par Dieu. Il a tout réécrit, plusieurs fois, sans y toucher.

Heureux de me revoir, Bazin me présenta à Jean Markale que j'avais déjà rencontré, et à Claire, la fiancée de celui-ci, qu'il compara à un Botticelli.

Chez Jean Loize, entre Hervé Bazin et Maurice Druon, le vin était excellent et le champagne de haute tenue. J'en bus assez pour devenir méchant et lancer à Paris les imprécations de Camille...

Bazin riait de me voir à cheval sur mes grands dadas. Mme Brousse, elle, me surprenant à vomir dans l'escalier, appela ma sœur comme on crie au secours et ce fut, soutenu par ces dames, que je regagnai mon placard.

Me croyant mort ou endormi, la logeuse disait à Marie-Jo : « Pour moi, ce garçon est une énigme et je m'y connais en hommes. Il ne sait rien faire et il affiche des prétentions qui ne sont pas de son monde. Écrire des livres ? A-t-il seulement été en apprentissage pour se permettre de gribouiller à son aise ? J'en ai connu des feuilletons du temps où je me sortais un peu ! Rien que des paletots avec des poches vides ! Il faut n'avoir rien à faire que de chercher à les lire dans les gazettes.

» Celui-ci, que va-t-il devenir maintenant que vous entrez en ménage ?... Ma Bernadette voudrait bien lui éviter de se perdre. Il ne la regarde même pas ! Germaine a été outrée de le voir, l'autre jour, à la terrasse du Café du Croissant, avec un pareil à lui, à se moquer des femmes qui passaient sur le trottoir. Avec ça, il est toujours fourré chez Madame la Vierge ! Allez donc comprendre quelque chose !

– Faut l'excuser, madame Brousse. Il a été très malade et puis les livres qu'il a lus lui sont montés à la tête !

– L'excuser, ma bonne, me serait facile s'il y mettait du sien, mais chaque jour, comme pour nous narguer, il invente des horreurs comme de chanter des cantiques dans l'escalier. N'est-ce pas du dernier déraisonnable que de chanter d'église dans une honnête maison ?... »

Elles avaient ainsi des apartés dont je faisais les frais. On se moquait de mes prétentions et de mes fréquentations encore que je ne reçusse personne au placard.

De ma vie, je n'ai bénéficié d'aucun confort. Pas un coin pour la toilette ; l'écurie ou le jardin pour les besoins ; l'hiver, pas d'autre chauffage qu'un feu de planches ou de pignes.

Chez ma bonne femme de logeuse, rien de plus. Les latrines étaient sur le palier. Il me fallait me laver face à un évier de la grandeur d'une coquille Saint-Jacques. Aucune image au mur, pas même un chromo pour tâcher d'humaniser ma chiourme. Rien que le livre de Michaux, que Simone m'avait rendu. Je me délectai de cet ouvrage. Je le relus plus de dix fois.

Les pirouettes du poète, ses trouvailles à la limite d'un argot imaginaire, ses élévations en sacrebleu, son anticonformisme, ses provocations avec un zeste de paranoïa, me poussèrent certain samedi matin, jour de congé, à casser les carreaux de ma soi-disant fenêtre pour voir qu'il y avait du soleil dans la rue et des enfants qui jouaient aux billes dans le caniveau. J'en eus pitié et je descendis pour les emmener chez Mme Moutarde, l'épicière, qui voulut bien, à la vue de mon argent, leur compter des caramels et des chatons de chocolat.

Ainsi, jour après jour, me talochant et me défigurant, me jetant d'impasses en ruelles et de cafés en bastringues, Paris m'apprenait à vivre. Il me fallait de la déception et de la fatigue et le sentiment de n'être bon à rien, pour espérer si peu que ce fût en des lendemains lumineux.

Une petite voix me disait : « Garde courage, tu auras ta chance... » La même voix, plus insidieuse peut-être, jouait avec le mot « chance »... « Cette chance, disait-elle, sauras-tu la saisir ? »

Je la voyais passer devant et derrière des façades d'immeubles cossus où des hommes de poids s'empourpraient de leur importance. On gagnait à la loterie ; on échafaudait des fortunes en achetant et en revendant des trains de pommes de terre qu'on n'avait vus dans aucune gare ; on perdait en une nuit, dans les casinos de la Côte, de quoi vivre pendant trois siècles à ne rien faire.

De Pigalle, le Milieu s'effrontait jusqu'aux Folies-Bergère où l'on voyait des danseuses nues dans les mains de gangsters apprivoisés.

Je rêvais de cirer les chaussures d'Orson Welles et de Joséphine Baker ; de conduire la pouliche de l'Agha Khan à l'Arc de triomphe pour le prix du même nom qu'elle remporterait par la grâce de ma casaque blanche.

Plus prosaïquement, j'écrivis un conte que j'adressai à Hervé Bazin et que je remis à Georges Charensol aux *Nouvelles littéraires*. On allait me lire et m'écrire. À bientôt de nos bonnes nouvelles, jeune homme !

Au bureau, les vieilles demoiselles ayant fait valoir leur droit à la retraite, je me retrouvai entre Albert Lemoigne et Huguette Conas, une Bretonne de Paris que je revois toujours avec plaisir.

Dans les heures d'ennui, quand on s'était bien moqué de l'épaule bondissante et des tics de Michel Malin, on parlait des gens célèbres, de leurs châteaux, de leurs yachts, de leurs foucades et des Bahamas de leurs vacances.

6

J'APPRENAIS Paris sans trop m'en rendre compte et Paris me durcissait au contact d'une réalité tour à tour frivole et fantasque, profitable aux plus forts, terrible aux petites gens.

Marie-Jo convolant en secondes noces, mes parents n'ayant pas le téléphone, je n'avais personne à qui confier mes états d'âme et j'en étais réduit à adresser lettre sur lettre au château de Limoges. J'écrivais sans me plaindre de ma situation, à mes yeux préoccupante. Je me gardais d'alarmer les miens. Au contraire, je leur parlais de la joie ressentie d'avoir rencontré Jean Follain, d'avoir assisté à une conférence de Pierre-Jean Jouve et de l'intérêt qui m'était porté dans les cafés dits littéraires de la Rive gauche. Ces lettres, plusieurs centaines sûrement, que maman avait pieusement conservées, seront brûlées à sa mort par une famille sotte et soupçonneuse.

J'apprenais Paris le long des rues, dans les cours et les arrière-cours d'immeubles accueillants aux baladins, aux accordéonistes, aux faiseurs de romances ; le métro et l'autobus me dispensaient aussi un enseignement quotidien ; le reste de mon éducation m'était octroyé par des foules en déraison toujours prêtes à se vouloir piétiner.

Quand j'échappais au tohu-bohu toujours recommencé des affairistes et de leurs tristes affaires, je prenais par quelque bout de Seine. J'aimais les pêcheurs ; les bouquinistes d'Anatole-France ; les marchands d'amour ; les marchands d'oiseaux ; les fleuristes, plus encore quand elles sont jolies ; les personnages portant perruque ou travestis à la Frédéric Lemaître ; les clochards et les putains, sans oublier les princes de Galles que mon ami Maurice, se voulant unique, vouait aux enfers.

Entre Saint-Eustache et Notre-Dame et encore boulevard du Crime, mon admiration allait aux gladiateurs ; aux forçats de Vidocq qui se souvenaient de Jean Valjean ; aux cracheurs de billets de banque et aux Vulcains qui s'aidaient des badauds pour forger leurs chaînes et les briser au nom de Nabuchodonosor.

J'entrais en tiers dans les conversations, histoire de faire allusion à la Malabaraise de Baudelaire ou de citer une strophe de Victor Hugo. Du haut de mon ignorance, j'en imposais à des bravaches qui parlaient d'estranguler les catins de la République et leurs proxénètes les plus en vue.

À ces jeux de cirque, il m'arrivait de préférer le silence des cimetières. De toutes les nécropoles de Paris, le Père-Lachaise avait mes préférences. Je m'y sentais comme chez moi. J'y passais des heures à la recherche des tombes célèbres, au milieu de caveaux sans croix et de chapelles votives du dernier mauvais goût.

Le long des allées et sous les arbres, il y avait des bancs pour les promeneurs et les amoureux. En l'absence de toute compagnie, je m'y installais avec un livre. J'allumais une cigarette comme pour voir la mort à travers un écran de fumée. Je m'éloignais à contrecœur à l'apparition d'un gardien vétillard et quand les bonnes survenaient avec des marmailles malapprises et souvent malpropres.

En ce lieu de paix, la société des vieilles gens me convenait parfaitement. Il y avait en eux des airs de tristesse et de nostalgie qui, parfois, m'attendrissaient.

Je sortais un calepin. Je notais un regard, un mot en l'air, une odeur, l'ombre dentelée des feuillages sur les tombes. Passait une colombe réchappée des mains de Picasso, un rameau d'olivier dans le bec. Elle se voulait la bonne messagère d'une entente mondiale dictée par Staline, stratège devant lequel le parti des fusillés, les professeurs d'universités, leurs élèves, et encore tout un peuple idolâtre, s'inclinaient avec déférence quand ce n'était avec dévotion.

Dans une bouquinerie, j'avais lu une ode d'Eugène Guillevic qui commençait par : « Tu sauras, camarade Staline, qu'ici, même les choses ont mal... »

Je m'interrogeais sur ce mal qui faisait la guerre aux choses comme il advint qu'il en fît aux animaux de la fable. Perplexe, je me demandais si les pierres gisantes n'allaient pas devoir crier à la place des morts, condamnés au silence absolu.

Je rencontrai Guillevic rue Grégoire-de-Tours, chez Mme Moy, qui vendait cabans et kabigs bretons. Petit, trapu, le nez en pied d'artichaut, la barbe follette, la calvitie faunesque, les yeux d'un marin contrarié par le mascaret, il plaisait aux femmes, les énamourait et se laissait caresser par des lycéennes qui avaient lu *Terraqué*, recueil paru en 1942, avec une réputation de chef-d'œuvre.

Les jeunes gens d'alors – je ne partageais que bien rarement leur enthousiasme – ne juraient que par Aragon, Éluard, Desnos. Ce dernier, parce que mort dans les camps, avait droit à tout mon respect.

On mettait les odelettes de ces gens-là en musique ; on en faisait grand cas dans les meetings et rassemblements populaires ; on les portait aux nues dans les journaux du Parti.

Enfant de Carnac – donc, de mes environs –, Guillevic savait faire tenir l'univers dans quelques syllabes. Ce qui semble inerte, à nos yeux, ne l'est pas. Sous sa plume, le caillou du chemin respire et se souvient. Il arrive qu'il ait mal de ne pas tenir dans la main du Petit Père des peuples.

Tant de candeur et de ferveur politique me réjouissait et c'était dans la liberté la plus totale, mais l'esprit à l'opposition, que je rentrais au Sentier et remontais au placard surprendre une Vorag qui me voulait prince d'Aquitaine, Lusignan dans la main de Mélusine ; Lancelot libéré des quenouilles de Guenièvre, mais tombant dans son lit.

Je me détournai d'elle lorsque je surpris deux jeunes filles face à la fontaine du palier, occupées à laver de leur linge. Elles étaient charmantes, rieuses, et comme étonnées de mon voisinage.

Je les bonjourai de bonne humeur et m'en éloignai à regret. Je les entendis qui se moquaient dans mon dos.

« Je vois – dit la logeuse à qui rien n'échappait – que vous avez fait la connaissance de nos jeunes personnes. Je me réjouis de les avoir chez nous, car elles sont méritantes. Je leur ai donné la chambre de votre sœur. Avec un peu plus de gentillesse de votre part, elle eût été la vôtre ! »

Elle fut quand même un peu la mienne puisque dans les jours qui suivirent, je devins l'ami de Jacqueline et de Jeannette.

La première, grande, cheveux châtains, yeux noisette, visage tourné vers la lumière, travaillait en banlieue dans une fabrique de parfums ; la seconde, pas mal délurée, se faisait siffler par les peintres du haut de leurs échelles, quand elle montait la Butte pour servir des patachous chez la chanteuse-pâtissière du même nom.

Plus que leur ami, je devins leur intime au scandale de la logeuse qui poussait son chien à manifester son mécontentement.

Afin de ne pas trop effaroucher ces demoiselles avec l'idée qu'on peut se faire d'un poète, je leur parlais des choses du quotidien – et plus encore de celles qui ont mal –, par-dessus la jambe. Mon langage les surprenait et les amusait comme l'eût fait, aux Deux-Ânes, une blague dans la bouche d'un chansonnier. Avec son petit air parigot, Jeannette surtout paraissait goûter mon humour décapant puisé souvent dans *La nuit remue* de Michaux.

La nuit remuait au point de me cacher l'heure de me retirer. Quand je prenais conscience d'être importun, elles me proposaient une infusion. Alors je jouais volontiers à leur lire les lignes de la main. Elles se moquaient de mes dons de chiromancien, je remarquais pourtant que mes prédictions les troublaient.

Je prolongeais parfois la veillée en leur contant des histoires que j'allais chercher dans le légendaire breton, mais aussi chez Hugo, Flaubert, Daudet, Maupassant. De leur vie, l'une et l'autre n'avaient ouvert un livre ; en revanche, elles achetaient chaque semaine deux ou trois magazines qui traitent du cinéma, de l'art de plaire et de maigrir.

Une nuit que je toussais comme un malheureux, elles m'arrangèrent une place dans leur lit. J'eus des grogs et de caressantes paroles.

Je pris bientôt le pli de dormir entre elles. Avant de plonger dans le sommeil, on fermait la fenêtre afin de ne pas entendre la radio de Miguel, les vocalises de M. Dandoche et les aboiements du clébard.

Plongés dans le noir, on s'amusait si bien ensemble que de leurs hanches, mes mains en prière montaient vers leur poitrine. C'étaient alors des cris et des menaces. « Si tu continues, tu retournes à ton placard ! »

Je baissais la garde et, riant et bouffonnant, nous entreprenions la traversée d'une nuit qui me ballottait, en toute innocence, dans les bras de l'une et de l'autre.

Des deux, Jacqueline était la plus sage. J'en profitais pour l'embrasser sur la fossette du menton, près de l'oreille, aussi dans le cou et, comme par inadvertance, à la naissance de la gorge où disparaissait une médaille au bout d'une chaîne. Elle feignait de subir et d'être lasse de mes caresses quand toute sa personne en appelait à un plaisir qu'elle ne connaîtra pas.

Sans trop s'émouvoir, Jeannette m'accordait quelques privautés. J'aimais ses longues jambes brunes et, m'enhardissant, je me faisais rappeler à l'ordre.

Elles paraissaient incommodées de mes hommages et me demandaient les raisons de ma soi-disant bougonnerie quand je cessais de leur manifester un peu de ce bonheur qui m'allumait les yeux.

« Tu as les yeux qui parlent, disait Jeannette. On y voit du feu.

– Je brûle pour vous.

– Veux-tu bien te taire ! »

Elles raffolaient de mes discours. Je leur ai fait celui du récipiendaire reçu en grande pompe sous la Coupole. Plus souvent, je montais en chaire et tour à tour : « Madame se meurt, Madame est morte ! », j'étais Bossuet, Bourdaloue,

Lamennais, Lacordaire. Il arrivait que je fusse Savonarole et que je jetasse dans les infernaux paluds le clébard de Mme Brousse, les vocalises de M. Dandoche et les romances ô combien sirupeuses du gars Miguel !

Redevenant sérieux, je les comparais aux héroïnes des romans que j'avais lus. Elles furent tout à tour Juliette, la blonde Yseult, la tendre Ophélie ; plus prosaïquement Mimi Pinson ; plus héroïquement Judith tranchant la tête et la virilité d'Holopherne. Quand je les voulais en Salomé, sans plus de voiles et de jupons et dansant pour Hérode, elles me lançaient de leurs oreillers à la figure. Moqueuses, elles détestaient d'être moquées.

Fort matinales, elles faisaient couler l'eau du café et des ablutions sans plus s'occuper du dormeur. Je mettais un long temps à triompher du sommeil et je les surprenais à leur toilette, à moitié nues. Je remerciais le Seigneur d'avoir fait si belles les femmes !

Elles me demandaient de fermer les yeux, puis exigeaient que je me tourne vers la ruelle et se récriaient de me surprendre à tricher.

Quand j'avais dépassé les bornes de la muflerie, c'était des airs outrés dont il me fallait triompher avec des repentances simulées ou non, des caramels et des nougats de Montélimar dont elles étaient friandes. Les fleurs aussi plaidaient en ma faveur, les lilas surtout.

Rentré en grâce, la lumière rallumée, Miguel à Mexico, M. Dandoche chez André Dassary, nous nous retrouvions en travers du grand lit avec des rires et plus encore des fous rires quand les hurlements du clébard, les puces dans le potage, nous jetaient dans les contorsions du plus désopilant Guignol.

L'idée me vint de les conduire aux Insulaires. Eu égard à leur jeunesse et à leur beauté, André Philippot les reçut avec courtoisie et leur demanda de dire quelque chose, ce qui les fit pouffer. Elles eurent d'autres accès d'hilarité en prêtant l'oreille aux élucubrations des imbéciles heureux qui cherchaient à situer leurs œuvrettes dans un contexte qui échappait à tout le monde.

Dans son coin, Cheval, déjà rencontré sur les Boulevards, palabrait en direction de Michel Mourre et de Manuel de Diéguez. Mourre qui avait fait le dominicain, s'était séparé de sa bure et rêvait d'arracher les jeunes veuves aux regrets éternels. De Diéguez, lui, travaillait au Grand Œuvre, pour Gallimard, bien entendu. La pochette avantageuse, les lunettes sévères, il arrêtait en plein élan le porte-lyre de service et lui demandait, sans aménité superflue, de bien vouloir *expliciter* les pleins et les déliés de son hermétisme. Cela, le plus souvent, donnait lieu à des échanges du plus haut comique.

Cheval – je ne lui ai jamais connu d'autre nom – tenait ces comédies pour rien tout en proclamant son amour du théâtre. À l'entendre, on le voyait souvent à la Huchette où Georges Vitaly montait des pièces de Jacques Audiberti et de Georges Schéhadé. Il préférait les théâtres de poche, où l'on donne leur chance à des débutants, à des inconnus, aux salles subventionnées qui, toujours, affichent Claudel ou Pirandello.

Des auteurs qu'il tutoyait, il en vint à évoquer Michel de Ghelderode et Antonin Artaud. Il disait du vieux Ghel qu'il faisait l'amour à sa servante et se soulageait dans le pot de chambre d'un cardinal. Il traduisait le duc d'Albe et le roi Philippe au tribunal de l'Inquisition. Il mélangeait les époques au point de tâtouiller la nôtre comme une merde pas même puante.

Artaud, le fou, le dingue, l'étron gigantal, Artaud était son idole ! Qu'il fût mort dans une camisole de force, lui était poignance et preuve. Preuve que le génie se nourrit des helminthes et triomphe toujours de la vasière.

D'un auteur qu'il portait aux nues : Sartre ! Genet ! (pour les mouvements de son imagination et ses audaces langagières), il disait : « Regarde, comme il bande ! »

Claudel ne bandait pas. Trop vieux, trop catholique bon teint.

Pas du tout intimidée, Jeannette se renversait de rire. Décidément les Insulaires valaient bien le Grenier de Montmartre !

Sensible à l'intérêt que paraissaient lui porter mes amies, Cheval devint péremptoire et se commanda un whisky.

« Aujourd'hui, la poésie, le théâtre, c'est misérablement bourgeois, dit-il. Beckett est bourgeois et Brecht plus encore. Parfaitement, Brecht appartient à la gauche sadomasochiste et inhibitrice. Pièces-à-patro ! Pièces-à-situations ! Pièces-à-répliques ! Pièces-à-tirades ! Pas d'invention, pas de révolution, pas de ouah-ouah ! si vous voyez ce que je veux dire !

» Ce qu'il nous faut, c'est la fécondation de l'instant ; c'est le retournement de la calèche du côté de Carpentras ; l'attelage étoilant le ciel à quatre fers ! C'est l'apparente déraison, mais à l'intérieur d'elle-même ! C'est ça ! À l'intérieur d'elle-même ! Tu vois, la pièce fait l'auteur comme le poème écrit son poète. Toc, tu donnes ! Toc, tu reçois au centuple ce que tu crois avoir donné. Tu envoies un peu de ton souffle dans le trou noir et la bouche d'ombre te répond par un énorme lapsus. »

Cheval avait des admirations glandulaires et des répulsions frénétiques. Nous l'abandonnâmes à sa rage verte et aux logorrhées de son impuissance. Pour moi, l'heure était venue de marivauder et de déguster quelques ballons de vin cathare. Ce nectar me montant au front, je dis à Jeannette que j'aimais ses jambes et à Jacqueline que je la vénérais pour sa vertu. Elles me regardèrent avec une sorte de commisération et se levèrent pour partir.

Rue Montorgueil – comme minuit sonnait à Saint-Eustache –, nous fûmes arrêtés par Maurice qui gavrochait le long du trottoir. Juin déployant de sa douceur, il marchait pieds nus, les savates à la main.

« C'est gentil à toi de m'amener tes fiancées, fiston ! Ah, fillettes, fillettes, si vous saviez comme je vous aime ! »

Nous rentrâmes en riant et en nous payant la tête des clochards, des novateurs et des grands faiseurs de foutaises.

Sur le pas de sa porte, le clébard dans les bras, Mme Brousse dit que ce n'était plus une heure pour des jeunes filles de courir les rues. Elle n'eut pour moi aucun regard et nous quitta pour les besoins de sa bête.

7

Le monde littéraire, si fascinant et décevant qu'il fût, pour moi ce n'était pas le monde.

Le monde avec ses conflits, ses pièges, ses traquenards, ses guerres, ses guéguerres, ne laissait pas de me jeter dans toutes les oppositions, communiste excepté.

En 1946, la retraite du général de Gaulle m'était apparue comme une erreur, voire une injustice. Cependant, soucieux de rester libre, je n'adhérai pas au RPF. Je n'ai jamais appartenu à un parti. Le seul qui m'importe, c'est celui des cœurs purs et des âmes honnêtes, autant dire le grand parti du Petit Nombre. Je voulais être de ceux qui seront appelés « le sel de la terre ». J'avais encore d'autres ambitions dont je désirais instruire Jacqueline.

La radio, et deux ou trois feuilles lues à la banque, me renseignaient sur le Pouvoir en place et ses farces tragiques. À croire que des milliers d'hommes et de femmes n'étaient morts sur les champs de bataille et dans la Résistance que pour permettre les scapineries et les jocrisseries d'un théâtre qui, chaque jour, au Palais-Bourbon, donnait le spectacle de notre honte et de notre déchéance. En ce temps-là, j'en vins à vomir l'élu qui n'était jamais, jamais celui de Dieu.

Félix Gouin m'avait amusé tant il était bête ; Jules Moch m'épouvanta en faisant charger les mineurs par la troupe. Et puis, il fallait compter avec les anarchistes, les nihilistes, les trotskistes et les fusillés. Ces derniers – tout fusillés qu'ils fussent –, se forfantaient d'être le parti le plus puissant de France.

À la banque, Albert Lemoigne qui avait des clartés de tout, prétendait que la lecture de l'*Officiel* du lendemain serait très drôle. Elle l'eût été si la censure républicaine – cependant dénoncée par tous les partis –, n'avait passé à la trappe le florilège des insultes et des mots malodorants.

Oui, pour être interdite, la censure faisait des ravages. On interpellait là-dessus. Entre deux interruptions de séance, on vaticinait à propos d'affaires en cours. Le feu à la bouche, l'invective à son paroxysme, on tirait du même chapeau pour en conspuer l'engeance, les fâcheux, les « fachistes » et tous ceux qui étaient sortis les jupes de Marthe Richard et des latrines de Vichy.

Selon les informateurs et les observateurs du monde entier, nous avions la droite la plus bête qui fût et la gauche la plus sinistrement sectaire. Du haut des travées, on se lançait à la tête avec une véhémence assourdissante l'emprunt russe, Panama, Stavisky, les carlistes, les *carbonari*, la Vendée, le petit Bara, l'infortuné Louis XVII, Sylvio Pellico.

Les questions de confiance – mais on n'avait confiance en personne – se succédaient à une cadence infernale.

Sous les lambris des palais nationaux, jour et nuit – et la nuit plus encore –, on se prenait à la gorge. On se traitait cordialement de canailles et de rastaquouères.

Des gens d'éloquence : Babineau des Flandres, Renaud de l'Ain, tenaient quatre heures de rang la dragée haute à des travées vides. Renaud avait ses fervents ; Babineau ses thuriféraires. Ce dernier parlait avec ses incisives et crachait dans l'œil de l'adversaire la pâtée des mots qui lui restaient sur le devant de la bouche.

Grâce à une presse pluraliste, je n'ignorais rien des embrassades radicales, des suspicions valoisiennes, des palinodies socialistes, des étouffements chrétiens, des oukases martelés à coups de faucille et des combinaisons qui condamnaient tout ce beau monde à merdouiller ensemble.

Commediante, tragediante... On votait à tour de bras. Les absents votaient plus souvent que les autres. Quand une sorte de consensus paraissait sortir des urnes funèbres, on pouvait publier sans crainte de se tromper que le président du Conseil allait devoir dresser l'acte de décès de son gouvernement.

Bidault descendait de voiture et montait, puis remontait les marches de perron de l'Élysée une fois, deux fois, trois fois, tel un ludion, pour les besoins de la Paramount. Quand son énergie le terrassait dans une embrasure de fenêtre, les huissiers videurs le protégeaient avec déférence et de ses ennemis alarmés et de ses amis rigolards.

Petit, mince, élégant, d'une éloquence qui le grandissait à mesure, parlant encore mieux avec ses mains dont il écartait les doigts... il avait la voix métallique, l'œil inquisiteur et l'auréole de la Résistance au-dessus de la tête. Même Babineau rentrait en séance pour entendre quelque maxime tombée de Moïse en saint Thomas d'Aquin.

L'homme s'inspirait de la *Somme* avec une virtuosité très exceptionnelle. Il regardait l'État comme un patrimoine et la France, même vieillie dans les épreuves, comme une épouse qui pouvait encore donner du plaisir.

Dans les grands jours, pour lui faire face, Jacques Duclos roulait les *r* et les airs de sa Bigorre natale dans une farine pire qu'une glu. On apprit bientôt qu'il élevait des pigeons voyageurs dans sa voiture. Encore une bonne occasion de s'esclaffer à la banque dans la compagnie d'Albert Lemoigne qui s'apprêtait à devenir l'un des maîtres de la Maçonnerie.

Ces joutes et arabesques politicardes eussent été pour moi sans intérêt si, le samedi soir – Jacqueline à Senlis, chez son père, et Jeannette chez Patachou –, je n'avais pris le pli de me rendre chez Jean Laugier, rue de l'Ancienne-Comédie.

La poésie nous rapprochait en confraternité ; le cirque hautement républicain dont je viens de donner quelques images, nous jouait le tour de la division et de la contradiction péremptoire.

Nos rencontres semainières, dans son quadrilatère de chambre, nous engageaient souvent dans un dialogue de sourds. Apparemment tout nous opposait, cependant, entre deux polémiques, il y avait place pour des adhésions touchantes et des rapprochements qui, je crois, dépassaient nos personnes.

J'aimais qu'il travaillât à la manière des « imagiers » du Moyen Âge, sculptant les mots, canalisant le souffle, captant les forces, ciselant à la fois les détails et l'ensemble. Il y avait de l'enlumineur chez ce compagnon qui cherchait dans les dictionnaires les vocables d'une foi qu'il répugnait souvent à confesser comme telle.

Sa mansarde, avec un lit célibataire et une table mal en pieds, plus grande que ne l'était mon placard, me paraissait tout aussi misérable. Il avait sur moi l'avantage d'un rayon de livres et le privilège de n'être pas astreint à un travail régulier. Comédien et poète, il lui arrivait de jouer à la Huchette où son physique de Iago purgeant le More de Venise était très apprécié.

Comme à la Comédie on soupe aux étoiles, il attendait que le soleil fût au zénith pour sortir de son lit et se remettre aux vers.

C'étaient des vers sonores, parfois libérés, le plus souvent serrés dans une architecture classique. Du mot juste, à la strophe impeccable, il distribuait quelques audaces qui lui montaient à la tête.

Nos joutes – lyriques et politiques – faisaient tapage. Quand, de colère il broutait les poils de sa barbe, je prenais plaisir à le faire enrager.

Le vin des charretiers nous ardait véhémentement. Alors les invectives en appelaient aux menaces. Dieu merci, nos soirées ne s'achevaient jamais que la réconciliation ne fût totale. Nous y mettions beaucoup de bonne volonté de part et d'autre, rien n'étant plus pénible que de passer sur les opinions de ses amis.

Ce soir-là, par quels détours ?... Je lui parlai de Jacqueline. Lui avait une Andrée capable de lui parfiler un ciel de lit. Il désirait en faire sa femme. Il avait encore d'autres projets : l'écriture d'une pièce, la publication d'un premier recueil. Cela lui paraissait plus important que de régler sa crémière dont il usait largement du crédit.

À vingt-cinq ans, après Rimbaud, il entendait « changer la vie », et incliner la sienne de la bohème à la bohème bourgeoise.

J'étais moins sûr de mon avenir. La banque ne me poussait

guère à bâtir château. Chaque jour elle m'arrachait à mes plus anciens rêves.

Seul, triste, j'offrais mes dimanches à Notre-Dame-des-Victoires où le prône d'un vieux prêtre m'exaltait.

Pendant trois quarts d'heure – le propre de l'office étant expédié en dix minutes – il faisait devant tout un peuple de financiers et d'agents de change, un discours qui tenait de la diatribe et jetait son auditoire dans la stupeur.

Ce n'était ni Bossuet, ni Bourdaloue, ni Lacordaire, mais un vieil homme mal remis d'une guerre perdue, d'une Occupation dépravante et d'une Libération scandaleuse. Il criait aux fidèles que la France de Saint Louis et de Jeanne d'Arc était morte. Il s'effrayait de l'américanisme, du communisme et de l'invraisemblable tohu-bohu planétaire.

Ses phrases courtes – à courte haleine –, vous rabaissaient l'orgueil des nantis et vous relevaient la flamme des cierges les plus modestes.

Parfois, il interrompait son discours pour chercher un mouchoir qu'il portait à son nez priseur ; parfois, c'était pour rappeler à l'ordre une femme en prière. Je l'entends encore : « Madame, veuillez vous asseoir. Il y a un temps pour faire oraison et un temps pour écouter la parole du Seigneur dans la bouche du malheureux truchement qui parle en Son Nom. »

On était secoué par cette voix âpre qui s'accrochait aux aspérités de la vie pour brosser sans fioritures le tableau de nos frivolités, de nos férocités, de nos erreurs, de nos errements, de nos fautes et de notre importance. *Vanitas vanitatum.*

C'était surtout à notre importance qu'il entendait régler son compte. Il se référait à l'Ancien Testament pour évoquer les foudres du Très-Haut et en appeler à l'anathème de ceux qui s'en vont au désert se nourrir de sauterelles dans l'espoir de retarder l'Échéance et de nous obtenir, encore et encore, miséricorde.

Quand sa parole l'avait épuisé, il s'appuyait au rebord de la chaire et restait de longues minutes à nous regarder comme un troupeau de brebis perdues.

J'aurais voulu l'approcher afin de lui parler de Jacqueline qui n'avait pas l'espérance cependant qu'elle était pleine de compassion pour les malheureux. Accepterait-il de l'instruire de l'amour de Jésus ? Je me promis de l'aller voir et de lui parler de mon amie.

Le dimanche soir – Jeannette sur la Butte – je la retrouvais avec reconnaissance. Je l'entendais conter à la logeuse quelque chose de son cheminement forestier entre Senlis et Loisy. Je l'associais en esprit aux jeunes filles immortalisées par Gérard de Nerval. Elle était la sœur de Sylvie et d'Adrienne. Les étangs de Mortefontaine lui étaient refuge. Avec des pampres et des volubilis dans les cheveux et une ceinture de chèvrefeuille, elle serait reine au pays des fées.

Ce dimanche-là, elle m'offrit des cerises cueillies, le matin même, dans le jardin de son père. Je la remerciai avec effusion et tout à trac, comme poussé par une force venue du plus profond de moi-même, je lui avouai que je l'aimais.

Elle en fut apparemment toute surprise et se détacha d'une occupation ordinaire pour me regarder avec un sourire indéfinissable.

« Quel enfant tu fais ! »

Elle se remit à ranger ses vêtements. Je n'osai plus la regarder. J'eus l'impression que je l'avais offensée. Comme je me dirigeais vers la porte, elle me dit avec une poignante douceur : « Ne sois pas triste et dis-toi que je ne me marierai jamais. »

Je n'avais pas parlé mariage, mais sa droiture voulait que toute union fût légitimée aux yeux des autres.

Je crois me souvenir d'avoir versé des larmes. Les siennes s'accompagnèrent de caresses et de paroles tendres qu'elle me prodigua ma tête sur sa poitrine.

« Je t'en prie, essaie de comprendre... Nous deux, c'est impossible.

– Tu connais quelqu'un ?

– Voilà que tu déraisonnes ! Oui, j'en connais beaucoup ! J'en ai beaucoup connu qui étaient bien de leur personne et avaient de jolies situations. Si j'avais voulu, je serais mariée depuis longtemps. »

Inconsolable, je la regardais les yeux pleins de reproche. Elle eut alors ces mots :

« Je n'ai pas le droit de m'engager dans une autre vie.

– Pourquoi pas le droit ? Qui peut t'empêcher d'être heureuse ? Ton père ? Ta mère ?

– Mes parents sont divorcés et je suis libre.

– Alors ?

– J'ai le pressentiment que je mourrai jeune.

– Tu es malade ?

– Pas que je sache. Un peu fatiguée, mais ce n'est rien.

– Moi aussi je suis fatigué. Très fatigué. Il y a seulement un an j'étais à l'hôpital de Vannes où certains me jugeaient perdu. C'eût été bien triste pour moi de quitter ce monde sans t'avoir rencontrée. »

Il y eut un silence qu'elle mit à profit pour chercher des ciseaux dans sa boîte à couture. La jupe qu'elle mettrait le lendemain pour se rendre à son travail, demandait à être rallongée. Il lui fallait en défaire l'ourlet et...

Son cher visage surpris dans cette humble et morne quotidienneté me serra le cœur. J'éprouvais impérieusement le désir de la prendre dans mes bras et de l'étreindre. J'aurais voulu la rassurer. Je rêvai de l'emmener dans la carriole de Meaulnes au domaine des enfants heureux. Plus loin que la forêt de Senlis, infiniment plus loin, il y avait un château accueillant aux cœurs purs. Nous allions frapper du heurtoir à la porte hôtelière !

« Je t'ai aimée à ton premier regard, dis-je. J'ai peut-être donné le change en taquinant notre amie Jeannette, mais c'est toi... »

Elle me fit du café ; me parla de son père, ancien militaire à la retraite qui vivait avec une femme, veuve d'un premier époux. Pour avoir passé une dizaine d'années en Algérie, elle regardait ce pays comme une terre promise et souhaitait y retourner un jour. Alger, Oran, Médéa, autant de paradis perdus par la faute de parents séparés au désespoir de leurs enfants.

Elle avait beaucoup souffert de la mésentente familiale et regardait le mariage comme un pacte trop facilement dénoncé. Elle renoncerait pour elle-même à se laisser entraîner dans une aventure qui ne pouvait que faillir.

Je l'écoutais comme hébété. Elle écartait des voiles qui me permettaient de pénétrer dans un monde différent de celui que j'avais connu et au milieu duquel j'avais grandi. Sans être moins menacé, le mien, vaille que vaille, tenait par la mainmise des anciennes vertus.

À mon tour, je parlai de maman. Elle fut très attentive à ce que j'en disais et curieuse de nos villages, de nos landes, de notre vie au cachot de la rue de Séné que, Dieu merci, nous avions quitté pour le château de Limoges, ce château qui avait tant intrigué mon ami Bazin. Je terminai en lui disant que j'allais beaucoup souffrir des vacances qui nous allaient séparer pendant des semaines. Elles seraient cependant un retour aux sources. Lancé bride abattue dans d'étranges confidences, j'avouai avoir rêvé de lui offrir l'eau pure, l'eau sanctifiante de ces sources-là. Ce bonheur, je l'avais sûrement demandé à la Sainte Vierge dans l'ombre propice de Notre-Dame-des-Victoires. Je ne savais pas demander l'impossible.

« Pourquoi ta vie serait-elle courte ? demandai-je avec une pointe d'agacement. Tu es jeune, tu es belle... Une de ces voyantes de foire t'aurait-elle mis de ces idées en tête ?

– Quelque chose en moi... Un pressentiment...

– Ta vie n'est pas dans tes mains ! Tu n'as pas le droit d'en dire plus que Dieu ne sait !... »

Elle prit une chaise et soudainement très lasse, laissa aller ses bras le long de son corps.

Miguel ayant fermé sa radio et sa fenêtre, le seul bruit que nous percevions était le battement sourd des rotatives de presse de la rue du Croissant.

« C'est bien vivante que tu as toujours été à mes côtés. Je t'ai aimée, tu peux me croire, bien avant de te connaître. Lorsque je t'ai vue pour la première fois à la fontaine du palier, j'ai su que c'était toi. Tout gosse, au Parc-Lann, je t'entraînais dans mes bois. Comme nous avons joué au bord de la rivière ! Comme nous avons grandi ensemble ! Te perdre maintenant... »

Je ne comprenais rien de ce que je lui disais. Elle ne pouvait comprendre ce que je cherchais à lui dire...

Quand Jeannette poussa la porte de la chambre, elle fut toute surprise de nous voir comme séparés par une ligne d'éternité.

Violette

1

Je ne me savais pas être au grand tournant de ma vie. Vannes en tout cas n'avait pas changé. Les lavoirs de la Garenne, si souvent photographiés par les troupes d'occupation, accueillaient toujours des femmes au rude langage qui plongeaient du linge dans la rivière et le rattrapaient pour le savonner d'importance et le tordre. Elles étaient la gazette parfois claironnante des bas et des hauts quartiers.

Sous la halle aux grains, des paysannes arrivées chargées comme des bêtes de lointains villages, essayaient de céder au meilleur prix volaille et beurre à des servantes suspicieuses et aux bonnes femmes du populo qui trouvaient toujours à redire sur l'apparence et la qualité des marchandises. Une touffeur de couvoir circulait dans ce hangar baroque que les édiles parlaient de détruire.

Comme les années précédentes, la jeunesse faisait la rue du Mené entre cinq et sept. Les garçons, du moins la plupart d'entre eux, avaient les prétentions des boutiques et des pas de portes de leurs parents. Ils se vantaient de leurs bonnes fortunes, de leurs régates et parties de pêche vers Port-Navalo. Il m'arrivait de plaindre les filles dont ils se vantaient des faveurs. Elles allaient, les yeux sur le bout de la chaussure, vers des tâches quotidiennes. D'autres, pour être entrées dans une administration, affectaient une fierté renversante et me refusaient la joue et la main. J'avais été malade et puis j'étais parti. On ne me pardonnait pas d'avoir beaucoup déçu.

Au château de Limoges, jouxtant le grand séminaire, mes parents, sur leurs vieux jours, cultivaient une sorte de bonheur. Mon père soignait ses jardins et ses lapins avec le beau souci d'en être satisfait. Après des années et des années de ruralité et d'exploitation agricole, il me parla semences, récoltes avec l'enthousiasme du néophyte. Levée avec le soleil, active, industrieuse, maman rapportait depuis les Lices et la poissonnerie ce qu'elle savait devoir plaire et convenir à son fils.

Elle attendait que je lui parle de Paris, de la rue Saint-Joseph, de ma logeuse, de ma chambre, de la banque, du mariage de Marie-Jo et de Guy, l'homme qu'elle avait épousé. Je n'éprouvais aucune envie d'entrer dans un récit qui m'entraînerait de doléances en déceptions. Ah, si Jacqueline m'avait laissé ne fût-ce qu'un peu d'espoir, j'eusse été intarissable ! Seulement d'espoir, je n'en avais plus. Elle sut deviner que je n'étais pas heureux.

Je l'étais cependant quand, par la Rabine, je ralliais la pointe des Émigrés. À partir du Pont-Vert, je baignais dans une sorte d'immatérialité et c'était moitié courant, moitié dansant, que je redécouvrais les herbues du golfe où pêchaient des mouettes et des cormorans.

Comme autrefois, je m'encagnardais entre deux rochers et, à l'heure du flux, je laissais avec volupté les embruns me caresser et me souffleter le visage. C'était comme une bénédiction du corps et de l'âme. Cela m'ouvrait les yeux et permettait à mon esprit d'occuper tout l'espace, jusqu'à Rhuys, où fut Abaylard.

Quand, après des heures de lévitation spirituelle, je sortais de mon cagnard, c'était pour marcher le long de la mer et, tout naturellement, des cadences sourdaient du plus profond de moi-même que je confiais à mon calepin. Les mots musiquaient entre eux, s'appelaient et s'unissaient avec amour. Un poète qui n'a pas de musique est un malheureux infirme. Me revenait à la mémoire le mot de Verlaine à Gabriel Fauré qui avait mis des notes sur ses *Romances sans paroles* : « Pourquoi, monsieur, avez-vous été plaquer de votre musique sur la mienne ? » Me revenait aussi, de *Sagesse* :

Écoutez la chanson bien douce
Qui ne pleure que pour vous plaire.
Elle est discrète, elle est légère :
Un frisson d'eau sur de la mousse !

Pour la limpide et harmonieuse candeur de ce frisson-là, je serais retourné vers les bois de Josic, mais il me fallait rendre visite à Paul-Alexis Robic qui m'attendait avec des plaquettes de toutes provenances et des huîtres à déguster.

Les lunettes de travers au bout du nez crochu, le sourire triomphant du dentier, il se réjouissait de me revoir. Déjà le vin était tiré et mon couvert mis au haut bout de la table, place réservée à tout seigneur de passage.

Les joues creusées de rides, le dos voûté, il ressemblait à Jules Supervielle qui m'avait dédicacé *Gravitations* à la fête du PEN Club. Il admirait infiniment l'auteur de *La Fable du monde* et ne dénouait ses longues jambes que pour le plaisir de traverser en esprit des pampas fabuleuses.

Ce plaisir allait avec celui de la cigarette ; celle qu'on roule à partir d'un certain cérémonial et dont on secoue les cendres dans le feu bien-pensant de la cheminée. La fumée lui sortant des narines, il me lisait avec une sorte d'application le poème qui tourne sur lui-même à la manière d'un serpent qui cherche à se mordre la queue.

Jeannette, son épouse, paraissait ne rien comprendre à notre complicité et marquait de l'agacement quand, du rire, nous passions à la franche rigolade. Petitement bourgeoise, elle se voulait éloignée de Ronsard autant que de Verlaine, mais curieuse des potins que les rues de Vannes colportent avec la candeur des paisibles provinces.

Ne voulant rien entendre des ragots d'où qu'ils vinssent, son poète du mari prenait par les alizés et les îles Sous-le-Vent et, toutes voiles déployées, la Croix du Sud dans le cœur, il cinglait pleine mer vers Cipango, contournait des archipels, abordait la banquise des icebergs et des baleines.

Le temps d'ouvrir les huîtres, nous avions fait le tour du monde en moins de quatre-vingts jours. Du haut de ses douze ans, il arrivait que Paulo se mêlât de nos périples et allât raconter à sa mère, inquiète et ronchonneuse, le plus clair de nos exploits.

Lancé dans toutes les directions de l'aventure, mon ami s'émerveillait de ce que notre golfe répondît d'une île par jour. Il en aimait les herbues, les vasières, les silences. Je regrette qu'il n'ait pu lever l'ancre. À la place des partances joyeuses, il n'a connu que la banalité du bureau et les soirées interminables à « la lueur étroite de la lampe ». Il n'a pu donner sa mesure, du moins m'a-t-il permis de pénétrer dans le pays sans frontière où la légende en appelle au merveilleux et plus encore au merveilleux chrétien.

Sous les arbres de la Rabine, avec son nom du tour de France, son chapeau de feutre, son pardessus bleu roi et son éternel foulard, il m'entretenait avec passion de Jouve, de Jammes, de Marie Noël.

Publier n'était pas sa hantise ; écrire, le besoin d'écrire ne le tourmentait qu'après de longues saisons de sécheresse. Seul, le rêve lui était nourriture. Il y entrait d'enthousiasme par le truchement d'une prose qui laissait passer les lumières et les ombres des vieux villages, des landes battues par le vent, des promontoires glissant dans les gouffres. La passion du poème en prose lui ayant été léguée par Aloysius Bertrand, Baudelaire et Max Jacob, il les portait aux nues. Villon aussi frappait à sa porte et lui faisait cadeau de maints bois gravés.

« Un pendu à son gibet. Chaque rafale du noir vent d'hiver lui enlève une côte. Quand elles sont toutes tombées, la corde s'enroule autour : fagot qui grince comme la roue du vieux puits. »

Un soir, que je me tenais devant le maigre feu de ma chambre, il me lut un poème qu'il avait écrit en l'honneur de Charles-André Girod que je croyais mort et que lui n'avait pas oublié.

Chevalier au manteau de vent
Piégeur de vers, piégeur de mots
Piégeur de lunes et de ciels
Et d'oiseaux morts à la Noël
Contre tes vitres sans rideaux
Seigneur sans meubles, sans domaine
Rien dans les mains, rien dans les poches
Et ton rêve qui s'effiloche
Au vent voyou des mauvais jours

En ce grand château de Limoges
Et ces ruelles alentour...
Cassée la corde de la cloche
Il a neigé depuis quel temps ?
– Rimbaud, Laforgue, Apollinaire
Supervielle, Milosz, Rainer
Maria Rilke... T'en souviens-t'en ?
Des poèmes et des poèmes
« Haute nuit » et « Traîne-misère »
« La Sorcière » poil au menton
Dans sa ténébreuse tanière
Souviens-t'en et du ciel breton
Et du feu de bois dans la chambre
Craquant clair... Quand te reverrai-je ?
L'hiver passe (encore un !) Bon an !
Et que le Seigneur nous protège
Toi qui montes, moi qui descends.

Jamais il ne me donnera d'autre nom que celui de Girod. Il m'avait connu sous ce pseudonyme ; il lui restera fidèle jusqu'au bout.

À sa demande, je lui narrai de mes exploits parisiens et lui parlai de Bazin et de Maurice Fombeure.

Il fut éberlué de ce que je lui rapportai des Insulaires. Même à distance, cette piétaille lyrique paraissait vouloir lui arracher le cache-nez et la lavallière. Il souffrait d'apprendre que la littérature vous pouvait faire grouiller en plein marécage. Il fut heureux, et au-delà, de mes rencontres avec Jean Follain et Jean Rousselot. Que j'eusse assisté à une conférence de Jouve, lui était bonheur.

Comme moi, il avait un manuscrit dans les mains de Théophile Briant ; comme moi, il n'en attendait pas miracle. À ses yeux, le principal tenait moins dans l'obtention d'un prix que dans la chance d'un poème.

J'eus le plaisir d'en écrire de nouveaux pendant mes congés. Ils n'étaient pas d'une gaieté folle. J'en lus à ma mère qui, sans les comprendre toujours, les pressait sur son cœur comme des simples.

Il est bien vrai que j'ai toujours écrit simplement. Je n'ai jamais cherché l'abstraction, moins encore la difficulté pour la difficulté. L'hermétisme des impuissants et des farceurs, leurs fabrications laborieuses, leur arrogance à les vouloir imposer à leurs environs, ne m'ont jamais intéressé. Les blancs de la page, les dispositions typographiques et calligrammiques, et tout le côté faribolard des mots en l'air tirés du chapeau claque de Tristan Tzara et des surréalistes, je laisse cela à ceux qui, n'ayant rien à dire, essaient pitoyablement de nous en faire accroire.

Le ver est dans le fruit. C'est un ver rouge dans une pomme verte. C'est le pourri du langage qui se trouve offert en holocauste sur les autels du snobisme, de la perversion et de l'impuissance. C'est la Lettre contre l'Esprit et même contre l'esprit de la lettre. Très généralement, c'est du blasphématoire qui tombe à plat.

Je sais depuis toujours que la poésie n'est pas autre chose qu'une plume au vent, une rose en ses remous, « un frisson d'eau sur de la mousse ». Dieu merci, il arrive que nous passions du chant au plain-chant et du poème à la prière. Que nous éprouvions le besoin de gonfler la voix et d'aller chercher dans les odes claudéliennes une plus haute passion.

Le Seigneur serait-il sourd au point de devoir passer par nos hyperboles ? Les secrets que nous Lui confions depuis la nuit des temps, ne sont-ils pas ceux de Polichinelle ?

J'aime que le langage soit signifiant. Je suis capable de toutes les audaces pour dessiner dans le ciel les voyelles voyageuses et les consonnes « propulsives, impulsives, dynamiques », qui sont celles de notre salut.

C'est du salut que je suis en peine. Quand je crie vers toi, mon Dieu, je me fortifie de Ton silence et je m'émerveille de Ta sagesse.

Avant de regagner Paris, je voulus revoir l'église de mon baptême. C'est à pied, en pèlerin, que je gagnai Plescop. Quelques personnes me reconnurent, notamment chez le buraliste où je fis provision de tabac.

Pour accéder au sanctuaire, il me fallut passer chez les morts. Le cimetière corsetait l'église. Les tombes de marbre, de faux marbre ou de granit dressaient les croix de nos *De profundis*. Sur les couronnes emperlées, des rouges-gorges, l'œil rond, paraissaient surveiller les gisants et se défier du visiteur. Ils s'envolèrent à mon approche.

À partir du baptistère, je respirai une odeur de cire et d'encens et mon cœur s'affola. Je me souvins d'avoir été accueilli en cet endroit par un prêtre en grande colère qui me reprochait de n'assister aux séances du catéchisme qu'à bout de trimestre. Pourquoi tout ce retard ? Étais-je seulement décidé de rattraper le temps perdu ?... Je l'étais et me retrouvai avec Mlle Le Breton, fille du frère de l'école privée, en tête des classements mensuels. À la Chandeleur, il n'y paraissait plus de mon ignorance. L'abbé Thébaut en fut abasourdi.

« Qui t'apprend ton catéchisme ? me demanda-t-il. Marie-Anne Mahé ? Marie Juldas ?

– C'est ma mère, monsieur le recteur.

– Tu diras à ta mère que je la félicite. Non seulement tu sais ton catéchisme, mais tu réponds clairement quand on t'interroge. C'est pas comme beaucoup d'ici qui mangent leur misère quand il s'agit du Père, du Fils et de l'Esprit. Sûr que la Troisième Personne du bon Dieu ne les réveille pas à matin ! »

C'étaient des rires et aussi de grands coups de clochette en mon honneur. Mlle Le Breton était traitée de même. Il se murmurait dans nos entours que nous étions des chouchous. Le vinaigre des jaloux atténuait le goût que j'avais de l'encens.

Je fus accueilli par saint Isidore, sa faucille lui formant auréole. Plus haut, vers le chœur, j'entrai dans la chapelle de la Vierge. Elle était à l'image de Lourdes et de Notre-Dame-des-Victoires.

Je m'agenouillai et priai en faisant bien attention de ne pas le faire machinalement. Je cherchais les mots qui disent la ferveur et l'amour dans le souvenir. Des images d'autrefois surgirent d'une sorte de brouillard qui laissait passer, par à-coups, des visages de camarades dispersés par les chantiers et par les champs et, parfois, les champs d'honneur.

Quand le recteur Thébaut me toucha l'épaule, je me relevai et lui fis face.

« Je t'ai vu dans le cimetière et je t'ai tout de suite reconnu. On m'a dit que tu es à Paris maintenant ? Je vois que tu n'y as pas encore perdu la foi. J'en suis heureux. Sais-tu que j'aurais pu faire de toi un prêcheur ? Si tu le voulais, ce serait encore possible !

– Sans la vocation, je ne ferais guère honneur à votre soutane.

– Qu'en sais-tu ? Il y avait en toi un merveilleux enfant. J'espère que l'homme que tu es devenu ne va pas trop nous décevoir.

– Vous avez donc toujours les yeux sur moi !

– Le Seigneur aussi ne te perd pas de vue. Avec la pauvreté de tes parents, tu as beaucoup reçu à ta naissance. Tâche d'en faire bon usage.

– J'essaierai. Au revoir, monsieur le recteur.

– Non, pas au revoir, mais adieu ! L'âge étant là, pour moi, Plescop c'est fini. J'ai dû vendre ma voiture et me séparer de Perrine, ma vieille bonne. On m'attend chez les religieuses de Sainte-Anne-d'Auray avec une bouillotte. Le catéchisme aussi, tel que tu l'as reçu de ta mère, c'est terminé. Le petit livre a pris de la plume. Demain, les vêpres seront remplacées par la partie de football, vicaire dans les buts ! C'est que le monde et ses mentalités sont drôlement en train de changer. On ne tient plus rien !

» C'est pas tout ça : tu as de bonnes nouvelles de tes parents, frères et sœurs ?... Tant mieux ! Tant mieux ! René de l'Assistance, ton frère de lait, ton « pépile », je le vois passer dans sa charrette et je l'entends qui jure avec ses chevaux. Il n'a plus même le temps de me lever le béret. Le pauvre garçon, il ne sait plus qu'il y a une messe de dimanche et que le Seigneur lui fait les poches ! Si c'est pas malheureux tout ce gâchis !

» Allez, adieu mon cher fils ! Je me souviendrai de toi et je vais prier pour que tu nous fasses une bonne vie. »

Il m'accompagna vers les fonts baptismaux et, à travers le portail largement ouvert, me retournant, je le vis qui me bénissait d'un signe de croix.

Je voulus rentrer par le Parc-Lann où, de transformations en embellissements, notre chaumine, de manière bourgeoise, prenait un air qui ne lui allait pas. Quant à la crèche de la vieille Mathurine et du bonhomme Eugène, avec des pampres au-dessus de sa porte, elle m'apparut comme sortie d'un conte à la *Perrette*.

Le long de la Marle, à l'endroit où maman battait son linge, un garçon et une fillette d'une dizaine d'années jouaient à dépiquer des iris. Je les bonjourai d'un sourire et les enviai d'être de ces enfants qui s'émerveillent encore du passage d'une grive ou d'un martin-pêcheur.

Les grives, j'en attrapais par la queue quand, avec René de l'Assistance, au milieu des touffes de valériane et dans le bombillement des libellules, je criais au vent que j'étais heureux.

René l'était moins. Pour avoir lancé un hameçon dans le courant, il rêvait d'en retirer une truite, voire un brochet quand ce n'était qu'un chevesne qui se gondolait au bout de sa ligne et se moquait de sa déconvenue.

Le pivert aussi faisait savoir aux chênes et aux châtaigniers que pour la pêche nous n'étions que des apprentis.

Seul, Joseph Caudal, de Tréhuinec, avec une épingle au bout d'un bâton, réussira à ferrer un goujon de belle taille dans les eaux de notre domaine. Sa sœur Marie en sera si contente qu'elle m'embrassera.

Une fois de plus, je tournai le dos au bonheur que j'avais bâti le long de cette rivière avec trois papillons et trois cailloux. Ma tristesse fut atténuée par la rencontre que je fis de Marie Audic, devenue Mme Quinton. Elle donnait la main à Françoise, sa fille, qui pouvait avoir quatre ans.

En une seconde, je pensai aux lettres que je lui adressais du sanatorium de la Musse et de tout le mal que je me donnais pour l'éblouir. Elle avait été si bonne, si généreuse pour moi que mon cœur m'avait joué le tour de la regarder comme une sainte. J'aurais alors souhaité partager la pureté dont je la voyais investie.

Rue Saint-Vincent, comme on nous regardait, je dus freiner l'élan qui me poussait à la vouloir embrasser. Elle m'en fut reconnaissante. Je le vis à la roseur pourprée de son visage et à ses yeux qui se mirent à briller sous les paupières qui les embuaient.

Elle s'inquiéta de ma santé, demanda des nouvelles de maman et me quitta sur ma promesse de lui écrire.

2

MAMAN ayant rempli ma valise des fruits du jardin, je décidai d'en offrir à Jeannette et à Jacqueline. Elles n'étaient pas seules. J'allais me retirer quand Jacqueline me présenta sa sœur Violette.

C'était une longue fille mince, plus jolie que belle, avec des yeux légèrement dilatés d'une grande douceur et comme une tristesse dans le sourire. J'appris qu'elle travaillait en Suisse, qu'elle avait eu des malheurs, et qu'elle se trouvait à Paris pour affaires.

Il me fut demandé de raconter mes vacances, puis on me parla de ce qui s'était passé à l'hôtel en mon absence : Mme Brousse conduite à l'hôpital en pleine nuit, opérée, et déjà convalescente ; Bernadette dans les amours ; M. Miguel en ménage et chaque soir plus bruyant.

Les potins de Paris sont de cette sorte. On s'ignore jusque dans l'escalier, pourtant, rien n'échappe des uns et des autres dès que quelque chose du quotidien verse dans l'événement.

La présence de Violette ne me permettant plus de partager l'intimité de mes princesses, j'en éprouvai du dépit. Il arrivait quand même que je fusse invité à boire une coupe de mousseux après le gâteau en provenance de chez Patachou.

Rendu à ma solitude et Vorag au désert, je retournai rue de Richelieu où Gérard de Crancé méditait de se lancer dans l'édition. Il s'écrivait une lettre d'amour d'une cinquantaine de pages, reprenait à son compte les nouvelletés et joyeusetés du Père Ubu et entrait, tel qu'en lui-même enfin, dans l'hermétisme le plus attentatoire.

Il partageait avec Cheval un langage qui courait de la fureur à la farce. Il se moquait de Sartre et, l'existentialisme étant un humanisme, Camus lui était purge. À ses yeux, Brecht faisait dans la propagande la plus éhontée. C'étaient à tous les niveaux traîtrises et trahisons.

Avec les amis de la Révolution permanente, il irait place Gaillon agiter les banderoles de l'anarchie et conspuer les Goncourt. Il se gaussait des académies, de celle de Richelieu plus encore. Daniel Rops, dont il n'avait rien lu, était sa bête noire. Au nom de Salacrou, il criait à la cantonade : « Salacrou, des poux ! Salacrou, des poux !... »

Je m'amusais de ses partis pris et de ses outrances. Une chose cependant lui mettait du triste à l'âme : qu'il ne parvînt pas à retrouver la Mère des Compagnons. Il rêvait de lui prendre une interviou ; d'entrer dans son lit et de la porter sur les autels de la République comme une autre Louise Michel.

Je l'accompagnais chez Selma, chez Nana, chez Delphine. Il s'y conduisait en maître, entrouvrait sa chemise et se laissait caresser les épaules. N'ignorant rien de ses habitudes, ces demoiselles lui servaient un double whisky, tamisaient la lumière des lampes et, derrière le mince rideau de leur pudeur, lui permettaient de faire sa musique.

J'étais un témoin peu gênant. On appréciait ma discrétion comme on aimait mes poèmes. Quand, de la musique, on s'en revenait à la poésie, on me demandait de me lire et Gérard prédisait que, tels Victor Hugo et Lamartine, viendrait le jour où je siégerais au plafond. Il m'aurait aussi très bien vu entre Rimbaud et Verlaine au dîner des Vilains Bonshommes.

Quand il émit le désir de me venir voir chez Mme Brousse, je trouvai toutes sortes de raisons pour l'en dissuader. Je ne tenais pas du tout à lui présenter mes amies. Je le savais capable de les émoustiller et de scandaliser ma logeuse.

Celle-ci, recouvrant sa santé, reprit de ses activités et, du fond de sa bauge, se remit à surveiller les allées et venues de ses locataires. M. Dandoche, l'homme aux vocalises ayant quitté les lieux, fut remplacé par un Algérien, discret au point de jouer à l'homme invisible.

En célibataire – ce fut à l'évidence comme tel qu'il se présenta à Mme Brousse pour entrer dans la place – il vit bientôt arriver, baluchons plein les bras, sa femme et leurs trois enfants. Ils tiendront à cinq dans un gourbi à peine plus grand que mon placard.

Rentrant de la banque par la rue de la Chaussée-d'Antin, j'aperçus la sœur de Jacqueline à la hauteur des Galeries Lafayette. Elle errait, désoccupée, devant les miroirs de Paris qui sont moins déformants que trompeurs.

Je l'abordai et, le plus naturellement du monde, nous marquâmes notre surprise de nous retrouver au cœur de la capitale.

Elle avait envie d'un manteau, besoin d'une robe et de souliers, mais tout était trop cher. Ses économies y passeraient et comment rentrer à Lausanne sans le sol ? Étant sans monacos[1] moi-même, je ne sus que lui conseiller. En revanche, histoire de faire plus ample connaissance, je lui donnai rendez-vous.

En fin de journée, nous nous retrouvâmes, rue du Faubourg-Montmartre, au Vieux-Gaulois.

C'était un café fréquenté par des filles, des julots, des expéditionnaires de presse et des journalistes de *L'Équipe*, journal sportif qui bourdonnait à quelques mètres de là.

Dans le bruit des percolateurs, des billards électriques et à travers les vociférations de voyous qui se donnaient en spectacle avec de la bière, nous passâmes aux confidences.

Elle avait tout juste vingt ans. Pour avoir vécu en Algérie, elle parlait de ce pays avec ferveur. Alger, Médéa, Baïnem-Forêt, Maison-Carrée, Oran, Sidi Bel Abbès... – je croyais entendre Jacqueline – ... elle donnerait la moitié de sa vie pour y retrouver les amitiés et les bonheurs de son adolescence.

Elle se souvenait des lauriers-roses, des tamaris et des bougainvillées des bords de mer ; une mer dans laquelle elle plongeait et folâtrait pendant des heures.

L'arrivée des troupes alliées allait mettre un point d'orgue à tant de lumière et d'insouciance. Dans les mois qui suivirent, pour avoir fréquenté un militaire, elle se trouva au centre d'un drame et dans l'obligation de se réfugier, chez sa grand-mère, à Margny-lès-Compiègne.

Elle me disait cela sans effets de voix, me laissant deviner la mainmise de sa famille et les pièges de la fatalité.

Je l'écoutais comme un enfant qui ne comprendra jamais rien aux affaires des grandes personnes. Il est vrai que je ne

1. Expression empruntée à Flaubert.

connaissais rien aux femmes, moins encore aux jeunes filles qui doivent, avec douleur, faire face aux passions.

Ce genre de situation je ne l'avais rencontrée que dans les livres et c'était souvent la gorge serrée que je refermais ceux-ci pour y penser jusque dans mon sommeil.

Afin de n'être pas en reste, je parlai de la Bretagne qu'elle imaginait gorgée de brume avec des forêts pleines de Carabosses. Cette caricature me fit penser à Stendhal qui visita mon pays par un « temps druidique » qui le disposait à la sensation du triste. J'eus à cœur de balayer les gros nuages et le ciel profondément obscurci qu'il avait dû subir de Vannes à Auray. Pour s'être pris pour un « touriste distingué », Stendhal avait jugé de la vieille Armorique en citoyen de Civitavecchia. Je dis à Violette les outrances et le déraisonnable de ce tableau funèbre. J'y mis les couleurs et les grâces qu'un Daudet, qu'une Colette surent y découvrir.

Dans un mouvement qui laissait passer un bout de colère, je fis tout à trac allusion à la maladie qui m'avait valu des semaines d'hôpital et des mois de sanatorium. J'ajoutai que j'étais condamné à mener une vie loin des débordements qui avaient été miens lors de mon arrivée à Paris. Il me fallait renoncer aux rodéos nocturnes et aux boîtes où Boris Vian jouait de la trompinette pour l'amour de Juliette Gréco.

Les « di doudou da ! di doudou dou ! », n'étaient plus pour moi. De mon placard, j'allais faire une prison et me jeter dans l'œuvre poétique comme dans un puits.

Je lui parlai avec une folle énergie d'ouvrages que je n'avais pas écrits, que je n'écrirais sans doute jamais, auxquels cependant je me devais de croire pour survivre. À défaut d'une bouffée de gloire, ils m'apporteraient la paix du cœur et de l'esprit et la joie de m'être prouvé quelque chose.

Il me semblait avoir rendez-vous avec des amis connus, inconnus, que j'entendais recevoir en princes dans le Nemet de Brocéliande, je veux dire dans la clairière magique des saints et des héros appelés à la dormition éternelle.

Elle m'écoutait sans marquer de surprise. La projection d'une existence toute vouée à la littérature lui paraissait en conformité avec mon personnage.

Je me mis à extravaguer et, me souvenant des discours d'Hervé Bazin, je lui parlai éditeurs, tirages, anthologies, best-sellers, adaptations cinématographiques. Pour avoir lu *La Reine morte* et *L'Inconnue d'Arras* : je distribuai certaines de mes pièces de manière à me retrouver sur scène avec Serge Reggiani, Françoise Arnoul, Danielle Darrieux et Pierre Renoir. Un immense succès chez Mme Sarah Bernhardt me valait bientôt les encouragements de Gérard Philipe et l'attention vigilante de Jean-Louis Barrault. Cheval pourrait toujours prétendre que j'étais vendu aux bides, je me savais *lancé.*

Assise à mon côté, son visage tourné vers le mien, ses beaux yeux près des larmes, elle m'écoutait et m'approuvait de dérouler la pellicule en noir et blanc de ce qu'allait être notre aventure.

En attendant les étincellements de la gloire, je ne lui cachai pas que nos jours seraient voués au travail dans la pauvreté la plus extrême.

À ma grande surprise, elle accepta de tout partager avec moi qui n'avais rien. Je lui fis comprendre que toujours, je m'étais mussé dans le dénuement du naufragé qui se retrouve sur une île déserte sans vivres, sans boussole et sans Vendredi.

Il nous serait demandé d'allumer un feu de brindilles entre trois pierres afin de nous durcir l'âme et de ne plus faire qu'un, dans un seul esprit.

Plusieurs soirs de suite, nous nous retrouvâmes au même endroit sans trop savoir ce que nous allions faire ensemble. Des projets, je viens de le noter, nous en avions dix, nous en avions cent. Le propre de la jeunesse s'accommode et du rêve et de la chimère. Il ne nous manquait que le sésame de l'immédiate réussite.

Le placard ne permettant aucune cohabitation, nous nous retrouvions, en toute intimité, chez Jacqueline et Jeannette pendant leur absence. Bientôt, Mathilde, une amie des filles, s'étant mise en ménage avec certain Samy, nous céda sa chambre du cinquième à l'insu de la logeuse.

Nous y transportâmes nos trésors et nous nous y installâmes entre une table boiteuse, mais ronde comme celle des chevaliers du roi Arthur, et un lit à demi défoncé.

Une coiffeuse dont je fis un « bureau », un placard mural qui permit à Violette de ranger notre linge, et quatre chaises qui perdaient de leurs barreaux et de leur paille, me changèrent la vie. Je n'avais encore jamais connu luxe pareil. Plus habituée aux appartements de bonne condition, ma compagne fit semblant d'être tout de suite chez elle, je veux dire chez nous.

Quand la logeuse, à grands chevaux, apprit la nouvelle de notre petit ménage, elle entra dans une fureur qui faillit l'étrangler. Sa colère fut d'autant plus grande que nous étions dans la place, bien décidés à n'en pas sortir.

Quelques jours plus tard, comme je rentrais pour déjeuner, j'eus la surprise d'une nappe sur la table, d'une serviette bleue à mes initiales dans une assiette fleurie, et de trois roses dans un vase.

C'était la première fois ! C'était du ciel dans mon esprit ! J'eus une immense reconnaissance à la fée qui permettait de tels miracles.

J'en remerciai aussi le Seigneur et Notre-Dame-des-Victoires. Là-dessus je repris le chemin du bureau sans prêter attention à la mère Brousse qui m'accablait dans mes amours, ce que fera aussi ma sœur Marie-Jo quand elle me croira tombé dans les bras d'une aventurière.

Elle ne savait pas si bien dire, Marie-Jo, d'une aventure qui dure encore de par la grâce de Dieu !

Nos commencements – comme je l'avais prévu –, furent très difficiles. Mon amie n'ayant pas de travail et moi, gagnant très mal ma vie à la banque, nous dûmes apprendre à compter sou par sou avec, en fin de mois, une ardoise chez la crémière.

Dans les rues que j'arpentais quatre fois par jour, je ne regardais plus ni les magasins ni les passants, mais le trottoir et le caniveau. Une pièce de cinq francs, ramassée dans la bourbe, eût fait de moi un nouveau Crésus.

Je l'ai dit : nous n'avions rien, aucun patrimoine, aucun espoir d'héritage, pas même la vaisselle ébréchée dont nous nous servions. Tout appartenait à une logeuse atrabilaire qui menaçait de porter plainte et de nous jeter dehors.

Un samedi matin que nous étions encore au lit, on frappa violemment à notre porte. « Police des garnis ! Papiers ! »

Violette se leva, passa une robe de chambre et courut ouvrir. Ils firent irruption avec une sombre violence. Ils étaient sept ou huit. L'un d'eux, brun, avec des rouflaquettes et un imperméable mastic sorti de Simenon, cria sa haine des mulots et des rats.

« Papiers ! »

Ils furent examinés avec une sorte de suspicion. On en demanda d'autres et d'autres encore que nous n'avions jamais eus.

« Ces documents, mademoiselle, vous ont été délivrés par les autorités helvétiques. Vous travaillez à Lausanne, n'est-il pas vrai ? Comment se fait-il...

– Nous vivons ensemble, dis-je.

– Vous, vous parlerez quand on vous interrogera !

– Vous n'êtes pas majeure !

– Je le serai en février de l'année prochaine.

– ... et nous nous marierons en mars !

– Je vous ai demandé de vous taire !

– Présentement, vous n'êtes nullement en état de prolonger votre séjour...

– Mais elle est française !

– Vous ! Oui, vous ! Vous passerez quai de Gesvres. Nous aurons à parler du pays ! »

L'homme à l'imperméable mastic jura que cette affaire ne faisait que commencer et voulut savoir quelles étaient nos ressources.

À mon tour je sortis du lit et, à contrecœur, lui montrai mes feuilles de paie. Il mit un temps fou à me les rendre tandis qu'il dévisageait mon amie avec une arrogance et un air de vulgarité qui me révoltèrent.

Il se fit venimeux, menaçant. Il parla de « détournement de mineure ». J'eus quand même le courage de lui lancer :

« Vous êtes entrés chez moi avant huit heures. Ce n'est pas légal.

– Nous sommes arrivés avec le jour comme la loi le permet. Nous reviendrons ! »

Ils décampèrent avec des injures. Je les entendis qui s'esclaffaient et riaient très fort en descendant l'escalier.

Ils ne frappèrent ni chez Mme Gabrielle, notre voisine du dessous, ni chez Jacqueline, ni chez Miguel, en revanche, ils passèrent un long temps dans la loge de Mme Brousse.

Quand ils furent partis, je dis à Violette que nous allions changer d'air. J'avais brusquement besoin de ciel et d'espace.

L'affreux bâtard dans les bras, la sorcière nous guettait sur le palier de sa loge.

« Je vois, me dit-elle, que ces messieurs ont été bien convenables. À leur place, je vous aurais purgés de vos prétentions.

– S'ils reviennent ou s'il me faut aller quai de Gesvres, lançai-je, je les mettrai au courant de ce qui se passe dans cet hôtel. Vous aurez des surprises. Méfiez-vous de m'avoir cru aveugle et sourd !

– Que leur direz-vous de nos gens ?

– De vos gens, rien, mais de vous... Je sais des choses que je tairai tant que vous n'entreprendrez rien contre moi et Mlle Ancel. Vous voilà prévenue. »

De stupeur, elle laissa le chien lui tomber sur les savates et appela à grands cris : « Germaine ! Germaine ! »

Ce fut Bernadette qui la vint soutenir et qui la reconduisit au galetas avec des paroles pleines de douceur.

Nous gagnâmes la rue comme délivrés. Par cette matinée automnale, j'eus envie de revoir des arbres, de leur parler et, ce qui m'était marotte, de les embrasser.

J'ai toujours su que les arbres nous font alliance ; qu'un arbre, quelque part, répond de chacun de nous.

Un Breton à Paris

Enfant, je grimpais dans les saules du bord de la rivière, ce que je fis encore au bois de Boulogne, près du lac, pour impressionner ma compagne.

J'en redescendis pour m'amuser du ballet des halbrans entre les roseaux. Majestueux, les cygnes tendaient leur bec aux promeneurs. L'un d'eux vint me prendre trois glands dans les mains. Je l'imaginai, la nuit, se tenant au milieu de l'eau, redoutant de Tribulat Bonhomet[1] la flèche qui le ferait chanter.

---

1. Personnage de Villiers de l'Isle-Adam.

3

QUAND on apprit à la banque que je vivais en concuménage – autant dire dans le péché –, ces dames eurent de longs apartés avec des airs de commisération.

Je vis des rires, des sourires ; j'entendis des juges qui me voulaient du bien et des jugements qui me vouaient à la chiourme.

On me fit comprendre avec des moues et des demi-mots que M. Jean Scalbert ne serait pas heureux de me savoir appareillé de la sorte.

Simone Thomas, Mme Besland, Albert Lemoigne – le bon Albert ! – s'attendaient à des confidences qui ne vinrent pas. J'étais dans mon amour comme dans un château fort. Non pas dans la plus haute tour, mais derrière des murs d'enceinte qui me protégeaient des autres et de moi-même.

Arriva le jour où l'on me demanda le nom de mon amie, son âge, ce qu'elle faisait, ce qu'elle savait faire, la couleur de ses yeux.

À cet inquisitoire, j'opposai le silence du sépulcre.

« Vous faites bien des manières ! me lança Mme Dunant qui se prétendait arrière-petite-cousine du fondateur de la Croix-Rouge. Nous sommes passés par là avant vous !

– Oui, dis-je, seulement moi, je ne me suis jamais mêlé de votre vie privée. »

Jacqueline ne cachait pas sa joie de me savoir avec sa sœur. Jeannette se moquait bien un peu de ce qu'elle appelait : « mon cœur d'artichaut ». Cela n'avait guère d'importance et nous nous donnions le bonsoir dans les embrassements.

Quand nous n'étions pas chez les filles, je travaillais à devenir célèbre. Paperasses et coudes sur la table, disons plutôt sur la coiffeuse qui, dans un autre temps, avait dû servir au maquillage de quelque lorette, je piochais, je jetais les désordres de mon esprit et de mon âme dans les marges d'un livre, au dos d'une enveloppe, au verso d'une publicité qui traînait dans les rues.

Sertie entre deux tiroirs, une glace ovale me renvoyait mon image méditative, le plus souvent crispée. Était-ce assez narcissique ?...

Quand Vorag – jalouse et frivole – se faisait attendre, ce miroir me surprenait me désolant de ma sécheresse, traversant des déserts, me penchant, la rage au ventre, sur une mâchoire d'ânesse pareille à celle de Balaam.

J'avais le cou coupé par le sable des dunes. Seule, ma tête agitait des étoiles et c'était au moment où totalement enseveli j'entrais chez les morts, que la radio de M. Miguel me réveillait avec l'envie d'étrangler quelqu'un. Il me fallait fermer la fenêtre pour échapper aux corridas du Castillan et aux castagnettes de la Carmen de son cœur. Alors, de l'ânesse du prophète j'enfourchais les chevaux de l'Apocalypse, tandis que des cadences alexandrines me martelaient le crâne.

Je fus – nul n'en doutera – et avant tant d'autres ! un jeune homme en colère. Le bruit des autres m'était insupportable, me rendait fou. J'aurais pendu M. Miguel au réverbère du commissariat de la rue du Mail pour échapper à sa boulimie mélomaniaque.

Arriva le jour où, dans mon travail, je sus me garrotter de silence. Il me le fallait tendu comme une corde de violon pour entendre avec volupté la respiration et les murmurements de la forêt d'enfance livrée aux frouements des oiseaux et à la danse des fées au-dessus des fils de la Vierge.

À l'heure du couvre-feu, j'entrais dans mon royaume tandis que ma compagne allumait une cigarette. Dès qu'endormie, je la délivrais de la lumière du plafonnier et c'était, à la lueur d'une lampe de poche, que je m'éclairais l'âme. Le poème m'était donné au moment où je ne m'y attendais plus. Brusquement tout s'éclairait en moi ! C'était comme s'il m'avait mis au monde pour aimer.

Je me ralliais d'enthousiasme aux théories d'Alain Bosquet qui voyait le poème écrivant son poète. J'étais sur la page blanche, et noircie à mesure, comme un enfant ravi.

Ma mère ne sait pas jouer du piano
Les épingles du vent d'hiver percent son châle
Elle a pleuré d'être sans feu et sans étoile
Et pauvre, elle a mis le bon Dieu dans ses travaux.

Aujourd'hui, épuisée, elle dit ses matines
Au lit. Elle aime tant son long chemin de croix
Qu'elle rit en songeant aux peines d'autrefois
Humble dans ses douleurs et dans sa pèlerine.

Du lavoir au jardin, sous la pluie des ponants
Son âme est devenue tendre comme la terre

Quand elle prie les morts reprennent sa prière
Et le paradis passe au milieu des vivants[1].

Pour reprendre un mot de Max Jacob, je chantais d'allégresse et de préférence du haut de mon arbre généalogique. Il me semblait que de me soutenir plus que de me comprendre, ma parentèle était aux anges. Les hommes et les femmes d'autrefois, qui, poussant sa canne et qui, son chevalet, venaient à moi comme en procession. J'aurais voulu bâtir château d'amour pour les y recevoir avec honneur. Éperdu de tendresse, je courais au-devant du matin pour accompagner les faucheurs et les jolies faneuses de mon clan. Cela, rue Saint-Joseph et dans les cafés dits littéraires de l'époque, développait une immense nostalgie. On se mit à me comparer à Francis Jammes, à Marie Noël quand je me voulais seulement de ma niche.

J'irais chez Lipp soumettre de mes nouveaux textes à Fombeure et à ses amis ; aux Insulaires, j'oserais faire aller ces cadences devant la galerie des haruspices ; Alain Bosquet prendrait les mesures de ma fortune et me rassurerait entre verbe et vertige.

Je ne cherchais pas les mots. Je les accueillais pour les sucs et les sèves dont ils étaient riches. Je ne cherchais pas les rimes, l'assonance me tirant presque toujours d'affaire. Pour me mettre en appétit, il m'arrivait de jeter les yeux sur les *Maximes* de La Rochefoucauld et les *Réflexions* de Vauvenargues. Quelque chose d'un chant me battait le cœur.

Bientôt, avec une force nerveuse peu ordinaire, une strophe en appelait une autre, puis d'autres encore et je m'émerveillais

---

1. *Les Noces de la terre,* Éditions Grasset, 1957.

d'un langage dont je ne savais rien et qui aurait pu dormir une éternité en moi sans que j'en susse quelque chose.

C'était inattendu !

C'était un instant de grâce !

Il m'arrivait de réveiller mon amie pour lui lire ce qui m'était sorti de la plume. Sans un mot – mais l'adhésion était totale –, elle me servait un café et permettait à mon esprit de gravir les pentes de la plus haute montagne où brûle la lumière des commencements ; cette lumière qui plongerait les hommes dans l'outre-nuit si elle venait à s'éteindre.

Je n'entendais plus le bruit sourd des rotatives de la rue du Croissant. Ma « musique avant toute chose », prévalait au plus haut de moi-même.

Fatigué, brisé, mais radieux, je quémandais des caresses et je faisais l'amour entre Cythos et Cythère, autant dire au jardin d'Éden.

Ainsi, presque chaque nuit, je retrouvais la plénitude d'un chant qui, pour la première fois s'était manifesté à Vannes, dans le cachot de la rue de Séné, puis dans la chambre glaciale du château de Limoges.

Écrire m'était remède, poésie m'était délivrance. Je rouvrais la fenêtre et je fumais, apaisé, face aux étoiles.

Je les surprenais tissant leur silence en leur sourcement. Cette portée musicale prenait la forme de mon amour.

Celui-ci, chaque jour, me rapprochait de cette fille dont je ne savais rien. Déjà, je la mettais au centre de mon travail. Déjà, je lui dédiais des suites de vers que j'adresserais demain, après-demain, à Théophile Briant. Un prix, le prix du Goéland, cela pourrait me faciliter certaines choses et me réconcilier avec mes sœurs qui me battaient froid.

Tant de ferveur ne faisait pas avancer nos affaires. À la banque, il me fallait demander des acomptes à Georges Delattre qui n'aimait pas les mendiants.

Ce peu d'argent nous permettait, le samedi, de rallier le bois de Boulogne et de rêver sur le bord du lac. L'automne tirant à sa fin, il n'était pas question de faire du bateau ou de jeter des graines aux canards et aux cygnes. Quand il devenait urgent de trouver refuge, notre impécuniosité était telle qu'il nous fallait longtemps tergiverser avant de pousser la porte d'un bar.

Je me souviens d'errances dans les feuilles mortes. Les choses se compliquaient quand la pluie venait à tomber. Nous la regardions cribler le lac de fléchettes blanches.

Près de la cascade, Violette vit un sac à main oublié sur un banc. Personne dans les environs. Je m'en emparai avec une prestesse coupable. Qu'allions-nous en faire ? Le remettre à la réception de l'auberge toute proche, voire au commissariat de police ? Il nous fallait d'abord savoir ce qu'il contenait. Ensuite, nous prendrions une décision.

J'entrai dans une broussaille et j'en expédiai l'inventaire. Pas de papiers, pas d'adresse, mais deux billets de cent francs, un billet de mille francs, de la monnaie et une vingtaine de florins. Pour les florins, je verrais avec M. Vandenberghe, directeur du service des changes de la banque Scalbert.

Je ressortis des buissons sans une égratignure.

« Allons à la Cascade ! dis-je, nous sommes riches ! »

C'était une auberge des plus cossues. On y rencontrait des cavaliers retour de Maisons-Laffitte ; des hommes à breloques princières dans la poche du petit gilet ; des dames avec des airs de duchesse et le fume-cigarette d'Isadora Duncan qui, négligemment, corrigeaient d'affreux bibis qui trouvaient le moyen de les embellir.

Le personnel était raide et roide avec cependant les courbettes obligatoires et la manière de juger de votre fortune à la qualité de votre tweed. Nous fûmes installés sans cautèle superflue sous un dix-cors qui nous tirait la langue et se languissait de ses bois.

Près de la large baie aux embrasses soutachées d'or, notre attention fut attirée par un aquarium avec des poissons vermillonnés aux étincellements bleus. Le large bassin transparent leur permettait voltes, virevoltes et danses nuptiales. Je commandai des écrevisses que nous dégustâmes arrosées de chablis. Nous eûmes aussi du saumon, de la selle d'agneau et des îles flottantes.

Le vin et l'armagnac des fins de parties, me poussèrent à parler de ma vie sentimentale. J'évoquai Lili, l'initiatrice ; la pureté de mes sentiments pour Marie et j'arrivai à cette fille rencontrée sur le boulevard, jolie comme on l'est dans le crime. Cette Coralie réchappée de Balzac avec des pudeurs, faillit me perdre.

Au premier étage d'un bordel, dans une chambre infecte, je fus désarmé par ses larmes et par sa discrétion que je mis sur le compte de la délicatesse.

J'aurais voulu la tirer du gouffre où je sentais qu'elle allait glisser. Je désirais la soustraire à la ville et l'emmener au loin d'une campagne purificatrice. Il y avait ainsi de l'apôtre et du saint-bernard dans mon cœur – d'artichaut –, comme disait Jeannette ; – innombrable –, selon la belle image de Mme de Noailles.

J'ai fait et refait le rêve du Grand Meaulnes. À sa place, Yvonne de Galais ne serait pas morte. J'aurais su la protéger, la défendre contre son frère, contre elle-même et la chérir éternellement.

Me voici dans la carriole de l'instituteur. Entre deux chemins, je prends celui des saltimbanques. Je sais qu'il me conduira jusqu'au domaine perdu, jusqu'au château d'amour où la fête des enfants ne finira jamais.

Je jure avoir fait et refait ce rêve de pureté. J'avais été un adolescent qui mettait une lumière sur chaque visage de jeune fille. Une normalienne rencontrée sur la Rabine de Vannes, pour m'avoir seulement souri, me jetait dans un abîme de tendresse. Je lui dédiais des poèmes. C'était ma manière de faire des cadeaux. Je la comparais à Juliette, à Elvire – c'était le temps où je raffolais de Lamartine –, à Ophélie flottant sur de longs lys et à Cymodocée, quand je passais de Meaulnes, le sylphe, à la sylphide du prince de Combourg.

Je suis entré dans les rondes d'Adrienne. Je l'ai couronnée de pampres et de volubilis. Me voici avec Sylvie dans l'île des peupliers. Nous nous sommes embrassés près du tombeau de Jean-Jacques. À Loisy, chez une vieille dame, nous nous sommes régalés d'une omelette aux girolles.

Seigneur, Seigneur, que j'ai été heureux chez les héroïnes de mes livres ! Le soir, sous une treille, on comptait les étoiles. La lune en ses quartiers sollicitait notre ferveur. Nous étions accordés à la nuit et aux oiseaux de nuit qui nous passaient au-dessus de la tête. L'aboiement d'un chien, le tintement d'une cloche nous rappelaient à nos devoirs, mais nous ne nous quittions jamais sans la promesse de nous retrouver nus, dans la fable du Monde.

Par une pression de la main, Violette m'encourageait à poursuivre. Je délaissai les petites normaliennes et les princesses de mes romans pour me tourner vers ces femmes que les cinémas de la ville affichaient deux fois par semaine.

Si je ne fus jamais fou de la star, de la vamp, genre Barbara Stanwyck, je raffolai pendant plus d'un semestre de Louise Carletti. Elle était petite, brune, avec de grands yeux pleins de larmes et une bouche qui attirait le baiser. Était-elle jolie seulement ?... Oh oui ! elle l'était ! Surtout pour moi qui l'allais voir dans d'ineptes navets. J'oubliais la nullité des œuvrettes pour ne me souvenir que de l'étoile du regard et de la grâce du sourire.

Après le film, tard dans la soirée, je revoyais le beau visage de la petite personne et je m'endormais chez Notre-Dame-des-Anges.

Le plus durable de mes amours de cinéma, le plus spirituellement élevé, je le dois à Odette Joyeux. L'héroïne de *Douce* était à mes yeux l'éternelle fiancée promise au chevalier errant.

Je l'aurais vue avec plaisir dans *Le Grand Meaulnes*, mais alors Isabelle Rivière veillait à soustraire l'œuvre de son frère aux convoitises des marchands de feuilletons. Trente ans plus tard, elle accordera à Albicoco ce qu'elle avait refusé aux plus grands réalisateurs. Je me suis juré de ne pas aller voir le film...

Au sourire de Violette, je devinai que ses aventures avaient été moins chimériques. Je me gardai de lui en demander le récit. Il n'était d'ailleurs plus temps. Il nous fallait vider les lieux. La valetaille se mit à regarder dans notre direction avec des airs de nous dire : « Dehors ! Foutez le camp ! »

Je me souviendrai toujours de ce déjeuner que nous devions à la générosité d'une Hollandaise des plus distraites.

Il fut suivi de quelques facéties et excentricités que je me permis de dédier aux voyageurs de l'autobus puis du métro. Ils me regardèrent avec un air de réprobation tel que je ne tardai pas à retrouver de mon ordinaire.

Après une nuit traversée d'insomnies, je m'en fus vers la banque avec des florins qui pesaient beau poids de remords.

Je finis par en montrer deux ou trois à Lemoigne qui me regarda avec un sourire goguenard. « Tu te fais payer en devises, maintenant ?... »

Plus tard, dans les toilettes, il me mit en garde contre Vandenberghe, le chef des changes, qui me poserait des questions sur la provenance du magot. Je marquai de l'agacement. Il en profita pour me dire qu'il en avait assez des tics du père Malin et des péronnelles qui l'avaient à l'œil pour regarder notre Monique d'un air attendri.

À ma demande, M. Vandenberghe voulut bien me donner des nouvelles de Mlle Jeanne et de Mlle Marie, ses belles-sœurs. Elles rentraient d'un pèlerinage à Fatima. Il s'y rendrait également lorsqu'il serait à la retraite. Cela pouvait encore attendre.

Grand, large, avec des épaules de fort des halles, M. Vandenberghe était avant tout une voix. Elle lui remontait du plus profond de la gorge avec des dérapements dus au tabac.

Il me fit asseoir et reçut mes florins avec un certain cérémonial.

« Vingt florins... Cela commence par nous faire une petite somme. De qui les tiens-tu ?

– D'un ami.

– C'est un ami qui te demande d'avoir affaire à notre change ?

– Il pense que par vous – d'où ma démarche – il obtiendra un taux plus intéressant.

– Cet ami qui a des florins, que fait-il au juste ?

– Il travaille dans les canadiennes et les fourrures. Il fait partie du Sentier, si vous voyez ce que je veux dire.

– Je vois. Des florins, des canadiennes, des fourrures, de l'import-export en quelque sorte ?

– J'oubliais les bas nylon.

– Des bas nylon ?

– Les femmes en raffolent. Cela leur refait la jambe. Maintenant si cela présente des difficultés...

– Que vas-tu chercher ?... Tiens, signe là, et descends à la caisse. Le père Gruson va se faire un plaisir de te compter la somme indiquée sur ce bordereau. »

Cet argent qui me brûlait les doigts me permit, en prévision des grands froids, d'acheter un radiateur électrique. Avec la part qui lui revenait, Violette opta pour de la vaisselle. De quoi recevoir les filles et deux ou trois amis.

4

AVEC ou sans ma compagne, il m'arrivait de retourner aux Insulaires où André Philippot, la jambe douloureuse, accueillait son monde avec des grimaces. Il souffrait de la goutte, le malheureux !

Ce soir-là, Isidore Isou, le « pape » du lettrisme, arriva suivi de quelques disciples. Il rapprocha trois tables et bientôt se comporta comme quelqu'un qui a toutes les clés dans la poche et tous les pouvoirs dans les mains.

Il venait de publier *La Mécanique des femmes*. La presse s'occupait de lui et il aimait ça. On disait entre Gary Davies, premier citoyen du Monde, et Henri Perruchot qui se voulait dieu chez les Épiphanistes, qu'il avait rencontré le diable sur son chemin de Damas. On prétendait aussi qu'il faisait travailler ses « nègres », dont Gabriel Pommerand, et que ses trouvailles « en sacrebleu », il les devait à ses inconditionnels et à ses thuriféraires.

D'un mot bref, garçons et filles faisant cercle front contre front, il commanda le chant. Montèrent vers les poutres du plafond les incantations du Bien et du Mal, du Mal surtout, beaucoup plus apprécié dans les officines faustiennes que

Méphisto – pour les raisons que l'on devine –, ne hantait plus depuis des décennies.

Libérés, rendus à la bêlante musique de la bouche, les mots semblaient appartenir aux vagissements de nouveau-nés qui auraient choisi de pleurer dans une langue étrangère.

Batouca cafouné dolce dolce yoyo brrah !
Dolce folce fisel fasol disol falala fê
Goun hoh dolce folce fili from...

Nous étions sous le charme. Je voyais bien ce qu'il y avait de tout à fait nouveau dans ces litanies tirées de l'obscur et portées aux nues par Robert Kemp dans *Les Nouvelles littéraires* et c'était en me répétant : « Batouca ! Batouca ! » que je rentrais rue Saint-Joseph, heureux d'avoir rencontré un homme qui dénoyautait les mots et les dégraissait en leur faisant danser la gigue.

Je l'ai dit : j'écrivais le soir après une journée de bureau et de paperasse. Je voulais dire Dieu, le ciel, la mer, les hommes, les arbres. J'entendais chanter et faire chanter tout ce que les habitués des Insulaires tenaient pour caduc et négligeable.

Séparé de mon pays, de mes parents, perdu dans un Paris qui toujours me faisait peur, j'entendais revenir à l'enfance comme à une source miraculeuse, source de Siloé au fond de laquelle resplendit quelque chose de la pureté première. Source des eaux matricielles et de l'Esprit qui y souffle depuis le Commencement.

Soir après soir et très tard dans la nuit, je reprenais le poème et tâchais de le durcir au feu de l'inspiration. Je le voulais toujours plus tendu, véhiculant sans le savoir les mots de la tribu ; toujours plus perfectible.

Quand j'en étais à peu près satisfait, je le lisais à Violette, à Gérard de Crancé, à Jean Vodaine qui avait quitté sa Slovénie natale pour fuir une guerre, et me venir voir.

J'en oubliais les radios, les disputes, les vacarmes, les aboiements du clébard de la mère Brousse afin de plonger dans le puits des sourds. Il m'arrivait d'y entendre le chant des sirènes.

J'étais jeune.

Nous étions jeunes, Violette et moi. Jeunes et riches de tout ce qui ne s'achète ni ne se vend. Nous étions à l'écoute du monde. Nous avions mal au monde qui se défigure dans ses enfants les plus malheureux.

Quand nous avions fait la somme des désastres dus à la politique et à l'argent – à Lucifer et à Mammon –, nous comptions les petits bonheurs de grandir à l'orée de la forêt légendaire et de passer par la plus sombre futaie pour gagner la clairière des poètes, des saints et des héros.

Nous aurions voulu voir les platanes des avenues entrer dans la danse des princes et les rames du métro sortir de leurs tunnels et planer dans l'azur. Il nous fallait croire que la vie n'est pas cette chose bête et boiteuse qui vous arrête dans votre élan et, vous détournant de votre rêve, vous inflige les balourdises et les traîtrises du quotidien.

Je disais aux amis de passage que nous ne sommes pas venus pour donner nos raisons, voire nos bonnes raisons, mais pour affirmer que la lumière l'emportera sur les ténèbres et que l'homme, à l'image du Christ, marchera sur les eaux. L'Emmanuel n'a rien fait qui soit au-dessus de nos forces.

Comme Lui, avec Lui, nous déplacerons les montagnes et nous vaincrons la mort.

Ces certitudes qui sont toujours miennes, m'exaltaient des nuits entières. J'entrevoyais quelque chose de la Terre promise aux hommes jusque dans les plus secrets sentiers de Paris qui, de Geneviève à Jeanne, conduisent de la tour Saint-Jacques à la Sainte-Chapelle.

Tant de ferveur n'excluait pas le doute et celui-ci était d'autant plus tenace que les poètes de mes environs reniaient les mots pour leur usure quand il leur incombait de leur rendre la beauté et la vérité des dires originels.

Je vomissais les tièdes – soyez froids ou chauds –, les faiseurs, les truqueurs, les novateurs en tutu-mon-cul, les sophistes, les rhéteurs, enfin tout ce triste peuple qui voudrait avoir du talent, voire du génie sans réchapper d'aucune blessure.

L'idée que je me faisais d'une poésie capable de changer la parabole des étoiles n'étant reprise par personne, je devins triste et colère. La révolte me relevait de bien bas et mes coups de sang en appelaient à l'insolence.

Ce sang que j'avais craché à l'hôpital de Vannes, je le vomirais de nouveau afin d'obtenir le privilège d'entrer dans un livre.

De ma lointaine province, j'avais rêvé de Paris comme d'une fête, mais peut-il y avoir des fêtes ici-bas pour ceux qui doivent justifier de leur temps en taisant leurs passions ?

Il faut me croire : je ne suis jamais entré dans ces jours de haute liesse qui permettent aux nantis de se reconnaître, de se snober, de s'envoyer des fleurs couronnées d'épines et de plonger dans les eaux mêlées de la vanité et de l'argent. J'ignore tout des nuits qui font ruisseler des lumières de musique et de champagne. Je n'ai fait qu'entrevoir des lustres où flambent des yeux qui veulent prendre, des bouches baisotées de rouge et bientôt de poussière.

Mon Paris, sera toujours celui du petit peuple, vif à comprendre, à marcher sur les mains, à mettre de la gouaille jusque dans la souffrance.

Pour tout bien, je n'avais que quelques mots que j'étais allé chercher chez Nerval, Verlaine, Apollinaire et jusque chez Mallarmé. Ces mots de folle emprise sur mon esprit, m'obsédaient. J'aurais voulu les lier ensemble, les marier entre eux et que ces noces fussent éternelles.

J'arrivais du fond d'une lande avec des rosées d'aube dans les yeux et des senteurs de terre dans les habits. S'imposaient à mon esprit les couleurs violentes, presque barbares d'oiseaux criblés de songe à la montée du soir et de pommiers lourds de fruits interdits dans lesquels je me promettais de croquer.

J'écrivais pour renaître et mériter une autre existence. Je me disais : « Il te faut entrer dans un livre moins pour ta justification que pour ton salut. »

Je me mis à rêver d'un ouvrage qui ne ressemblerait qu'à moi-même. Jauni, bavocheux, lardé de coups de canif, il pèserait la poussière d'une planche avant que de glisser dans le gouffre.

Je marche à ma fantaisie. Je mène un sentier que je ne choisis pas. Je retiens la couleur du millepertuis, l'odeur du chèvrefeuille. Je me frotte à la brise qui s'enorgueillit de la mouvance des fougères. J'entre dans le brasillement des pins, dans le craquèlement des terres malmenées par la sécheresse des cœurs, et je bute sur des bateaux morts d'où partent des courlis et sur la carcasse d'un tourteau abandonné à la fringale des mouches et des guêpes depuis le crime de Caïn.

Je ne cherche pas le coin théâtre, le moulin magique transformé en gargote où la queue de langouste se vend plus cher qu'ailleurs, non, par avance, je me résigne à la nature la moins apprêtée.

Le spectacle d'une colline où les moissonneuses sont à l'ouvrage ; d'une peupleraie le long d'un ruisseau ; d'un cheval qui bruffe, libéré de tout travail, au milieu d'une prairie traversée par un ruisselet, me rend le goût d'un bonheur dont Claudel dit qu'il est « notre devoir et notre patrimoine. »

Assez rêvé. La rue Saint-Joseph ne lâche pas ainsi ses cloportes ! Nous y avons vécu comme des insectes, heureux d'un rayon de soleil sur un quignon de pain. De ce pain-là, la mère Brousse se fût vantée de faire de la brioche.

Pouvais-je dire quelque chose du Parc-Lann, de Chanticoq, du cachot de la rue de Séné et du placard de la rue Saint-Joseph aux Insulaires ? Manuel de Diéguez lui-même, qui savait entrer dans les problèmes les plus compliqués, n'aurait pas compris.

Le plus souvent je laissais la soirée aux grimaciers. Ils mettaient la pire littérature dans la poésie et la poésie dans une déréliction en provenance de la cour des Miracles.

Ces jongleurs, ces équilibristes passaient des bouts-rimés au bilboquet. Philosophes plus que poètes, illisibles dans l'une et l'autre discipline, ils glissaient de paradoxes en pirouettes et prétendaient que nous allions entrer dans l'ère, ou « l'aire », du Fléau.

Quand ils traitaient de la peinture c'était pour découper des losanges dans la Voie lactée et passer au goudron, voire à la bouse de vache des triangles métaphysiques ou qui se voulaient tels.

Chauffé à blanc par le beaujolais des braves, je les quittais pour me perdre dans l'enchantement d'un bras de Seine.

Il y avait de la brume sous les ponts. Réveillant ceux et celles qui dormaient là, entortillés de guenilles, j'y allais de mon déclamatoire. Je disais tout haut que la poésie des penseurs, des philosophes, des grammairiens, des professeurs, des linguistes ne m'intéresse pas. La poésie du cabinet noir et du cabinet rose, n'est pas mon fort. À mes yeux, la poésie doit être avant tout une aventure vers les hommes qui ont besoin d'espérer et de croire qu'on les aime.

C'est pour écrire à ce niveau-là que je renonçai bientôt aux séances bimensuelles des Insulaires. Tant pis pour les empoignades et le pittoresque des palabres ! Soudainement, par volonté de créer et dégoût du temps perdu, je me fis ermite.

Ce repliement n'excluait pas, hélas ! le travail fastidieux, quotidien, qui m'attendait rue de Clichy. Il m'arrivait d'y laisser tout courage et de dire à mon amie que je renonçais à l'écriture.

C'est que le Paris des années cinquante n'était plus celui des Carco, Dorgelès, Pierre Mac Orlan, ni celui des fêtards nostalgiques de Murger. Fini la sérénade dans la mansarde de Mimi Pinson ! Fini le délicieux farniente ! Fini la griserie du petit jour dans les bistrots des Halles ! Fini les yeux doux de la crémière qui vous fait crédit pour l'amour d'un sonnet ! Dans le Paris que nous avons connu, où nous avons souffert, si la poésie ouvrait encore des portes, elle ne pouvait rien sur les porte-monnaie.

Rue Saint-Joseph, la léprure des murailles et des palissades était totale. On avait l'impression douloureuse de devoir vivre dans un univers abîmé par nos négations, dénégations et mensonges.

Nos amours, nos prières elles-mêmes, s'inscrivaient comme autant de lézardes dans la meulière et le torchis.

Devenue mienne, cette rue prenait la couleur de mes péchés et ne débouchait que sur un douloureux désordre.

Nous y avons été malheureux, très malheureux, mais de ce malheur dont le bourgeois affirme qu'il profite aux poètes.

Jacqueline

1

NOUS nous sommes mariés le 4 mars 1950 à la mairie du IIe arrondissement. Mes témoins furent deux collègues de la banque Scalbert : Albert Lemoigne et Monique Launay ; ceux de Violette : sa sœur Jacqueline et Jeannette Piens. La cérémonie religieuse eut lieu une semaine plus tard en l'église Notre-Dame-de-Bonne-Nouvelle, sur le boulevard.

Faute d'argent, nous dûmes nous contenter d'une bénédiction. Le prêtre me demanda pourquoi j'avais quitté mon pays et ma famille. Il s'inquiéta aussi de savoir où j'avais rencontré celle qui allait devenir ma femme. Nos enfants seraient-ils élevés dans la religion catholique ? « Croyez-vous qu'il faille élever chrétiennement les enfants ?... »

J'avais envie de baiser les chaussures de ce pauvre curé et de l'envoyer à Vauvert avec ses questions ridicules. Je n'admettais pas qu'on pût de la sorte se mêler de mes affaires et je m'étonnais plus encore de voir l'Église, par le truchement de cet homme, me parler comme si je n'étais qu'un gosse. Toujours elle a agi de cette façon ; toujours en se comportant ainsi, elle a blessé, éloigné, parfois désespéré les meilleurs de ses fils. Les questions sont grossières et d'un autre temps.

« Assisterez-vous à la messe tous les dimanches ?

– Oui, à Notre-Dame-des-Victoires.

– Pourquoi là-bas ? Vous êtes ici dans votre paroisse.

– Là-bas, j'aime à prier la Sainte Vierge.

– Vous m'avez dit être poète.

– Je n'ai rien prétendu de tel, monsieur l'abbé.

– Alors c'est quelqu'un qui m'aura parlé de vous. Qui êtes-vous pour vous dire poète ? Qui vous a mis au rang des poètes ? Avez-vous reçu des grâces particulières ? Le Seigneur vous a-t-Il appelé ?... Vous a-t-Il touché l'épaule ? Présentement, n'êtes-vous pas employé de banque ? »

Je n'ai rien répondu. Même aujourd'hui, je ne répondrais pas à un tel interrogatoire. Je n'aime pas qu'on cherche à vouloir pénétrer dans mon plus secret jardin.

Je donnai trois cents francs à l'abbé pour ses pauvres. Ainsi, nous avons été les moins chers mariés de cette année-là. J'ajoute qu'il n'y eut pas de musique, pas de festin pour marquer l'événement, seulement, à la barbe de Mme Brousse qui ne décolérait pas, quelques gâteaux de pâtisserie et une coupe de champagne.

Les témoins partis, je jugeai que je venais de m'engager dans une voie difficile. Je me rassurai en me disant que nous serions deux à marcher dans cette direction-là, à nous aider l'un l'autre pour franchir les haies et passer les torrents.

Au bureau, Albert Lemoigne m'apprit que nous pourrions obtenir un appartement en écrivant à l'Office parisien des loyers modérés. J'entrepris la démarche en espérant un miracle qui se fera attendre longtemps.

Bientôt, ma femme s'inquiéta de consulter un gynécologue. Un enfant chez Mme Brousse ! Nous allions dissimuler cette espérance de notre mieux et je verrais un homme de loi qui empêcherait la mauvaise de nous jeter à la rue.

Elle détestait les enfants et plus encore les bébés qui font exprès de pleurer et de vous réveiller la nuit et sont encombrants de tenir dans un berceau.

Celui que nous achetâmes, vu l'exiguïté de la pièce, nous ne pûmes le monter. Il nous fallut nous contenter d'un moïse.

Rue de Clichy, ces dames n'arrêtaient pas de me demander des nouvelles de mon petit ménage. Elles étaient excellentes.

« Que fait votre épouse pendant toutes ces heures ?...

– Le trottoir. »

C'en fut terminé des conciliabules et des jacasseries me concernant. Ma réputation d'ours se répandit dans tous les services. J'étais aussi trop fier ! Allez, quittez vos airs de soi-disant poète et ne vous faites pas plus méchant que vous n'êtes !

N'ayant plus le loisir de dormir sur les comptes qui m'étaient impartis, je regrettais mes vieilles filles et, toutes les cinq minutes, je regardais l'heure à la grande horloge que M. Malin remontait et qui n'avançait pas.

À midi, je m'échappais tel un poulain fou et je dévalais la rue de Clichy comme le dernier des douze coups sonnait à la Trinité.

N'en pouvant plus de courir, je ralentissais l'allure et je m'adonnais à quelques réflexions hyperboliques. Il me fallait quitter la banque, sortir de Paris, bâtir château entre ciel et mer.

Début mai, je pris des vacances et nous partîmes pour Vannes. Mes parents firent très bon accueil à Violette et l'installèrent dans leur amour.

Avec eux et ma sœur Christine, nous allâmes prier sainte Anne dans la basilique d'Auray. Ils étaient heureux de notre bonheur.

Dans ces semaines-là, on nous vit à Moustérian, à Berder, à l'île aux Moines, à Belle-Île, fief du cardinal de Retz et du surintendant Fouquet.

Les îles ont toujours attiré les poètes. Il en est de plus vastes, de plus riches, de plus mystérieuses, il n'en est pas de plus douces, de plus bienfaisantes que l'île des Sorcières que le Romain, dans le temps qu'il se mesurait aux Vénètes, appela Vindilis.

Terre schisteuse dans un univers granitique, Belle-Île nous vient du fin fond de l'Histoire avec ses caches, ses criques, ses gouffres, ses vallons. Lors de l'arrivée des légions de César, elle était l'île choisie des druides qui y tenaient conseil. Ils y disputaient d'astrologie, de médecine, de métempsycose, de magie. À leurs côtés se tenaient les bardes de la vieille Armorique, faiseurs de tours, bâtisseurs de mythes, que MacPharson, dans la seconde moitié du XVIIIe siècle, remit à la mode en publiant des poèmes attribués à Ossian.

C'est à cette source effervescente que sont allés boire Walter Scott et ce jeune « coureur de lièvre » : François René de Chateaubriand.

De l'Apothicairerie à Sauzon et à Taillefer, je narrais cela et tant d'autres choses à ma femme qu'elle me prit pour un puits de science, ce que j'étais, à ses yeux, bien évidemment.

Elle redoubla d'attention quand je lui racontai l'arrivée en 1893 d'une personne réchappée de la Tragédie comme on peut l'être du ventre de sa mère. À Paris, elle était célèbre, fêtée, vénérée. Les Bellilois ne tarderont pas à la regarder comme une bienfaitrice.

Donc, en 1893, Sarah Bernhardt – la Grande Sarah ! – arrive au Palais par le bateau et traverse l'île dans une voiture à son chiffre, tirée par ses chevaux favoris. Princesse des planches, elle se disait heureuse de pouvoir échapper pendant quelques mois aux pavés de la capitale qu'elle battait en reine.

Tragédienne, une espèce en voie de disparition, elle faisait confiance aux falaises de cette côte accore pour durcir sa voix afin d'en faire un acier capable de sonder le cœur des Atrides. Chaque année, elle dédiait discours et tirades aux fous de Bassan qui se tiennent généralement au large et aux sternes, ces hirondelles des vagues qui nidifient, dit-on, au creux des déferlantes.

Elle se fera sculpter un fauteuil dans la roche et s'y fera porter par ses gens afin de redonner vie à Phèdre... Surpris, les marins qui rentraient au port, la voyant et l'entendant sans la reconnaître, croyaient avoir affaire à la fée Morgane affublée de varech et tramant des complots.

Violette aimait que je lui parle de Sarah, de Colette Willy, de Claude Monet qui firent de longs séjours sur cette terre des dieux où l'aloès et la bougainvillée dissimulent de leur éclat pour mieux surprendre le visiteur.

De retour à Vannes et à sa demande, je la laissai entre mes parents et ma sœur et m'en retournai vers Josic.

Il avait bu sa pension. Les quelques milliers de francs que l'État lui octroyait à bout de trimestre, lui permettaient de s'ivrogner pendant huit jours. Les poches vides, il reprenait ses vagabondages et vivait de chiche dans les granges et les écuries, rabroué ici par une servante, menacé là par l'homme qui se permet de parler haut sur sa terre.

Il fut heureux de me revoir et me salua à la mousquetaire, une plume de coq à son chapeau de mousse. Son pantalon tenait sur son ventre par une ficelle. Sa veste flottait autour de son torse en vieux paletot. Seuls, ses yeux et sa barbe rousse, avec des poils d'argent, répondaient encore de ses tours et détours, de ses facéties et de sa malice.

« Tu es donc revenu, me dit-il. Tu as bien fait de revenir. J'ai rencontré un lascar de la plus belle eau qui brûle de te connaître. »

De Kerluherne, nous prîmes la direction de Monterblanc. Dans cette campagne très retirée vivait Sa Blancheur, ermite allumé.

On racontait tant de choses sublimes ou cocasses sur le compte du personnage que j'eus très envie de lui soulever les basques et de le décoiffer.

Nous fûmes reçus dans son manoir de Coat-Hir, maison massive, agrémentée de fenêtres ogivales donnant sur un parc où s'appelaient des paons.

Désinvolte, prudente, allergique aux mensonges, mais gourmande d'enfantillages, Sa Blancheur – on lui donnait ce nom dans nos alentours – enturbannait ses dogues et anoblissait ses chiennes. Elle rageait qu'on désoiselât ses bois. D'un voyage en Terre sainte, Elle avait rapporté des sandales qui lui permettaient de voler vers ses disciples nourris de glands et de nèfles sauvages. Elle aimait qu'on la vienne voir et lui apportât en cadeau, un cuissot de chevreuil ou l'améthyste de la fée Viviane.

Après les préliminaires et les politesses, nous ayant jugés à nos frusques, Elle voulut nous présenter ses poissons rouges dans un bassin transparent comme la Vérité. Plus que les poissons qui lui venaient des Argonautes, les incunables enluminés et les éditions rares d'ouvrages licencieux, faisaient ses délices. Sa tristesse naissait de ce que le papier « romantique » se piquât. Elle préférait Renan, l'exégète de Tréguier, à Chateaubriand, le chantre, le prince de Combourg, et se moquait des sylphes et des sylphides des Crébillon et des emplumés de même sorte.

Sautillante dans un kabig qui lui dessinait le tonnelet du ventre et le fessu du derrière, remuante et causante avec volubilité, Elle passait sans transition des conflits de Lacédémone à la guerre des Goths et des voyages de La Pérouse aux exploits du baron de Surcouf.

Elle nous permit d'admirer des gouaches qu'Elle exécutait pour des amateurs de Paris qui la savaient payer en montres princières. Elle manifesta, en notre présence, une invraisemblable tendresse pour les breloques.

C'était à Paris qu'Elle avait reçu le Signe. La révélation de son pouvoir merveilleux de guérisseur, de thaumaturge et de prophète lui avait été faite un jour que, rentrant des bouquinistes des bords de Seine, Elle prenait un bain de pieds et se frictionnait les doigts doloris.

Relevant la tête pour attraper une brosse, Elle avait vu sur le mur de la pauvre chambre qu'Elle occupait, le Christ en conversation avec Merlin l'Enchanteur. Un Christ cordial et plein de compréhension ; un barde altier et facétieux. C'est au barde qu'Elle s'était adressée tandis qu'Elle regardait le Nazaréen avec adoration. Elle tint à nous dire qu'il n'y a rien au-dessus de l'adoration, pas même l'amour qui n'en est qu'une approche maladroite.

À Paris, par la force des choses et parce qu'Elle était impécunieuse, Elle avait dû fréquenter des gens livrés à la galanterie. Elle regrettait amèrement qu'on vendît son corps et qu'on perdît son âme. Le corps et l'âme ne sont pas séparés, mais soudés en une sorte de symbiose célestielle.

Paris, ç'avait été des aventures, encore des aventures, et des soirées perdues, passées dans des bistrots à trente sous. Plus qu'au Bateau-Lavoir, je pensai aux Insulaires en émettant un sourire qui déplut à Sa grâce.

Livrée à ses grands chevaux, Elle nous parla de Picasso qu'Elle avait rencontré rue Ravignan alors qu'il peignait des arlequins trismégistes ; de Rouault qui donnait de la panse et du jarret à des écuyères réchappées du cirque de Satan et procédait déjà à la destruction de certains de ses chefs-d'œuvre. Elle comprenait l'impérieux besoin de ne laisser à ses héritiers que le meilleur de soi.

Elle fustigea des politiques, des papes et plus encore les papes noirs qui avaient conduit la Compagnie de Jésus de déroutes en désastres.

Elle se voulait à l'écoute des transformations du monde moderne ; en avance sur les changements intempestifs et les métamorphoses. Elle s'encourageait Elle-même à tous les avatars. Comme Taliésin [1], Elle était passée par plusieurs états, quand des enfants lui étaient nés des ronces et des bois pour l'avoir reconnue blanche hermine.

Ce fut alors qu'Elle entra en méditation et se mit à flotter entre ce monde et l'Autre monde. Elle dit : « Seigneur, Votre visage est pareil à une lampe qu'on aurait mise sous le boisseau puisque c'est de l'intérieur que nous voici éclairés. »

Josic paraissait accablé des parleries du personnage. Tant de phrases au-dessus du commun lui avaient donné grand soif. Dans le dos de Sa Blancheur, il défit la ficelle de son pantalon en faisant le simulacre de La vouloir pendre.

Je remarquai qu'Elle avait de belles mains et une voix dont Elle se servait pour caresser les âmes.

Elle nous fit servir une collation sous les ogives dominant la

1. On dit Taliésine.

terrasse. Tandis que nous nous sustentions et que Josic sollicitait la dame-Jeanne, Elle fit le procès de l'Église de Pierre, à ses yeux bercail de marbre plus que bergerie ; Elle nous narra aussi certains événements qui l'amenèrent à rompre avec le patriarcat de Moscou. Dieu merci, ses femmes et ses enfants la vénéraient. Même dispersées par des vents de galerne, ses ouailles croyaient en Elle et ses amis La disaient adorable.

Sans plus de vanité, Elle entra dans les miracles qu'Elle avait accomplis partout où les malades implorent assistance, où les morts exigent de ressusciter.

Josic croisa les doigts et porta une bolée de vin de Nantes à ses lèvres. Maintenant que le vin l'égueulait à plaisir, il donnait l'impression de vouloir entrer plus avant dans le discours de l'hôte.

« Vous êtes un saint, dit-il, comme notre Émilion qui nous a fait des grappes en Guyenne.

– Ce sont mes femmes et mes enfants qui m'ont donné ce titre ; en vérité, ma Blancheur me permet de vous mettre en garde, vous surtout, dit-il en me regardant, car vous voilà hors des clôtures, sur le plus difficile chemin. Je ne pense pas qu'on vous l'ait imposé. Moins encore que vous l'ayez choisi. Vous y êtes. Présentement, je vous y vois comme un gueux tenté par la pourpre royale, ce qui fait que vous serez toujours pauvre et nu comme un rat. »

Josic, barbe à la semaine, yeux d'escarboucles, sortit de sa poche une pipe de bruyère et se mit à marmonner. Ayant bien mangé et bu chez les anges, il se gaussait de Sa Blancheur et ne demandait qu'à reprendre notre course vers sa Joyeuseté. Vorag y serait sûrement, les fesses aux fourmis.

« Vous désirez écrire, reprit Sa Blancheur en m'adressant un sourire. Vous écrivez. Mes arbres ont publié certains de vos folios. Vous écrivez de Bretagne, mais que savez-vous de votre pays pour oser parler à sa place ?... Que savez-vous de notre Breizh élevée et crucifiée par la faute de ses barons fous ? Pouvez-vous me citer treize îles en dehors d'Ouessant, Sein, Molène, Croix, Béniguet et Vindilis ?... Savez-vous ce qu'est une croix de broëlla[1] ? Savez-vous seulement que Lucain vit à Sein, l'endroit où les anciens Celtes situaient le séjour des âmes ? Savez-vous que c'est au crépuscule que la barque des morts fend le raz vers l'immensité ? Les disparus, et plus encore les disparus en mer, empruntent les mêmes itinéraires maritimes qu'au temps de Procope et de Claudien. Me direz-vous quelque chose des eaux de Hoedic et de Houat peuplées de femmes-cygnes et d'évêques de mer ?... C'est à Ouessant qu'il faut aller voir les lutins danser sur les roches. Ils n'ont pas leurs pareils pour tasser la terre battue d'une maison où les femmes rêvent d'amour. Ils disent qu'on peut croire en Jésus-Christ tout en habitant chez les elfes.

» Voyez-vous, chez nous, les dieux ne meurent jamais complètement. Les religions se superposent sans se détruire. Elles s'éprouvent, elles s'épousent comme les strates sédimentaires et se compénètrent pour l'éternité... Cela dit, je voudrais vous dire encore un mot de Paris où il vous tarde de retourner avec votre épouse qui se verra bientôt affronter à un grand malheur...

– Quel malheur ? Par le diable que je vois dans vos yeux, vous allez me dire de quel malheur il s'agit !... »

En un instant, je redevins un jeune homme en colère. J'ai

1. De *Bro* : patrie. Croix déposées dans certaines chapelles pour le salut des péris en mer.

toujours su qu'il y a en moi quelqu'un qui refuse les leçons et les prédictions, tomberaient-elles de Sirius.

D'un ton que je ne me connaissais pas, je lançai à notre Très-Saint qui me crut devenu fou : « Votre savoir m'importune et votre Bretagne m'exaspère. Gardez vos binious pour les tourisiens en quête de galettes et de sables blancs. Faites danser vos jeunes jusqu'à ce que la bière, le vin et le chouchen leur sortent par les oreilles et les narines. Surtout, restez dans vos bois à prendre l'odeur du sanglier et le brame du cerf. Vous ne tromperez plus personne !

» Votre Blancheur n'est qu'un déguisement indigne qui vous permet d'abuser des oies blanches et des vieilles filles perdues de province. J'avais curiosité de vous voir... je m'en retourne, amer, de vous avoir vue... »

Il y eut un silence qui fit frissonner les arbres et plongea trois hérons à la bonde de l'étang. Des chevreuils sautèrent, la tête haute, au-dessus d'un talus. Puis une grive chanta.

« Paris va vous calmer, dit Sa Blancheur. Cette Bretagne qui vous exaspère dans ma bouche, mais dont vous êtes le fils prodigue, va bientôt cruellement vous manquer. Vous allez pleurer de l'avoir quittée à cheval sur une chimère.

– Vous m'amusez !

– Merci de me le dire. J'amuse les tendres bestioles des taillis et des haies. Elles sont si confiantes que je les pourrais apprivoiser. Les étoiles aussi me sont d'un amusement sans fin. Savez-vous que les arbres dans leur jeunesse et leur liberté de nature jouent aussi, jouent entre eux dès que nous faisons semblant de leur tourner le dos ? Même les buissons ne tiennent pas en place quand la lune tisse les fils de la Vierge au haut des ajoncs.

– Vous avez parlé de ma femme !

– Je vous l'ai dit : elle enfantera dans les larmes. C'est le lot de toutes les mères. Vous ne serez pas insensible à sa peine car il y a du bon larron en vous quand vous oubliez le mauvais. »

Josic me regardait avec compassion. J'avais une terrible envie de traîner Sa Blancheur aux latrines de Belzéboul et de la purger en conséquence. Il me fallait cependant attendre qu'Elle s'expliquât plus avant sur ma femme.

« Votre femme vaut mieux que vous. C'est aussi ce que pensent vos amis et les compagnons que vous prenez pour tels.

– Je vous déteste ! J'ai une sainte horreur de tous les déguisements et le vôtre est une offense à la dignité de ces bois !

– Je vais prier pour vous, pour votre femme et votre enfant – car vous allez avoir un enfant ! Je vais aussi faire oraison en pensant aux ouvrages que nous aurons à connaître et qui seront très au-dessous de ceux que vous pourriez écrire à la gloire de notre Breizh si vous saviez, des constellations passer dans les galaxies, et du quotidien qui vous épuise, dans le Cosmos.

– Je vous hais !

– Vous n'êtes ni responsable ni juge de ce que vous dites. Vous aurez forcé sur le vin de ma table. Vous êtes aussi connu pour vous mal maîtriser et désespérer jusqu'à ceux qui vous aiment. »

Josic ronflait dans les fougères. Je le réveillai avec des ménagements enfantins. Il ouvrit les yeux pour voir un hérisson danser sur le chemin de traverse. Il dit que cela était de bon augure. Il n'avait plus souvenance de notre étape chez Sa Blancheur, mais se plaignait de n'avoir pas de bouteille au frais de la fontaine.

Un Breton à Paris

Comme les chouettes choulaient dans les chênes et que le vent balayait les bruyères, nous partîmes pareils à deux aveugles et, contents, mécontents, jurant et pestant contre la pluie forestière qui, en un instant noya tout le paysage, nous nous séparâmes à la barrière d'un champart.

2

Les prédictions de Sa Blancheur me gâtèrent la fin de nos vacances. Le retour à Paris fut des plus cafardeux. Pourtant, Mme Brousse et ses filles s'étaient envolées. On les disait à la campagne, plus précisément dans leur propriété de Bois-Colombes. Je les imaginais à l'ombre d'un cerisier, désœuvrées, déçues d'être sans emploi, se demandant ce que nous pouvions faire de leur hôtel crasseux en leur absence.

Notre vie devint tellement triste que j'intitulai *Maldonne*, les poèmes que j'adressai à Théophile Briant. Il m'en accusa réception au dos d'une carte représentant un goéland les ailes déployées dans le ciel. Il en publierait dans son journal du nom de l'oiseau argenté. J'avais aussi de bonnes chances pour un prix qui serait décerné entre Noël et le premier de l'an.

Début septembre, je le rencontrai rue de Tilsitt, chez Angèle Vannier, fille de la lumière et de la brume, aveugle depuis des années déjà. Ce fut lui qui vint m'ouvrir la porte. Je me nommai. Il me reçut dans ses bras et me donna l'accolade de l'adoubement princier.

Ses manières, ses prétentions à l'ésotérisme, sa manie de voir des signes et des intersignes partout et le désopilant de son habit : chemise à rayures, lavallière anarchisante, veste de chasseur de dahut et pantalon de golf, m'agaçaient bien un peu, mais la parole était chaude, cordiale, avec des incises éloquentes dès qu'il s'agissait de poésie.

Après la Grande Guerre, passionné de peinture, il rompit avec une famille de filateurs et, rue de Balzac, puis rue de Berri, dirigea une galerie d'art, y exposant Manet, Courbet et les impressionnistes.

Alors le Tout-Paris se pressait à sa porte. Il en eut peur et trouva refuge à Paramé – chemin du Phare – pour que personne ne se perde, dans une vieille tour : la tour du Vent, avec vue sur le cap Fréhel, Dinard et Cézembre. De sa terrasse, son regard plongeait sur le Grand Bé où dort M. de Chateaubriand.

Il aimait le prince de Combourg, de grands ancêtres comme Barbey d'Aurevilly et Léon Bloy et plus encore les *Magnifiques* dans le sillage de Saint-Pol Roux.

Pour tous, il était « le bon Théo », « le saint Vincent de Paul des poètes » quand pour moi, même apparemment débonnaire, je le voyais en iconoclaste, en Polyeucte brisant les idoles.

Le Goéland, sa « Feuille de poésie et d'art », avait paru pour la première fois en 1936, en l'équinoxe d'été. En guise d'éditorial, il y écrivait : « La poésie est partout, la merveille est permanente, mais personne, à part quelques élus, ne semble s'en apercevoir. Rien n'est banal. Rien n'est vulgaire. L'anti-poète, c'est l'homme avec son cerveau trituré par les pédagogues. L'homme est le grand malfaiteur de la Création. Et pourtant, la nature, l'amour, la vie, voilà de la poésie en vrac ! À nous, poètes, de l'ordonner ! À nous, de lui bâtir des palais dignes d'elle !... »

Il criait aussi face à cette mer dans laquelle il aimait à plonger : « Ce monde est à reconstruire. Je suis un ouvrier de la onzième heure sanctifié par la solitude et le chagrin. »

Tout cela que j'avais lu à Vannes, chez Paul-Alexis Robic, me changeait des logorrhées des Insulaires, des fadaises du bureau et des empiriques de Sa Blancheur.

Le grand chagrin de sa vie – il m'en toucha un mot dans une brasserie des Champs-Élysées – fut d'avoir perdu son fils âgé de vingt ans.

Comme il réglait des affaires à Paris, François-Xavier, dans la compagnie de Daniel Gélin que le cinéma a rendu célèbre, se tua en maniant une arme qu'il ne savait pas chargée.

« Ce fut un drame affreux. Je ne m'en suis pas relevé. Ma femme moins encore qui est morte quelques mois après la disparition de notre enfant. Seul pendant des années, j'ai fini par accueillir une Petite Lumière de mes amies. Nous cultivons notre désert ensemble. Tu la verras lorsque tu me rendras visite. Elle n'est pas très littéraire, mais elle a du cœur. »

Il dit en m'embrassant : « Tes poèmes participent du mystère qui te manifeste. Aie confiance, mon Charles !... »

Nous nous sommes quittés au Rond-Point de l'avenue. Il était attendu chez Yves Nat, le pianiste de réputation internationale dont il faisait toujours un très juste éloge. Moi, sublimé par cette rencontre, je ne savais pas courir au-devant de l'irréparable.

Jeannette qui guettait mon retour, me fit entrer chez elle et m'apprit, dans le désordre de sa personne tout entière, que notre Jacqueline n'était plus. Elle avait rendu l'esprit aux Sables-d'Olonne, sur la plage. Le temps de dire à sa mère qu'elle avait des éblouissements et ce fut fini. Pompiers, secouristes, médecins durent renoncer...

Nous avons pleuré dans les bras l'un de l'autre comme deux enfants perdus. Je me suis ressaisi en pensant à ma femme. Vu son état, il était préférable de lui cacher l'horrible nouvelle.

Je me passai de l'eau sur le visage et, moitié titubant, je montai vers Violette qui devina à mon air qu'il était arrivé quelque chose de grave. Elle n'eut qu'un cri : « Ma sœur est morte ! »

Nous avons versé des larmes pendant des heures et nous avons cherché à comprendre. Elle m'avait dit : « Je n'ai pas le droit de m'engager dans une autre vie. J'ai le pressentiment que celle-ci sera courte. »

Était-elle atteinte d'un mal que nous ignorions ? Mourir en vacances, à vingt-deux ans, en demandant à la mer toujours plus d'écume...

Je pensai à Théo. À la mort de son garçon. À la souffrance que je ressentais, qu'il avait dû souffrir !

Rentrant de banlieue, mais déjà informée de notre malheur, Mme Brousse sut trouver devant Violette les mots de la compassion. Elle me prit à part pour me demander : « Elle était malade ?... Que dites-vous d'un drame pareil ? Si jeune, si belle, si c'est possible ! »

Je ne disais rien. J'étais anéanti. Courir au bureau m'était supplice. Même les histoires belges du bon Albert ne parvenaient plus à me sortir du trou. « Comment est-ce arrivé ?... » Ces dames désiraient obtenir des détails que j'étais incapable de donner. Plusieurs d'entre elles, pour ne pas dire toutes, furent charitables. Je ne l'ai pas oublié.

Ne pouvant plus supporter les vocalises de celui-ci ; les radios débilitantes du dessous et du dessus ; les aboiements du clébard et les conversations de fenêtre à fenêtre de certaines commères, j'emmenais Violette sur mon chemin de prière. Il me fallait prier pour le repos de l'âme de la morte. Je devais demander au Seigneur de la recevoir dans sa lumière. Elle était jeune, jolie. Elle symbolisait si bien à mes yeux la jeune fille dans toute la noblesse du terme, que je la voulais à jamais à l'abri de toute souillure.

Je la voyais entrer dans la sainte phalange des bienheureuses. À Notre-Dame-des-Victoires, dans la chapelle de la Vierge, comme au pied de la statue de sainte Thérèse de Lisieux, je répondais de sa bonté, de sa générosité, de son cœur pur. Les pauvres braves gens de notre entourage la disaient sage et bonne. Mme Brousse elle-même la citait en exemple à ses filles. « Elle aura trop travaillé, disait-elle, et puis elle se sera privée pour l'achat d'une paire de chaussures ou de trois bouts de chiffon... J'aurais pu l'aider, mais allez donc rendre service quand on ne vous demande rien !... »

J'allumais des bougies, voire de petits cierges aux pieds de Notre-Dame et, dans les fumerolles qui la faisaient osciller gracieusement, j'en surprenais le sourire indéfinissable qui répondait du salut de mon amie et m'apaisait le cœur.

Ces dévotions surprenaient ma femme qui n'avait reçu aucune éducation religieuse et qui ne savait que verser des larmes. Je lui parlai de la symbolique des lumières et de la folle espérance de voir l'Amour triompher de la Mort et la terre s'entrouvrir pour libérer Lazare.

Elle aurait voulu m'accompagner sur ce chemin de gloire quand, par la force des choses, elle s'en tenait à son chemin de croix. Elle venait de perdre une sœur adorée et les pleurs noyaient la souvenance des joies et des jeux de naguère sur le bord d'une mer éclatante qui vous déliait le corps et le bronzait, quand l'âme d'aucune utilité apparente déclinait de l'indifférence au délaissement.

On nous fit savoir que l'enterrement aurait lieu au cimetière de Pierrefonds, au cœur du Valois, le pays de Gérard de Nerval dont m'avait parlé Jeanne Debauve, elle aussi disparue.

Grosse de six mois, brisée de douleur, redoutant les fatigues du voyage et les pièges de l'émotion, ma femme dut se résigner à ce que je me rendisse seul aux obsèques.

Dans les bourgades traversées, je crus reconnaître mon amie à son sourire. Elle paraissait me précéder au pays du merveilleux. Parfois, elle se retournait pour juger de son avance et de mon retard. Je la vis à Dammartin, à Loisy, à Crépy-en-Valois. Elle donnait la main à Sylvie, elle entrait en riant dans les rondes d'Adrienne. Près des étangs de Chaalis, elle fut couronnée de lierre, de pampres et de liserons.

J'aurais voulu arrêter la voiture et voler vers elle qui avait su me pénétrer le cœur. L'envie de lui prendre la taille et de m'ébattre dans le soleil me traversa l'esprit. J'étais porté par la grâce du jour ; les grillons répondaient aux colombes et les arbres entre eux parlaient d'amour.

J'étais au Parc-Lann avec maman et notre vieille tante. J'étais redevenu l'enfant qui avait rêvé de la recevoir en courtoisie dans les contes de notre chaumine.

Je me jurai de la mettre dans un livre. Ici, une fois encore, j'entends lui rendre sa jeunesse, sa beauté, l'élégance de son esprit, l'obligeance de son cœur. Je n'ai rien oublié de mes sentiments pour elle et ma fidélité aux morts est telle, que je pourrais en ressusciter beaucoup s'il ne me fallait aller vers eux par le plus secret chemin.

Au tournant d'une route, la forêt se fit hostile. Quelques maisons avec des jardinets par-devant et par-derrière ne parvinrent pas à me rassurer sur la destination finale. Mes chimères décampèrent à la seconde et j'entrai, comme un homme ivre, dans une sombre réalité.

Ils étaient là, devant la grille du cimetière, qui attendaient l'arrivée du convoi funèbre. Je ne serais donc pas seul ! Je voulus me rendre à l'église, mais elle était fermée. Il n'y aurait pas de cérémonie religieuse. On lirait un psaume sur la tombe et l'on jetterait quelques fleurs sur le cercueil. Après, histoire de laisser les morts enterrer les morts, on se retrouverait au bistrot.

Arrive un homme plutôt grand, le nez bourbonien, l'air de quelqu'un qu'on aurait tiré de son jardin à l'heure de la sieste. Dans mon dos, on murmure que c'est le père auprès duquel Jacqueline se réfugiait chaque fin de semaine. Il regarde autour de lui, reconnaît deux ou trois personnes, serre autant de mains et se fige dans une attente qui semble bientôt interminable à tous.

Pour nous faire prendre patience, on nous dit que le convoi doit s'arrêter dans toutes les villes et les communes traversées afin d'obtenir d'un officier d'état civil l'autorisation de transporter le corps. Ces démarches, bien entendu, occasionnent des retards.

Enfin, la voiture funéraire vient se ranger le long du mur. Plusieurs personnes en descendent, dont la mère en grand deuil, comme offerte en holocauste aux divinités maléficieuses. Elle paraît porter le poids du monde et la souffrance de l'humanité tout entière.

Si grande, si vraie que fût sa douleur au point de perdre connaissance devant un aréopage qui la connaît, la juge et la plaint, je remarquai qu'on faisait très attention qu'elle ne se trouvât pas confronté à son ancien mari. Même la mort de leur enfant ne parviendrait pas à rapprocher ces deux-là le temps d'un regard.

Comme j'allais prier à l'écart, une vieille dame vint me demander qui j'étais. Je me nommai. Alors elle appela : « Blanche ! Blanche ! Viens, viens donc ! C'est le mari de Violette ! » Je dus sacrifier à quelques confidences qui les agitèrent profondément. Elles étaient la grand-mère et la tante de la défunte, pareillement de ma femme. Je les embrassai. Elles relevèrent leur voilette noire pour m'étreindre à leur tour.

Je les revois graciles, fragiles, maîtrisant mal leur émotion et se scandalisant de voir leur petite-fille et nièce quitter ce monde sans les secours de la religion.

« C'est l'œuvre de Satan ! » dit Blanche.

La bonne grand-mère de rectifier : « Dis plutôt que c'est l'œuvre de l'oncle Marcel. Ce vieux fou aura décidé de tout. Si c'est pas malheureux. Elle était une si belle jeune fille ! »

Une autre personne en qui je reconnus tante Madeleine qui nous avait reçus dans sa maison d'Asnières, me demanda de la suivre. Nous attendîmes que tout le monde se fût éloigné vers le café de la place, face à l'étang, pour nous mêler aux fossoyeurs.

Tante Madeleine les ayant gratifiés d'un généreux pourboire, ils voulurent bien nous laisser avec la morte.

Elle gisait dans un cercueil luisant et doré au fond du trou profond. Déjà, elle n'avait plus rien à voir avec ces filles du Valois qui chantent et s'enchantent des vieux airs de France. Elle ne marcherait plus au milieu des adolescentes que Rousseau aimait à suivre du regard quand il herborisait chez M. de Girardin. Elle n'offrirait plus les lilas et les cerises du jardin de son père à Mme Brousse ! Elle était déjà loin de nous...

Jacqueline, mon amie Jacqueline, que j'avais aimée, que j'aimais encore, près de qui j'avais dormi, m'échappait pour l'éternité.

Mon Dieu, mon Dieu, malgré tout l'amour que je lui dois, je vais la laisser là, dans la nuit du tombeau, à se déliter sans fin, entre une aperçue de forêt et un champ de betteraves ! Ne l'abandonnez pas, Seigneur, car elle vous aimait sans même le savoir.

Nous nous mîmes à genoux et après un long temps de silence et de prière, nous prîmes dans nos mains de cette terre qui l'allait recouvrir et nous nous éloignâmes, les paroles de la Salutation à la bouche, marchant de travers entre des tombes qui paraissaient vouloir verser dans le gouffre.

On ne revient pas intact de cette grande tristesse-là. Vrai, je ne me suis jamais consolé d'avoir perdu une sœur adorée dans le temps où je rêvais de lui faire un époux.

3

JE me suis jeté dans le travail au point de me rendre malade. Même au bureau je faisais du zèle. Le soir, lorsque mes bruyants tourmenteurs cherchaient le sommeil, j'entrais en magie.

Vorag qui me voulait accompagner par les routes du ciel et lire par-dessus mon épaule, je la précipitais par la fenêtre et je l'entendais hurler d'épouvante vers les étoiles. Une plus grande intransigeance s'était emparée de mon esprit. Je voulais en moi et autour de moi du vrai, de la vérité, de la probité, de la pureté quand je me cognais au mur de l'incompréhension et plus encore de l'indifférence.

Les coudes sur la barre d'appui de la fenêtre, j'écoute la nuit qui cherche à se rassurer. Elle me semble plus redoutable d'être passée par les mains des Caboche, Ravaillac, Restif, Vautrin et Lacenaire. Elle mélange des alcools de lune pour des clochards issus de maisons princières et des vagabonds en route vers l'enfer des filles.

J'ai peur de ces rues de Paris qui me voient comme à la recherche d'un mauvais coup. J'entre chez des houris, je bois au comptoir de Belzéboul. J'ai perdu mes repères. J'enrage d'être obligé non de vivre, mais de survivre. De devoir compter mon pauvre argent avant que d'être dans l'obligation d'aller frapper à la porte de Georges Delattre qui me prend pour l'imbécile que je suis.

Je suis sans issue. Sans amis véritables. Je voudrais accompagner Cheval dans les trigonométries de ses peintures pantelantes et dans les récits squameux de sa chasse aux Argonautes, mais il m'est impossible de donner dans les fatrasies d'un tel énergumène.

Cheval ne jure qu'au subjonctif. Il a toujours de la fiente à la commissure des lèvres. Il me révulse plus que je ne le réprouve. Il lui arrive de m'amuser, ce qui est beaucoup en ces jours de haute tristesse.

Lola-Lolita, une copine qui l'accompagne, me voudrait interviouver sur l'amour pour une éventuelle publication dans la revue *Janus*, de Daniel Mauroc.

L'amour, je le fais dans le lit de ma femme à rideaux fermés. Je le vis chaque jour plus intensément quand je pense aux délaissés, aux réprouvés, aux malades et que je cours à Notre-Dame-des-Victoires demander à la Sainte Vierge de les sauver tous.

Si j'évite certains pièges tendus au nom de l'amitié, j'en invente d'autres auxquels mon ami Albert ne comprend rien. Il dit que la littérature n'intéresse que les universitaires et les forts en thème et qu'elle ne saurait être la frondeuse maîtresse d'un employé de banque. Il se moque de mes prétentions à l'écriture. Il a jeté les yeux sur *Vers et Drogue* que je lui ai offert, puis il a refermé le recueil avec le mot de Barrès : « Je lirai cela quand j'aurai pris ma retraite. »

Ce que Lemoigne me refuse avec une sorte de condescendance qui me révolte, Gérard de Crancé me l'accorde avec les acclamations d'un jury imaginaire dont il préside les réunions et les travaux. Il déclame :

Je suis hilare en plein carême
J'ai trois amis mieux que des rois
J'ai trois amis pour mes trois peines
La solitude et le poème
Mon troisième ami n'est que moi[1]...

Les muses de sa garçonnière, vautrées sur le canapé, d'applaudir à grands cris en s'envoyant des bulles de champagne dans le corsage.

Gérard que les aléas de l'existence ne sauraient ni surprendre, ni décontenancer, nous annonce avec un grand sourire de gamin qu'il a provisoirement quitté la poésie pour le commerce des cravates avec nœuds faits une fois pour toutes. C'est pratique. Cela plaît. Cela permet de gagner du temps. Il rit comme on se torche.

Il a connu Cheval à Conflans-Sainte-Honorine certain dimanche que ce dernier peignait des rébus en l'honneur de la batellerie. Il l'a revu à Saint-Denis, sur le parvis de la basilique royale, quand les édiles de la cité promenaient en char à bancs une rosière des plus rébarbatives avec capulet et chignon dépinglé.

On se marre. Le temps des rosières et des rosaties d'Artois ! Ah, le bon temps !

Cheval veut que je sois passé chez les bides aux boursicotages bourgeois. Il dit que mon amitié pour Bazin marque et démarque ma vassalité. Je lui prends le collet et, au moment

1. *La Lumière et l'Argile*, *op. cit.*

de le souffleter, je le relâche et l'abandonne à sa puante manie de vouloir tout salir.

En hôte convenable, Gérard me demande de parler de Robert Ganzo qui vient de publier le poème d'*Orénoque* et qui se prétend au sommet du lyrisme contemporain, ce qui n'est pas pour me déplaire. Il s'agit maintenant des bouts-rimés et des feux croisés de Prévert, le porte-lyre le plus populaire avec Paul Géraldy. Il n'en faut pas davantage pour que j'entre en crise. Je gueule ; j'accuse ; j'insulte ; je mets le feu aux faïences de Bernard Palissy. Mon habit de colère me serre l'estomac. C'est que j'en ai marre, marre des « Di dou-dou da » de Paris avec défenestrations surréalistes et chienlit à l'entresol ! Je n'en peux plus de nabots, de cabots, de dilettantes gravissimes et de penseurs écumants ! Il me faut me laisser tomber au fond du puits profond, là où repose tout ce qui fut aimable sur la terre.

Il me suffirait de me pencher un peu plus à la barre de la fenêtre pour distinguer, dans l'outre-nuit, les ombres inséparables de Jacqueline et de Jeannette. Rentrant tard de la Butte, cette dernière me permettait parfois de la venir voir. Je l'embrassais. J'allumais une cigarette, je goûtais à son vin de prune et je remontais près de ma femme sans un mot.

Mes nuits sont traversées de soleils verts et d'étoiles rousses comme autant de comètes de mauvais augure. J'attire des serpents dans les marécages du Douanier Rousseau pour le plaisir de les offrir à Mme Brousse qui se récrie en appelant Bernadette et en me vouant aux infernaux paluds. Le temps de pâlir au nom de Vancouver, je passe par les Maldives et me retrouve à Bornéo, dans les bras d'une tigresse.

Les jours de vernissage, rue de Seine ou rue Mazarine, j'arrive sur la pointe des pieds histoire de boire deux ou trois coupes, et je renvoie le peintre à ses moutons avec une mauvaise foi évidente et un langage des moins académiques. Il est bien vrai que je n'aime pas, mais pas du tout, les chefs-d'œuvre que ces gens-là accrochent aux cimaises du Faubourg-Saint-Honoré et de l'avenue Matignon. Buffet m'apparaît comme un Arlequin qui aurait laissé couler le khôl et le rimmel le long des rides de son visage. Quant à Dubuffet, jamais sorti de la maternelle, ses taches de couleur sont des éclaboussures et ses merdes malodorent. Je ne parlerai pas de Mathieu qui travaille d'immenses surfaces avec le balai de sa concierge. Le Tout-Paris le porte aux nues avec des primesauts champagnisés.

En ces jours-là, dans l'arrière-salle d'un café germanopratin où Claire et Jean Markale recevaient des poètes maudits de par la longueur de leur tignasse et le poilu de leur menton, je rencontrai celui qui, pendant deux ou trois décennies, m'allait devenir Pylade en Orestie.

Poussé au rouge par quelque breuvage de même couleur, j'instillais une certaine dose de sarcasme dans la complimenteuse agression des flatteurs, ce que voyant, Jean Markale me mit sur la sellette en me demandant un poème. Aux Insulaires, c'était lui qui me lisait d'une voix nasale.

Cette fois, il exigeait de m'entendre dans mes œuvres. Je m'exécutai avec douleur.

...Je me souviens du long pendu du lampadaire
Sur les quais, sous les ponts, je me souviens du vent...

Je fus interrompu et je n'aimais pas ça ! Un grand et gros jeune homme portant veste de velours et cravate cramoisie, exclama une surprise d'esthète.

« Vous avez dit lampadaire, il fallait dire réverbère ! Du temps de Gérard de Nerval – car il s'agit de lui, n'est-ce pas ? – Paris s'éclairait au gaz. Il y avait alors des allumeurs de réverbères. On en a même fait un roman ! »

À moitié convaincu, je désignai le bar, où nous bataillâmes des heures entières.

Dans les jours qui suivirent, Robert Sabatier – car c'était lui ! –, osa affronter notre logeuse et m'apporter une « Ode au sculpteur » de sa composition.

Il se pencha sur le berceau où Violette venait de déposer notre fille, née le 1er octobre, et qu'en souvenir de la disparue, qui devait être sa marraine, nous avions appelée Jacqueline.

Petite à poings fermés, rousse, délicate, j'étais emprunté lorsqu'il me fallait la prendre dans mes bras. Pour être le père d'un garçon de quatre ou cinq ans, Sabatier tint à me montrer la manière de dorloter. Les yeux rieurs sous les lunettes d'écaille, les joues à l'écarlate, la bouche tendrement narquoise, il pouponna quelques minutes, fredonna une berceuse et, avec des mines faraudes, gagna le cœur de mes sœurs Geneviève et Christine qui se trouvaient là.

De la nursery nous passâmes au salon – façon de parler – et nous entrâmes dans une conversation qui allait durer des lustres et qui dure encore, par intermittence.

Il n'avait pas tout à fait les mêmes « idoles » que moi. Aux chantres qui m'étaient chers, Ronsard, Du Bellay, Villon, Rutebeuf, Chateaubriand, Hugo, Nerval, il disait préférer Marot, Malherbe, Théophile de Viau, Maurice Scève. Louise Labé, la Belle Cordière, par ses œuvres et sa vie ardente l'allumait de bonheur. Il fondait aussi de tendresse pour Marceline Desbordes-Valmore et pensait à publier une histoire de la poésie féminine de Marie de France à Cécile Sauvage, la mère d'Olivier et d'Alain Messiaen.

Il avait des idées très précises sur l'art de fabriquer un recueil. Pour avoir travaillé chez un imprimeur, il s'enchantait de certains caractères, du garamond surtout. J'avais pu en juger par *La Cassette*, petite revue qu'il m'avait adressée depuis Roanne où il vivait alors.

Je pris le pli de l'inviter à ma table. Il n'y passait jamais sans offrir une rose à ma femme dont il raffolait du prénom. Ce n'était qu'une fleur de Paris achetée à la sortie du métro, mais cela faisait un immense plaisir à mon épouse qui en faisait respirer le parfum à notre Jacquotte, bientôt Cocotte, qui feuillolait à l'envi – un peu, beaucoup, passionnément – dans les éclats de rire.

Avec sa veste et son pantalon de velours, il faisait compagnon du tour de France et artiste dans le goût de Gavarni revu par Bruant. Notre repas terminé, il s'allumait une pipe et se désolait de devoir se rendre chaque matin boulevard Saint-Michel, aux Presses universitaires, où de grands esprits l'employaient à ficeler ces paquets d'ouvrages qu'on adresse à la presse et aux libraires.

À force de palabres, et désireux que nous étions d'accompagner Hervé Bazin sur son chemin de gloire, nous bénéficiâmes d'un double miracle : je fus l'instrument d'une inspiration tempétueuse ; de son côté, il apprivoisa comme en se jouant, l'étincelle et le feu.

Ce fut en ces jours-là qu'il m'arriva, certain soir, follement heureux d'une production de la surveille. Je lus et je compris. Dans des textes courts, plus assonancés que rimés, passaient des bonheurs d'enfance. Un homme que je connaissais à peine y disait ses rêves, ses chagrins, une mère morte, un enfant perdu, des étoiles et des ciels séparés par de la musique et sauvés par elle.

Je dis des mots, je m'éclaire à leur huile
Et mon regard brûle sans consumer
Je porte en moi l'incendie de la ville
Et dans la ville une femme à sauver
Une alouette, une torche tranquille
Fille de feu qui persiste à rêver.

Il venait de découvrir les vertus du décasyllabe que Théophile de Viau et les rhéteurs du Moyen Âge avaient beaucoup pratiqué. Trois strophes le consolaient de ses malheurs ; trois poèmes lui permettaient d'entrer dans le Temple. Il y espérait des vestales quand je me prosternais aux pieds de la Madone.

Avons-nous rivalisé de ferveur et d'amour !... Semaine après semaine, je le voyais devenir l'auteur ébloui des *Fêtes solaires*. Il en ornait sa triste vie laborieuse telle qu'elle n'apparaît pas dans *Le Lit de la Merveille*.

Il nous arrivait après une journée de travail ; jouait avec la rousse enfant de notre amour et partageait notre repas. C'étaient bientôt des oppositions, des indignations, des cris, des jurements sur l'honneur, aussi des rires fraternels et toujours, au moment de la séparation, des « poutous » d'amitié pour triompher des fées malfaisantes, des logeuses acariâtres et de la bête du Gévaudan.

De Montmartre où il était né, cette bête fabuleuse l'attendait à Saugues, au cœur de l'Auvergne, le pays de sa grand-mère où il avait séjourné un assez long temps.

Il était intarissable sur la mémé, l'oncle forgeron et les mille et une bigarrures de ce pays de montagne qui l'avait, si peu que ce fût, initié aux choses de la terre qui sont les seules qui comptent quand on n'a plus rien – et c'était notre lot à tous les deux.

Il remplissait des carnets de sa fine écriture un peu versante. Il écrivait sur les bancs du boulevard, dans le jardin du Luxembourg, à la terrasse des cafés. Il avait le don de s'abstraire et mettait ainsi l'heure du déjeuner au service d'une œuvre dont il ne voyait pas encore le bout du commencement.

À travers ce qu'il me lisait visite après visite, j'entrevoyais quelque chose d'un roman qui lui tenait à cœur. Il y parlait avec amour de la rue Labat, de la tuberculose d'un jeune cousin, des poulbots de la Butte et d'un jeune garçon – lui-même ? son fils ? – qui venait à lui manquer cruellement. C'étaient là souvent, très souvent, vers et proses qui le faisaient pleurer.

Nous passions des heures et des heures – mais trop courtes ! – près de ma coiffeuse de bureau. Pas un texte de sa main qu'il n'eût hâte de me lire ; pas un morceau de ma manière que je ne fusse pressé de lui soumettre.

Il changeait de ton et folâtrait dès qu'une charmante voisine faisait irruption pour le plaisir de baiser l'enfant du druide qui, toujours, toujours, qu'il y eût du bruit et de la fumée, dormait chez les anges.

Il était très cœur allumé et des plus galants avec Geneviève, ma sœur, Mathilde, Jeannette, Suzy, Conchita. Pour leur complaire, il aimait à faire le pitre, laissait trembler son menton et semblait les avoir, les rassembler toutes dans une admiration qui les faisait sourire. On le voyait venir, on s'en moquait gentiment et, l'heure du départ survenant dans les poutous, on le trouvait irrésistible.

C'était ainsi, rue Saint-Joseph, dans notre quadrilatère de chambre où, semaine après semaine, au scandale de Mme Brousse, je décidais de nous donner la fête.

Si nous n'avions su nous la donner, nous y serions morts de médiocrité. Dieu merci, généralement le samedi soir, nous faisions table rase de nos soucis et c'était miracle d'amitié quand Robert Sabatier, Jean Laugier, Jean Vodaine, Jane Kieffer, Robert Lorho et Pierre Michel poussaient notre porte et allumaient nos feux.

Dans ce temps-là, Sabatier m'offrit la carte d'entrée permanente d'Apollinaire au Vieux-Colombier. Elle était signée Jacques Copeau. Je la fis encadrer et je la pendis à la muraille, entre un Christ de Rouault et la jeune fille de Modigliani dont j'admirais les yeux éteints et le cou d'une gracilité qui me faisait penser à celui d'une gazelle.

Encombré de livres et de paperasses, mon bureau attirait d'autant plus mes amis qu'on y trouvait toujours un bout de poème, un commencement de quelque chose, voire le brouillon d'une lettre à Claudel sur le bon usage de la pauvreté.

Ce soir-là, saisissant au vol le sobriquet de « Nounours » dont il arrivait que se servît ma femme à mon endroit, Sabatier dans un vacarme organisé se fit prophétique : « Maintenant que Nounours va obtenir le prix du Goéland, on ne pourra plus lui parler. Déjà qu'il est au mieux chez les Muses, si elles se mettent à le cajoler, adieu prudence !... »

Et de rire !

On riait entre deux verres. On remettait ça. Aux pipes de l'un, aux cigarettes des autres, je répondais par un cigare et à leurs frasques par des pirouettes. On riait de la vieille dame du quai Conti. On la disait peu chatouilleuse. Vodaine prédisait, un peu fielleusement, que Sabatier et moi-même y finirions nos jours, un plaid sur les genoux, aux pieds une chaufferette. On se moquait aussi de Mme George Day, la secrétaire de la Société des Gens de lettres, qui avait la réputation de ne pas porter de culotte. On se jurait d'y aller voir.

Quand la mère Brousse réclamait le silence, on regimbait ferme, avec des mots définitifs et des formules à l'emporte-pièce qui n'emportaient rien du tout. Les visiteurs partis, Sabatier tirant sa révérence, je piochais d'enthousiasme jusqu'à une heure avancée de la nuit. On eût dit que ces visites semainières ouvraient les ailes de mes chevaux. J'en profitais pour prendre de la hauteur. Plus haut ! Toujours plus haut ! Mon chant sourdait à la galopade et cadençait le ciel.

Venait le moment d'ouvrir la fenêtre et, toute lumière éteinte, de permettre à la nuit de nous prendre à ses enchantements. Nous restions de longues minutes dans l'obscurité, à contempler l'enfant que nous avions chérie avant sa naissance et recommandée à la Vierge des Victoires, mère infiniment aimante.

4

Je me suis promené rue Saint-Denis comme un coupable. Je savais que je ne me laisserais pas tenter et, cependant, par avance, j'avais honte de moi. J'avais beau me dire : « C'est pour ton livre !... » ; j'avais beau me lancer avec force : « Il te faut aller voir ce qui se passe derrière la vitrine du tailleur, l'escalier du bougnat, l'arrière-cour du réparateur de scies... », je ne parvenais pas à me rassurer.

Quelle misère ! Se peut-il vraiment qu'on en soit là ? Je ne sais plus si j'ai pitié de quelqu'un ou si je dois me plaindre le long de ces trottoirs qui conduisent en enfer.

Car l'enfer est là, dans les yeux de ces femmes venues du monde entier faire le plus vieux métier du monde. Elles exhibent leurs jambes, leur poitrine, leurs fesses avec une irrévérence qui confine à la crapulerie. On n'est pas chez Rastignac, pas même chez Vautrin, cette vieille galoche, non plus chez Zola, mais chez les feuilletonistes de Belzéboul.

Ici, l'amour est nié. Ici, on proclame qu'il n'existe pas. Rien que sa caricature et l'effrayante mainmise du métier. L'ignoble métier du plaisir avec tout ce qu'il comporte d'abaissement.

J'ai gravi l'escalier ; je me suis trompé de couloir ; enfin une porte s'est ouverte et, derrière le sourire abîmé d'une fausse jeunesse, j'ai vu fleurir le jardin de Schéhérazade avec des oiseaux multicolores et des fontaines jaillissantes. Je me suis allongé sur des mousses ; un ruisselet jasait à mes pieds. Se souvenant d'anciennes bergerades et des lauriers de Virgile, une mandoline disait : « Mon enfant, ma sœur / Songe à la douceur... »

C'est cette douceur qui m'a réveillé. J'ai regardé ma femme et ma fille qui dormaient. Un bengali chantait à la fenêtre de Mme Gabrielle. Pour une fois, le chien de la logeuse paraissait indifférent au lever du jour.

J'ai fait ma toilette derrière le paravent et je suis parti pour le bureau en empruntant le passage des Panoramas.

À travers des vitres qui n'avaient pas été lavées depuis des lustres, j'ai cru voir des Daumier. Des hommes et des femmes de terre cuite, boudinés de bêtise, portant des goitres et des pantalons à sous-pieds qui s'enchantaient du : « Enrichissez-vous » de Guizot et couraient dîner chez Royer-Collard. Pour un bon mot dans une mauvaise bouche, je savais ces redingotes et ces faux-culs capables de tous les calculs et de toutes les turpitudes.

Boulevard Haussmann, un photographe surgi d'entre deux platanes, au lieu de me prendre à l'esbroufe, m'a demandé de poser pour la Postérité. La Postérité ? Elle attendra, la gueuse !

Curieusement, les foules de la Chaussée-d'Antin m'attirent. Il m'arrive de frôler des femmes têtues dans la contemplation d'une gaine ou d'un chemisier. Ces frôlements m'affolent et c'est avec l'idée d'en découdre que je pousse la très lourde porte de la banque.

La tête à la danse, les yeux sur l'horloge, Malin m'y attend en secouant ses épaules jusqu'à les vouloir dévisser. Je ne dis pas bonjour. Il s'en offusque. Je passe outre.

Avec des airs de se pâmer, ces dames me demandent des nouvelles de la petite. Elle dort chez Schéhérazade ! Vous avez entendu ?... Ah, ces soi-disant poètes !... Tenez, M. Lemoigne aura encore manqué son train ! Le voici qui bégaie une excuse. La belle Monique, elle aussi est en retard !

Mon ami Albert prenait son train à Aulnay-sous-Bois et toujours des filles se trouvaient là, à lui manger les yeux. Que sa résistance était héroïque ! Pas même une main courante sur une hanche offerte ! « Et toi ?... Toujours amoureux de ta femme ?... »

Moi, je lui cachais le plus gros de mes rêves et de mes chimères. Il m'arrivait d'ailleurs de les voir s'échapper et d'en être très malheureux.

Dans l'espoir de retrouver quelque sérénité, je courais à Notre-Dame-des-Victoires prier la Bonne Vierge. Là, dans l'ombre du sanctuaire, je me délivrais du bruit de la rue et de la fatigue d'un travail d'autant plus pénible que fastidieux. Je priais de toute mon âme. Ma prière n'était souvent qu'un monologue, mais le plus passionné qui se puisse imaginer.

Toujours les hommes ont éprouvé le besoin de prier et de faire alliance avec des forces qui les dépassent. Dans les lointains du songe, au fond des temps obscurs, on devine des ombres implorant les idoles plus que les divinités. C'est que la peur agit dans les bois et sur les grèves. On se trouve tellement démuni que le bruit d'une branche qui se brise au touffu de la forêt peut déclencher un début de panique.

Quand le torrent se détourne, que la mer se fait dévastatrice ; quand, d'espace en espace le soleil se met à danser au-dessus des nuages ; quand la forêt cesse d'être un refuge pour devenir un traquenard ; quand la monstrueuse salive de la Création vous attache comme une glu aux images grossières des génies malfaisants, les âmes se résignent ou se révoltent en grand concert d'alarmes.

Tout est si terrible et l'homme est si faible ! Plus faible encore lorsqu'il joue contre lui. Il est si démuni face aux éléments dominateurs, qu'il ne sait plus s'il doit lutter encore pour sa vie ou se laisser longuement agoniser dans un trou. À bout de crainte et de tremblements, il invente la parole propitiatoire, la psalmodie, la litanie, le chant et le tragique d'une danse qui prélude au sacrifice. Les sacrifices des vierges et des éphèbes dont les démons sont friands, se succèdent à un rythme qu'il semble que personne ne puisse réfréner. Le premier poème fut ainsi acte d'allégeance de l'homme à la puissance qui l'opprime.

Que les temps sont changés !

Aujourd'hui, *Dieu dit* chaque fois que nous recevons Sa Parole. S'Il se tait, c'est que nous sommes sourds. Si nous La recevons imparfaitement, Elle répercute quand même, à l'infini, ce que fut le dialogue Créateur-créature du Paradis terrestre.

Je n'avais pas trop de mes prières pour embrasser ma femme et prendre mon enfant dans les bras. J'aurais voulu les arracher à la ville qui est néfaste et leur offrir le spectacle d'arbres en liberté à la place de ceux de nos avenues cerclés de fer et de ciment.

J'allais ainsi de prière en rêve attendant le miracle. Il eut lieu vers fin décembre 1950 et fut annoncé par le clébard de Mme Brousse. Quelqu'un montait vers nous que la logeuse interrogeait au passage. Je me penchai au-dessus de la rampe de l'escalier et je reconnus Théophile Briant.

Bouleversé par le tableau signifiant de notre bonheur, il embrassa ma femme, me serra sur sa poitrine et se pencha avec un bon sourire sur le berceau de notre Cocotte. Il en caressa les boucles rousses, décréta qu'elle serait une autre Viviane et fit d'autres prédictions avec ce mélange de conviction et de burlesque qui était sa marque.

Sous l'auréole des cheveux blancs, les yeux bleus vous scrutaient sans qu'il y parût. Ce fut ainsi qu'il chercha à deviner si Violette était heureuse. Pour l'amour de la poésie, il me savait capable de tout et de vivre à la limite du supportable. Il entendait se rendre compte si mon épouse partagerait encore longtemps, sans déchoir, le guignon d'une pareille existence.

Heureux de sa présence, je fouillai dans mes papiers avec la précipitation de lui en soumettre. J'avais besoin qu'on me rassurât sur mes productions les plus récentes. D'un mot, il me fit comprendre qu'il n'avait pas le temps de plonger dans mon travail, seulement celui de me dire que les prix du Goéland seraient décernés le lendemain vers midi, à la brasserie Lipp.

À l'entendre, mon sort et celui des autres candidats dépendaient de Gemaine Beaumont, Yves Nat, Patrice de La Tour du Pin, Léon Bocquet et Maurice Fombeure.

Comme il s'apprêtait à nous quitter, je voulus lui offrir un rafraîchissement, mais nous n'avions qu'une bouteille de cidre dans le seau de la fontaine palière.

Voyant notre embarras – et poussé par la pitié –, il décida d'aller quérir quelque « nectar » dans nos environs et me demanda de l'accompagner.

Sa cape lui donnant des ailes, il prenait toute la cage d'escalier. Dehors, à nuit noire, l'hiver frappant aux ponts, nous vîmes des hommes à mine patibulaire se retrancher derrière une palissade et d'autres s'entortiller de guenilles sur une grille d'aération.

« Ce triste monde est à réinventer », dit Théo.

Rue Montmartre, un patron de bar qui baisserait son rideau dans le quart d'heure, voulut bien nous accueillir.

Nous eûmes le temps de regarder autour de nous et de répondre aux signes d'intelligence de quelques julos qui espéraient trinquer à notre amitié.

Après avoir apprécié la couleur du vin qui nous avait été servi, mon compagnon en huma le bouquet, but à petites gorgées et reposa son verre sur le zinc comme on le fait au théâtre.

« Alors ? fit une fouine glapissante. Ce vin de France est de Navarre, pas vrai ?

– Il est crissant.

– À qui le dites-vous !

– Je le trouve digne de la culotte de la Castiglione... »

Ce fut une soulevée ! Ces quelques mots réveillèrent ceux qui rêvaient d'un canard au sang et ceux qui regardaient mourir une mouche au fond de leur chope.

Théo, bon enfant, demanda au patron de servir cette bredaille et obtint du bonhomme non pas le droit – mais la permission – de sortir une bouteille.

Nous la dégustâmes autour du berceau de notre adorable dormeuse en parlant de Milosz, de Supervielle, de Jean-Claude Brisville dont les débuts prometteurs laissaient augurer une brillante carrière et d'Angèle Vannier, fille de Bazouges-la-Pérouse, qui triomphait de la cécité par les vertus de son verbe.

« Toi aussi, mon Charles, tu nous surprendras tous. Tu as assez souffert pour ça ! »

Il nous quitta avec bonhomie dans les embrassements. Sur un signe de Violette, je décidai de l'aider à trouver un taxi.

Devant la loge, le clébard dans les bras, Mme Brousse dévisagea derechef l'homme qui nous venait voir avec une sorte de suspicion alarmiste.

« Permettez, monsieur... Tout à l'heure, à votre montée, je ne vous ai pas demandé si c'est ici la place d'une enfant de quelques mois.

– Tant qu'elle sera entourée de l'amour de ses parents elle ne risque rien.

– L'amour ! L'amour ! Ils n'ont plus que ça à la bouche ! Ah oui, l'amour et l'eau fraîche comme à la porte Saint-Martin ! »

Elle haussa les épaules, appela Bernadette, lui refila le chien furieux et, sans plus de grâce, chercha sa lampe de poche afin de nous faciliter le corridor de la rue.

« Drôle de paroissienne, dit Théo.

– Elle nous vient de Balzac, dis-je. Riche comme Grandet et pingre comme lui !

– Sois tranquille, nous en ferons une sainte. »

Il me quitta sur ce mot en riant de bon cœur.

Après une nuit des plus agitées, je fus accueilli chez Lipp par M. Marcelin Cazes qui préférait encore les écrivains aux hommes politiques qui fréquentaient son établissement.

Près de l'escalier, je reconnus Ferdinand Lop à son manteau fatigué et à sa lavallière déteinte. Il mélancolisait comme on souffre et vint me demander trois cents francs pour sa plaquette apologétique de Voltaire dont Fombeure s'était gaussé.

Trois cents francs ! Comme si je les avais dans ma poche ! Plus riche, je me serais laissé attendrir pour remercier l'homme à la chaise percée d'avoir écrit : « Une civilisation entre en décadence lorsqu'on y a moins le souci du Beau que celui du Bizarre. »

Le Bizarre est à nos portes !

En 1950, le Bizarre était partout honoré. Il permettait à Soulages de jeter des poutrelles noires dans une nuit sans lune ; à Calder de mobiliser les objets, plus encore ceux d'entre eux qui ont une âme ; à Giacometti de percher très haut des têtes avoisinantes. On eût dit que certaines sortaient du képi du général de Gaulle. D'Aubusson aux Gobelins, on essayait également d'apprivoiser des moutons à cinq pattes. Partout, les galeries à la mode accrochaient à l'envers des trinômes et des trigonométries qui faisaient se pâmer les initiés, les snobs et les gogos.

Vous avez dit *bizarre* ?

Le Bizarre gagnait la théosophie, la théologie, la philosophie et la catéchèse. Les christs se voulaient de plus en plus étiques. En revanche, dans les jardins de Paris et les squares des cités banlieusardes, on exhibait des monstresses avec des gorges de gore et des culs de jument. Quand les enfants interrogeaient leurs mères au sujet de ces matrones de faux marbre, celles-ci éludaient avec des battements de paupières.

De nos portes, le Bizarre gagnait le salon de la baronne et du professeur d'université sauvé par Karl Marx des pesanteurs pédagogiques.

Partout honoré comme une divinité, on en aimait les contorsions, les déjections, les petites merdes et les pourritures.

Je fus tiré de ces réflexions par un Théo que je n'avais pas entendu arriver et qui m'accola un grand sourire aux lèvres. Je le suivis à l'étage où je fus accueilli par des applaudissements.

« Qu'il est jeune ! exclama Mme Germaine Beaumont.

– Jeune, mais avec du vice ! lança Maurice Fombeure qui ajouta au milieu des rires : Faut en avoir pour coucher avec les Muses ces temps-ci !... »

Théo réclama un peu de sérieux et lut le palmarès. J'obtenais le grand prix du Goéland devant André Romus, un poète belge de mon âge.

On prit des photos. Il fallut poser, sourire et embrasser Germaine Beaumont à plusieurs reprises.

On me demanda un discours. Je butai sur cet obstacle-là, mais le bon Théo rattrapa la chose en faisant mon éloge non seulement de poète mais de père de famille.

Fombeure fit la remarque que j'avais beaucoup de courage. Lui, s'il avait su, ne se serait jamais lancé dans l'aventure d'une femme. Des femmes, oui ! Une seule, non !

Patrice de La Tour du Pin semblait étranger à ces gaillardises. Il avait une belle tête d'aristocrate. Je n'osai lui parler de l'admiration que je portais à ses *Enfants de septembre*.

Je n'avais encore jamais mangé de choucroute. Celle qui me fut servie me parut délicieuse.

Quand je reçus les photos parues dans la presse, j'eus du mal à me reconnaître. C'était bien moi, mais avec les yeux d'un Lacenaire qui aurait pleuré aux obsèques de la Malibran.

Les temps obscurs

1

CHEZ Lipp, non loin de la table d'André Breton qui, chaque semaine, réunissait ses derniers fidèles pour le plaisir – littérairement parlant – de les émasculer, Maurice Fombeure, comme je l'ai déjà dit, attendait du monde.

Saisis au téléobjectif de la mémoire, je vois surgir des ombreuses vallées d'autrefois Jean Follain, Luc Bérimont, Paul Chaulot, Jacques Charles, Angèle Vannier, Louis Guillaume, Marcel Arland, Jane Kieffer, Antony Lhéritier, Robert Goffin et Pierre-Louis Flouquet, l'inventeur des biennales de poésie de Knokke-le-Zoute.

J'aurais bien voulu participer à ces rencontres dont Alain Bosquet me vantait les grandes heures, mais j'étais trop inconnu pour y prétendre. Et puis, je ne savais pas frapper aux portes et fenêtres. Ma sauvagerie, plus encore que ma timidité, me jouait le tour d'être désagréable quand je voulais séduire et maladroit dès que je me mêlais de flatter. Péché mortel ; je me sentais très mal à l'aise devant certaines femmes dont on dit qu'elles vous peuvent conduire de *La Revue des Deux-Mondes* à la coupole de l'Académie.

Chez Lipp, au milieu des miens, il m'arrivait de vouloir jouer les agités et celui par qui le scandale arrive. Fombeure riait de mes balourdises quand M. Cazes survenait pour me prêcher modération.

Nos réunions semainières étaient encore moins calmes que je suis tenté de le dire. Elles sonnent dans ma tête comme les cloches des villes endormies au fond des lagunes. Il est vrai que les soucoupes s'accumulant devant les buveurs que nous étions, finissaient par donner de l'audace même aux pusillanimes.

Il nous arrivait de nous en prendre aux « Krafft » qui se réunissaient dans une sorte de petit salon situé dans le coin droit de la brasserie.

Il y avait là Georges de Givray, les Léger père et fils, Marc-Adolphe Guégan, Krafft en personne qui se prenait pour un autre Moréas et une jeune fille brune, intimidée, mais charmante : Christiane Lesparre.

Ce fut depuis la table de Maurice Fombeure que Robert Sabatier alluma les feux de leur amour. J'en fus le témoin et parfois le confident.

En homme de culture, Marcelin Cazes aimait beaucoup les Krafft et faisait grand cas d'un aréopage distingué et bien disant qui, de surcroît, savait accueillir les dames.

Autour de Fombeure, au grand scandale de Carmen qui en perdait ses grands chapeaux, le ton versait de la satire dans le sarcasme, accrochant au passage des généraux pleins de piastres et des ministres : Félix Gaillard, Bourgès-Maunoury, François Mitterrand que le père Queuille condamnait à devoir vivre ensemble.

Régulièrement, M. Cazes survenait depuis son bureau pour nous demander de faire moins de tapage. Jane Kieffer en riait au plus haut et reprenait ses airs de voltigeuse sidérale. Elle se voulait fée, magicienne, appelée par les anges à alimenter un feu d'étoiles. Sa poésie en appelait aux navigations célestielles. Elle avait donné sa fille Rolande, à Robert Lorho, un gentil ménestrel de mes environs.

Le mari de Jane, Joseph Maigrot, se trouvait être l'entraîneur de l'équipe de France d'athlétisme et bénéficiait de l'estime de tout ce que notre pays peut compter de sportifs.

Il ne portait à nos jeux d'esthètes qu'une navrante indulgence et trouvait, en son for intérieur, que nous perdions un temps précieux à des balivernes.

Il ne mettait jamais les pieds chez Lipp où, coincé entre Luc Bérimont et Catherine Paysan, je m'adonnais à des pitreries que mon âge ne pardonnait plus.

Catherine Paysan, je l'avais connue, place Saint-Michel à la Boule d'Or. En robuste Sarthoise, elle disait de ses textes en se dandinant. Les rieurs de la brocarder et moi, avocat des causes éloquentes, de la défendre du bec et des ongles.

Elle en fut reconnaissante et me demanda de préfacer *Pour l'âme des cavaliers*, son premier recueil de poèmes.

Ainsi, je parfilais des préfaces dans un âge où l'on aime à en recevoir des maîtres. Je ne devais plus cesser d'en écrire et pour me faire plaisir et pour me dispenser d'aller frapper à la porte de Georges Delattre pour un acompte, car il m'arrivait de me faire payer mes « exercices », ce qui était bien la moindre des choses.

Il arriva que je rompisse la glace qui séparait les Krafft des Fombeure. Ce fut chez Lipp comme une désopilante révolution.

Pour avoir participé à l'émission de Pierre Emmanuel, « Le Poète et son image » et y avoir fait scandale aux yeux de certains, je fus salué en pleine brasserie par Marc-Adolphe Guégan qui lança à la cantonade : « Voici un poète comme je les aime : Je l'ai entendu crier sa colère et sa dégoûtation dans le poste ! Cette violence est sacrée et d'autant plus légitime. Voici un poète qui ne donne dans aucun conformisme. Qui les écarte tous avec une sublime indignation… ! »

Il est vrai qu'à l'époque de mes grands chevaux, il m'arrivait souvent de gueuler que j'avais mal au monde, mal à ce monde qui se mutile dans ses pauvres enfants.

Guégan prit sur lui de me conduire à la table de Gustily Krafft et de m'y présenter en chevalier de Bretagne, ce que j'étais, bien évidemment, en ce temps-là.

Krafft fut charmant. L'ayant pleinement rassuré sur l'usage des diérèses et des synérèses, il eut des égards et des attentions. Il poussa les choses jusqu'à me faire servir un thé de Ceylan que je dégustai du bout des lèvres, à suçotements résignés.

Cependant, plus que Krafft et ses versificateurs, m'intéressait André Breton retour des États-Unis où, pendant la guerre, il avait fait le gamahucheur. Je le voyais entouré non plus de compagnons, mais de zélateurs et de kamikazes qui se seraient jetés dans le feu du diable pour lui épargner de brûler en enfer.

Depuis belle lurette, Jacques Baron, Aragon, Soupault, Éluard avaient rompu avec ce pape fornicateur. Les uns, portés sur les ailes du marxisme-léninisme, les autres, découragés par les credo contradictoires, les ukases et les anathèmes du pontife, jamais plus heureux que de respirer l'encens de ses camériers et d'avoir des caudataires agenouillés à ses basques.

Il y avait d'éloquents silences à cette table-là et parfois des mises au point plus définitives que véhémentes. Généralement, les derniers adorateurs du dieu sacrilège, en oubliaient de noter ses propos et les scolastes vérités qu'il laissait tomber d'un Olympe sur mesure.

Comme Moïse sur le Sinaï, je ne voyais, de la place que j'occupais, que le profil en médaille de Sa Divinité. On me trouvera sans doute bien irrévérencieux, mais je n'ai jamais eu de goût pour les dieux de l'abîme, fabricateurs de ténèbres et imprécateurs forcenés.

Il n'était plus question de Breton quand le père Bayet – grand-prêtre de l'Université et de la franc-maçonnerie –, compissait le carrelage sans bouger de sa place. Sur un signe du maître d'hôtel, les garçons, sarcastiques, apportaient de la sciure, lui en lançaient aux pelotes, puis donnaient un furieux coup de balai. Une demi-heure après, le grand homme ayant dégusté trois gueuses, exigeait que, de nouveau, la valetaille intervînt. Ce qui avait été bu ruisselait entre les jambes du Commandeur sans que celui-ci en parût gêné le moins du monde.

Maurice Fombeure qui savait ce que boire veut dire, excusait ces écarts et les nôtres ; rappelait les garçons à plus d'humour et tenait tête à Marcelin Cazes quand l'un d'entre nous, pour s'être mal conduit, se voyait contraint de prendre la porte.

Ce Fombeure que j'ai beaucoup aimé était un homme de haut langage et un poète toujours battant. Il avait tout le village français dans la belle unité de son verbe. Il frappait bien l'enclume gauloise. Il gauloisait toujours à bon escient. Il était dru, juteux, ironique, sans malice, pas toujours sans méchanceté. Et puis, comble de grâce chez un poète de la modernité, il était clair. Il chantait et pleurait comme l'enfant sans mère qu'il avait toujours été.

Quel est ce cœur qui me parle à l'oreille
D'araignées d'eau, d'Espagnes, de tambour
D'un battement doux comme bruit d'abeille
Quel est ce cœur qui me parle d'amour ?

Il voulait sauver la poésie française des maniaques qui cherchent à lui enlever toute moelle et toute odeur de fraise sauvage. Il prêche sans doute pour sa petite fleur bleue, il en a le devoir. Il s'émerveille des gouttelettes d'eau tombant des arbres quand les matins sont à la pluie et que les ablutions du monde lavent le soleil. Il est une oasis dans un désert d'intellectualisme forcené, de fausses audaces et de sécheresse affreuse.

Cela sent l'assemblée ; l'accordée villageoise avec nougats et pralines ; les feux de la Saint-Jean ; la rivière aux oies et les feux d'artifice. Regardez mieux : bêtes et gens déambulent en se donnant la main, en se tendant la patte. Des musiques avant toute chose ! Des musiques galantes, vert-galantes, gaillardes merveilleusement, comme improvisées toujours.

La nuit, chez la mère Brousse, les musiques de Fombeure et d'autres, de Ronsard, de Musset, de Laforgue, de Verlaine, d'Apollinaire me liaient à ma chaise jusqu'aux aurores.

Je travaillais tant que je tombai d'épuisement et que le médecin de la banque dut me délivrer un congé maladie de deux semaines. J'en profitai pour mettre au point un volume de vers que j'intitulai : *Les Temps obscurs*.

C'étaient des poèmes que m'avait donnés la Vierge noire que les gitans honorent aux Saintes-Maries. J'y disais toutes les turpitudes dont j'avais été l'auteur et la victime depuis ma naissance. Le soleil y fait parfois la roue ; le plus souvent c'est la lune qui verdit les pommes et tourne le cidre. Ils sont la respiration et les suffocations de ma gueuserie.

Au moment de les adresser à Marcel Arland, chez Gallimard, mon ami Jean Laugier m'apprit une grande nouvelle : il publiait *La Huitième Couleur*, son premier recueil, aux éditions René Debresse, et devenait directeur de collection.

N'aimant pas trop risquer et redoutant les refus des éditeurs parisiens, je décidai de paraître dans « La Collection des Neuf », dont il était l'inventeur, le secrétaire perpétuel et le zélateur infatigable.

Comme tant d'autres l'avaient fait avant moi – après moi plus encore –, je passai par le bulletin de souscription. Je l'insérai entre deux poèmes et l'éparpillai à la rose des vents.

Hervé Bazin, Georges Duhamel, François Mauriac furent parmi les premiers de ceux qui me voulurent aider. Déjà sourd, Paul Claudel fut muet. Cependant, au bout de quelques semaines, j'avais placé plus de trois cents exemplaires de mon ouvrage.

Nonobstant les tirages de *Caroline chérie*, c'était un succès et qui fut regardé comme tel par les débutants que nous étions tous alors, et aussi par certains mentors qui aimaient à s'entourer de jeunesse et qui donnaient avec facilité dans la prophétie.

Laugier décida que Soulages me donnerait un hors-texte, puis il m'emmena rue de l'Université, chez René Debresse, « le bon éditeur ».

Curieux homme que ce Debresse. Le visage est mince, osseux, le nez pointu, la bouche hésite entre la contraction gravissime et l'ironie. Les yeux bleus vous font approuver une chevelure de neige. La poignée de main est d'emblée amicale.

On parle. Duhamel, Mauriac, Bazin... On s'émerveille de si haut parrainage. Cela dit, on passe au bistrot pour décider du choix des caractères, de la qualité du papier et de la couleur de la couverture. Un premier vrai livre, cela demande que l'on porte attention à tous les détails.

Laugier affine, peaufine, ne regarde jamais à la dépense et paie sa tournée tandis que sur un coin de table, Jacques Yonnet corrige les épreuves de ses *Enchantements de Paris*. Il est dans son ouvrage comme un moine dans son froc, et n'accepte de trinquer avec nous et de trinquer encore (car la soif est ardente entre Montjoie et Montfaucon), qu'à la condition que nous respections son travail. Alors, à la tienne, Étienne !

On se quittait après avoir « remis ça » et toujours, au moment de la séparation, René Debresse nous souhaitait de « joyeuses Pâques ».

Je fus impatient de voir ce premier vrai livre sortir des presses. Plus nerveux, plus fiévreux peut-être que pour la naissance de Jacqueline. C'était du moins l'avis de ma femme qui se trouvait bien délaissée.

Je lui revins avec un exemplaire numéroté, sur Hollande, et le lui remis avec un envoi digne de Ronsard. Un volume identique serait adressé à mes parents avec une dédicace très affectueuse. Marie, ma bienfaitrice et correspondante du temps que je me soignais dans un sanatorium, ne serait pas oubliée, Hervé Bazin non plus.

Je n'oubliai personne et tant était grand mon bonheur, que je distribuai quelques exemplaires de l'édition courante à des collègues qui se mirent à me regarder comme un jobelin.

Il aurait fallu davantage pour entrer dans les bonnes grâces du père Malin qui décréta que nous vivons dans un monde où tout le monde écrit et que sa fille, du haut de son agrégation, nous allait étonner tous.

Chères, chères illusions de nouveau perdues ! Je rentrai dans ma coquille et me fis taiseux. Tout m'insupportait à commencer par le sourire goguenard d'Albert Lemoigne et de Monique, notre belle égérie.

J'entrai dans des jours sans grâce, sans horizon. Ma seule joie était de me réfugier dans les bras de ma femme et d'accueillir ceux de mon enfant qui commençait à me parler d'amour.

Qu'elle était belle et qu'elle dansait bien sur les genoux de Robert Sabatier, lui tordant le nez, lui pinçant les pommettes, lui chatouillant les oreilles ! Il ne parvenait plus à se débarrasser de la diablesse et, pour la punir, l'accablait de friandises.

« Ça, disait-elle en montrant mon bureau, c'est à mon papa ! »

Je pouvais y laisser mes papiers en vrac, pour rien au monde elle n'y aurait touché. Elle se fit la gardienne de mes écrits les plus secrets.

Elle m'apportait son nounours qu'elle minourait comme une vraie maman et, besoin d'être rassurée, elle courait se réfugier dans les bras de sa mère. Elle faisait de longs discours et sautait au cou de Suzy ou de Conchita quand celles-ci éprouvaient le besoin de sa gracieuseté.

Ce fut Mme Gabrielle qui la réchappa de la rue, un soir que nous l'avions crue endormie et que nous étions partis à la foire Saint-Germain.

Dans le corridor, notre voisine la vit avec la robe de chambre de sa mère qui lui tombait aux pieds.

« C'est toi, ma Cocotte, mais où vas-tu à cette heure qu'il fait nuit et que les chiens sont méchants ?

– Chercher papa-maman !

– Ils vont arriver. Je les ai vus. Ils arrivent ! Viens donc voir mon bel oiseau ! Il dort dans sa cage. Tu pourras quand même le caresser. »

Mme Gabrielle qui ne nous aimait guère pour tout le bruit que nous faisions au-dessus de sa tête, fut notre bonne Samaritaine. Je ne l'ai jamais oublié. Quant à Mme Brousse, dès qu'elle eut vent de l'affaire, elle nous convoqua à son tribunal et nous demanda si nous étions des parents responsables. Abandonner une enfant de cet âge en pleine nuit ! « Et tout ça pour plonger avec vos pareils dans une importance que vous n'avez pas ! Revenez donc un peu sur terre, monsieur Charles !... »

J'ai beaucoup pardonné à Mme Brousse de nous avoir infligé cette leçon et je me suis réjoui d'apprendre que notre Cocotte avait su toucher le cœur de la bougresse.

2

COMME je sortais de la banque, je fus abordé par un homme qui se mit à me parler de mon recueil comme d'une œuvre marquante. Il se disait chargé de me transmettre les félicitations de Maurice Noël, le rédacteur en chef du *Figaro littéraire*, et de me consacrer un article dans ledit journal.

Nous prîmes rendez-vous pour le lendemain dans ce café de la rue d'Amsterdam où Max Jacob fit la rencontre de Guillaume Apollinaire.

Il travaillait à la pige pour différents magazines et hebdomadaires parisiens et s'appelait Sylvain Zegel.

Entre deux bières, il me demanda si je connaissais le questionnaire de Marcel Proust ; pourquoi j'avais interrompu mes études et ce que je pensais des romans de François Mauriac qu'il ne prisait guère quand je plaidais pour *Genitrix* et *Thérèse Desqueyroux*.

« Vous êtes dans ce formalisme ? Pas dans vos vers en tout cas ! »

Je ne savais que répondre et j'avais peur, connaissant l'importance de Mauriac au Rond-Point, chez Pierre Brisson, de me faire taper sur les doigts si je me laissais aller au plus petit dénigrement. Et puis, ayant toujours regardé l'auteur du *Mystère Frontenac* comme un des maîtres de notre littérature, je n'avais pas à feindre.

Sur les boulevards il me demanda ce qu'un garçon de ma sorte pouvait attendre de Paris. Je fus incapable de lui répondre de manière satisfaisante. Peut-être la gloire !

« Et si vous deviez émettre un vœu ?

– Ce serait de trouver un appartement pour le bonheur de ma femme et de ma fille. »

Huit jours plus tard, je lisais le plus gros de ce que j'avais dit, dans le journal de Maurice Noël. Il y avait aussi une photo et « Litanies », un poème extrait de mon recueil, *Les Temps obscurs.*

Seigneur qui tant m'aidez à vivre
Rendez-moi l'anneau du passé
Les neiges d'antan et le givre
Et l'amour des premiers croisés
Je ne suis pas né sans étoile
J'ai mon ourse et ma voie lactée
J'ai trois dieux dans ma cathédrale
Ce pluriel vaut un singulier...

Heureux, comme libéré de la pesanteur, j'invitai ma femme à de modestes régates sur le lac du bois de Boulogne. Jacqueline, qui venait d'avoir trois ans, serait de toutes nos parties.

La poussette de l'enfant rangée en lieu sûr, la barque était là, dansant au gré d'un très léger ressac. Suivait l'embarquement pour Cythère. Nous aborderions à l'île d'Aphrodite puis, délaissant les temps païens, nous cinglerions vers l'île Notre-Dame.

Ma femme se saisissait des avirons tandis que je m'installais à la proue de notre esquif, l'enfant serrée entre mes genoux. Elle était notre petite sirène. Elle disait voir se faire et se défaire des bêtes fabuleuses au fond des eaux. Par ses yeux, il m'arrivait de surprendre quelque chose du monde en ses préludes. Elle était à ce point sensible au clapotis de l'onde, qu'elle battait des mains et s'écriait : « C'est à moi ça ! » Tout lui appartenait : les barques, leur léger ballet, et les nuages.

Cet instinct de propriété qu'elle affichait partout, lui venait confusément de ce que nous ne possédions rien. Il y avait là comme une anomalie dont elle se voulait justicière.

Sur le lac, nous avions tout à profusion : du soleil, de la lumière, une lumière changeante et douce, du silence et du vent à vous caresser le visage et à vous déboucler les cheveux.

L'enfant ouvrait les bras et les refermait sur sa poitrine, heureuse d'avoir saisi la brise la plus parfumée pour l'offrir à sa mère.

Là, près des halbrans qui s'approchaient de notre bord comme pour demander à notre Cocotte d'aller s'amuser avec eux (ce qu'elle aurait fait si mes genoux ne l'avaient solidement enserrée), je me disais que si pauvres que nous étions, Dieu nous avait donné l'amour d'un ange.

Ô joie ! Ô tendresse ! Sans argent, sans preuves du lendemain, nous avions l'innocence des bras qu'elle nous jetait autour du cou pour nous dire que nous étions le sel de la terre et le ciel de ses yeux.

En vérité, elle était si vive, si vivante, si bien mise avec son béguin blanc à paillettes d'argent et son manteau de velours bleu, que les gens de nos promenades me venaient demander la permission de la photographier.

Ce dimanche-là, je l'emmenai à la messe des banquiers, célébrée à onze heures et demie à Notre-Dame-des-Victoires. J'étais toujours très friand du prône du vieux curé qui allait jusqu'à bousculer le propre de l'office et les sacro-saints usages, pour donner à la Parole la passion de son feu et le temps de son efficace.

Nous entrâmes dans le sanctuaire à grandes orgues. Elles semblaient de force à soulever le toit, à envoler les gargouilles et à frapper le firmament. Nous étions pris dans une sorte de panorama sonore, et drossés contre le ciel du Seigneur comme il arrive que la tempête le fasse d'un bateau contre les rochers.

Quand la musique se tut dans une grande paraphrase verticalement vibrante, Jacqueline me tira le bas de la veste. Je me penchai pour l'entendre me souffler à l'oreille : « Papa, le Jésus a éteint sa radio. »

Les vacances chez mes parents, au château de Limoges, permirent à Jacqueline de s'ébattre en pleine nature avec des fillettes de son âge. Notre père lui donnait aussi la main pour l'emmener voir ses élevages de lapins russes.

Il nous arrivait d'abandonner notre princesse aux parents et de partir à bicyclette vers les chemins côtiers. Ce sont des kilomètres à l'abri du monde. Une sorte de réserve avec une qualité de silence vraiment exceptionnelle. Ici les arbres découpent des plans marins d'une merveilleuse harmonie. Revenus de tous les appareillages et de toutes les partances, des bateaux morts attendent au fond des criques broussailleuses que la mer refasse du ciel et que le temps tourne court.

Des pinsons chantent. Au-dessus de nous, une grive exulte sans rompre le silence. Des mouettes planent et se posent au milieu de roches recouvertes d'algues. Pareil à un moine capitulaire, un cormoran s'éploie vers le large tandis que des nuages pommelés dessinent dans le ciel des isthmes et des continents fabuleux.

Nous sommes baignés d'odeurs, tout frottés de lumière et de beauté. Il nous arrive de nous parler de notre joie, de nous entretenir de ce bonheur entrevu et de nous arrêter de marcher pour lui donner son nom.

Parfois, d'un trou de verdure, jaillit une fontaine ; parfois, c'est un calvaire infiniment rustique qui fait corps avec le rocher. Nous continuons notre chemin portés par notre ferveur.

Quand un homme bêche les herbues de la mer, histoire d'en extraire des appâts, nous le saluons avec gravité et respect. Il se redresse pour nous regarder et, voyant Violette, ses yeux laissent passer une lueur de convoitise que je comprends, si je ne l'approuve pas.

En vérité, ces rencontres sont rares sur ce chemin secret qui conduit au meilleur de soi-même et qui permet de recommencer le rêve d'un monde sans logeuses, sans bureaux et sans banques.

D'ici, nous savons que notre salut est en marche. Qu'il marche avec nous. Qu'il nous devance. À nos pieds, les goélands s'organisent et les sternes s'ensauvent jusqu'au milieu des vagues d'où elles nous reviendront avec des cris inaudibles et de la poussière d'astres sous la plume.

Battus de lumière, des bateaux émergent de l'horizon tendu comme une corde. Il arrive qu'un sablier, en route vers Vannes, menace de verser ou qu'un chalutier fasse semblant de vouloir s'approcher du rivage, mais c'est pour contourner une balise et prendre le chenal. Une flottille disperse à la poupe des embarcations des entrailles de rougets et de daurades sur lesquelles les mouettes plongent, craillantes et voraces.

Tout cela nous rassure et nous réjouit. Tout cela nous vient du fond du temps avec le vent vert qui bat plus intensément le ressac. Nous sommes là, grisés, en attente de toutes les métamorphoses. Si nous ne changeons pas d'apparence, je sais que nous marchons sur les flots et que nous allons jusqu'aux îles mussées là-bas dans les miroitements du songe.

Je dis à Violette que nous sommes libres et jeunes, aussi jeunes que le jour qui nous favorise. Un galet, une fleur, un insecte entrevu dans le feu saillant des éboulis, tout entre dans cette liturgie dont nous sommes à la fois les dieux émerveillés et les humbles desservants.

Nous sommes allés déjeuner à Saint-Gildas-de-Rhuys qui garde le souvenir d'Abaylard. Il y avait des fruits de mer et de la selle d'agneau. Le vin provenait du mont Ventoux. Nous lui avons fait fête.

Un peu gris, à la fin du repas, je me suis répandu en souvenirs. J'ai parlé de nos vingt ans rue du Faubourg-Montmartre. C'est à partir de là que nous avons fait richesse de notre pauvreté. J'ai dit que nous retournerions au Vieux Gaulois, en pèlerinage.

Notre retour au château m'était joie de voir Jacqueline dans l'amour de ses grands-parents. À table, notre père la voulait sur ses genoux. Au courant de ce qu'elle aimait, maman lui servait les meilleurs morceaux. Pour lui complaire, un petit lapin gris courait sur le parquet et, tout à fait effarouché, regardait par la fenêtre la chevelure d'un palmier.

Quand la petite le voulait caresser, il m'était demandé de l'apporter et de le laisser naviguer entre nos assiettes. Il n'en fallait pas davantage pour que notre Cocotte battît des mains en disant : « C'est à moi ça ! »

Un soir Violette s'étonna de lui voir les pommettes écarlates. Elle devait avoir de la température. « Ne cherche pas, ma fille, dit maman, la petite est saoule !

– Comment, saoule ?

– Le peu de cidre que tu lui donnes, c'est déjà trop.

– Le cidre n'est pas alcoolisé...

– À Paris peut-être... »

Ce fut un immense éclat de rire.

Rentré à Paris, j'éprouvai pour la première fois le désir de m'y bien comporter. L'article d'Armand Robin sur *Les Temps obscurs*, dans la *N.R.F.*, y contribua grandement.

Robin était de Plouguernével comme je suis de Plescop. C'était assez pour que l'amitié naquît entre nous. Avec Hervé Bazin, Théophile Briant et Jean-Daniel Maublanc, il fut de ceux qui me délivrèrent lettres patentes dans un art qui fait profondément appel à la subjectivité.

À l'affût de tout ce que pouvait donner la Bretagne, il n'oubliait rien de ce qu'avait été sa vie avant que son intelligence ne lui eût joué le mauvais tour de l'arracher à sa terre.

Fier du papier qu'il m'avait consacré, je lui écrivis pour le remercier, mais il voulut me connaître. J'eus la faiblesse de l'inviter rue Saint-Joseph.

Notre vaine splendeur le blessa. Je le vis à son visage où passaient tour à tour lumières et ténèbres. Ni le sourire de ma femme, ni le babillage de notre enfant ne parvinrent à le séduire. Je me rendis compte qu'il se posait des questions – et des plus angoissantes – sur ses amis. Parmi eux, qui jouerait le rôle de Judas ? Qui le livrerait à la criminelle arrogance de Caïphe ?

Il n'était pas à l'aise dans une conversation qu'il fuyait après l'avoir provoquée. Il s'arrangea pour que je fusse toujours en porte-à-faux et ne goûta de notre vin que du bout des lèvres. Il refusa toute nourriture. Il n'avait pas faim. Il n'avait faim que de vérité. Il se disait malade des gens qu'il rencontrait, de leurs divagations et de leurs langages ineptes qu'il qualifiait d'obscènes.

Il n'aimait pas qu'on allât dans son sens. Il avait horreur qu'on lui donnât raison. Il suspectait qui se permettait de penser comme lui. Les futilités, les frivolités, les préciosités des snobs et des salons où ce genre-là trouve à s'épanouir, le faisaient enrager.

Homme inadapté au confort, au bonheur, aux usages, il ne comprenait bien que la blessure des mots et, par avance, acceptait qu'ils le blessassent. Il m'apprit que sa première cicatrice remontait à l'enfance au sein d'une famille encrassée aussi bête que méchante.

Il me disait avec les rictus du coin de la bouche que Jean Guéhenno et des auteurs attachés à « la sociale », lui avaient fait miroiter les magnificences d'un Paris qui n'existait pas.

Seul, « surgi des illettrés », il se crucifiait sur les bois de toutes les dérisions et mesurait avec une lucidité sans égale, le chemin qui sépare le poète de celui qui, ne l'étant pas, s'en fait juge.

Il me confia que ses nuits étaient consacrées à l'écoute des mots galvaudés sur toutes les ondes. Babel baroque à jeter dans le feu purificateur du Très-Haut. Polyglotte – il se vantait de parler vingt-quatre langues – il écoutait le monde entier crier sa satisfaction de s'enfoncer dans l'abîme. Tant de bavardages, tant de mots perdus pour des appels à la haine, à la guerre, à la mort, le refermaient sur lui-même douloureux, amer, exténué.

« Je ne suis pas adroit, disait-il, je suis droit. » Né du peuple, en Savonarole, en Saint-Just, il vous adressait par la poste ses salutations anarchistes après avoir cherché à vous prouver « qu'on peut venir à bout de tout par la pureté ».

Un jour que je le rencontrai dans le bureau de Mme Jacques Bour aux éditions Gallimard, il me lança : « Je ne vous serre pas la main et je vous interdis de parler de moi. Je vous interdis de dire du bien de moi. En revanche, dites de moi tout le mal que vous pensez. Salissez-moi ! Crachez sur moi, vous me ferez plaisir. »

Ses lettres se voulaient toujours comminatoires. Il y dénonçait mon parisianisme – mon parisianisme ! – et ce qu'il appelait ma « collusion avec la police et l'association des malfaiteurs ».

Il m'écrivit à la banque et m'accusa de travailler pour le grand capital. Dans une autre missive adressée à mon domicile, je pus lire : « Je sais pourquoi vous n'entrerez jamais à la *Nouvelle Revue française*. Vous avez vendu votre âme au diable. »

Je l'avais, à mon corps défendant, vendue sans m'en être rendu compte. Je n'en étais que plus malheureux.

Arriva le moment où il me fit savoir que pour le cas où Paris nous ménagerait d'autres rencontres, il me faudrait rester à bonne distance de sa personne ; ne jamais lui adresser la parole ; ne l'approcher sous aucun prétexte.

Je ne tins évidemment aucun compte de ses mandements et lui dis son fait publiquement, dès que l'occasion m'en fut donnée.

Ma défense – à la limite de l'injure – mit une sorte de blêmité sur son visage. Je poussai mes pions et lui parlai de cette société de consommation dont il se voulait le dénonciateur le plus extrême. À sa grande stupeur, je clamai haut et fort qu'il y prenait ses aises plus que moi-même. Ne possédait-il pas une auto ? un appartement ? alors que je me contentais d'une chambre de bonne et que j'allais à pied !...

Non, camarade, non et non ! Je n'ai jamais fait partie de ce que tu appelles « l'association des malfaiteurs », mais toi, le pur, le preux, n'adresses-tu pas tes « notes d'écoute » au ministère de l'Intérieur ? Holà, mon beau gamin ! Attention, Léon !

En vérité, il était très malheureux de ne pouvoir se couler dans un monde qu'il rêvait de détruire. Il n'était délivré que le soir, dans ce que d'aucuns ont pu appeler son taudis de la rue Falguière. Là, l'oreille collée à la radio, il prenait sa revanche. C'était la revanche de la nuit. L'oubli de ses blessures passait par l'image d'un Christ imprécateur dont il recherchait la miséricorde en s'identifiant à sa croix.

Sa mort, dans un commissariat de police, aurait pu faire scandale et donner lieu à une enquête sérieuse. Or, l'affaire fut classée au bout de quelques jours.

Dans *Le Figaro*, Jean Guéhenno qui avait été son professeur, tint à saluer son départ. Il le fit maladroitement car il méritait mieux que le peu d'encens dont il l'aspergea comme à regret, quand il eût fallu des regrets éternels.

3

Ce fut un hiver terrible. Un vagabond gîtait sous l'épicerie de Mme Moutarde. Il déclouait une planche de la montre et, tout entortillé de guenilles, il se glissait dans cette cache comme insensible à l'emprise de la froidure. En rentrant de la banque, je le voyais mussé dans ses hardes, raide, pareil à un mort.

L'idée ne me vint pas d'alerter Mme Brousse. La misère des autres ne m'était plus rien. Je me demandais seulement ce que ce vieux galochard de Maurice pouvait devenir pendant toutes ces nuits qui transformaient la Seine en banquise.

Fin janvier 1954, j'appris par télégramme que notre père venait d'être conduit à l'hôpital. Il me fallait voler à son chevet. Comment faire ?... Pas le premier sou pour prendre le train. Ayant déjà demandé plusieurs acomptes à Georges Delattre, il me restait à « taper » les filles. Jeannette, Conchita et Suzy étant démunies autant que moi-même, Mathilde, en fourmi dont on se moquait volontiers, voulut bien m'avancer cinq mille francs en me faisant jurer que je les lui rendrais sous huitaine.

Gare Montparnasse, je vis mon frère qui, retour d'Indochine, travaillait dans un garage de Pantin. Lui aussi avait été prévenu par télégramme.

Nous eûmes deux places dans le même compartiment, mais passâmes le plus clair de la nuit à fumer dans le couloir.

René était persuadé que notre Jean-Marie allait s'en sortir. J'étais loin de partager cet optimisme. Rassuré, je ne l'étais pas du tout.

À la lumière des veilleuses et au rythme des ronflements – tandis que le fol hiver givrait les arbres qui défilaient le long de la voie –, nous fûmes au Parc-Lann, au moulin du Guern, au cachot de la rue de Séné, au château de Limoges, à Plescop, avec les frères Mostade, à Meucon, à Saint-Avé, à Chanticoq, partout où nous avions fringué avec Geneviève et les cadettes. Dieu, ce que le temps de notre enfance avait duré ! On entendait encore le battoir de maman lavant nos guenipes dans la Marle et les enrouements du vieux coq, parti mourir dans les ajoncs comme le faisaient, dans le grand âge, les Indiens Cherokees dans les romans de Gustave Aymard.

Nous nous sommes souvenus de notre équipée jusqu'à la prairie où Geneviève, pendant les vacances, gardait les vaches de l'oncle Arthur. La joie nous souleva lorsque nous la vîmes au milieu du troupeau, une fourche de coudrier dans les mains, cherchant des sources.

Elle nous embrassa de bon cœur, puis nous demanda de nous asseoir sur l'herbe et de faire honneur à son franc-manger. Nous partageâmes des tranches de pain noir frottées de beurre et bûmes un cidre bien frais pour avoir séjourné dans le ruisseau.

Notre déjeuner expédié, nous avons inventé des jeux et poussé jusqu'au bois. Retenant notre respiration afin de nous fortifier de celle des grands arbres, nous avons célébré une messe pontificale. À l'aide de signets de roseaux, je lisais à haute voix dans le Livre de Dieu. Geneviève répondait *amen* à mes orémus et René, très digne, épeuré plus encore, tenait les burettes. Il mélangea l'eau et le vin dans des proportions raisonnables et quitta notre cérémonie pour courir après un geai blessé.

Nous le rappelâmes et ce fut la communion sous les deux espèces suivie de cantiques et d'invocations rituelles pour les âmes du purgatoire et les morts de notre clan, groupés au ciel autour de notre vieille tante.

À nuit tombante, que de larmes au moment de nous séparer. Jamais nous n'avions été frères et sœur à ce point. Jamais !

Nous jurâmes à Geneviève de la venir chercher sous huitaine. Parole tenue ! Ce dimanche-là, par les routes de Saint-Avé, l'allégresse nous donna des ailes.

Sortie de sa chaumine, une bondieuse fut offusquée de notre joie. Si les pauvres dansent et chantent sur les chemins, où allons-nous Seigneur !

« C'est à vous ces dissipés-là ?

– Ils ont les jeux de leur âge, dit maman.

– À votre place, j'enverrais ça à la queue des vaches pour leur apprendre à s'agenouiller au pied de la Croix.

– Nous la portons à notre manière.

– Alors tant pis pour vous. J'avais du far à vous offrir, mais vous voilà si bien contents, que je le garderai pour de vrais besoins... »

Nous avons beaucoup ri, entre Chartres et Laval, de n'avoir été – dans la liberté des arbres – que des écureuils.

Malgré nos drames et nos malheurs, mon frère gardait de toutes ces années comme parties en fumée, un souvenir ébloui. Il disait que nous avions eu la chance de grandir sans contraintes dans l'amour de nos parents.

« Tu te souviens, Marcel ?... »

C'était l'année de la médaille militaire de papa ; c'était le départ de René de l'Assistance ; le mariage de Marie-Jo et, la veille du mariage, la ferme détruite par le feu en pleine nuit ! C'était aussi, plus haut que tout dans notre mémoire, la vieille tante montant dans le char à bancs de Guhur et sa descente chez les petites sœurs, pour doucement s'endormir.

« Tu te souviens, dans la lande, quand on allait aux champignons et que le point du jour tardait à nous rassurer ! Fallait pourtant arriver les premiers pour la cueillette ! Et dans le verger des Guillo de Guillodec, dis, tu te souviens des bigarreaux, des prunes, des poires pleines de guêpes, et de Joseph qui nous lançait son chien aux fesses ! On a été heureux, non ?

– Tu l'as dit. On avait de la paille dans les sabots et jamais un manteau, l'hiver pour séparer le vent de la neige.

– Qu'est-ce que ça peut faire ? On était frangins, pas vrai ? Et nos poules qui pondaient des œufs à deux jaunes ! Et nos poussins qui se cachaient dans les ronces quand un épervier planait au-dessus du marais ! Et nos cris, quand maman partait vendre son beurre à Vannes et qu'on se croyait abandonnés... Ça, on peut dire qu'on a été heureux !

– Avec des chagrins et des larmes.

– Et des colères ! Tu te souviens, quand la boulangère t'a refusé le pain de six livres, tu te souviens comme tu as gueulé ? Qu'est-ce que tu lui avais fait à c'te salope pour qu'elle nous enlève le pain de la bouche ?

– Maman avait oublié de la régler. Pauvre maman, toujours à la recherche de trois sous. Dieu merci, en ces jours-là, Mme Jahier nous fut providence. Elle ne nous a jamais refusé la tourte et la pesée.

– Ah oui, la pesée ! Tu te souviens comme on se battait pour en avoir un morceau quand Geneviève, la Chinoise, voulait tout pour elle ?... »

Il est heureux d'être rentré d'Indochine et d'avoir trouvé du travail dans sa partie. Il affecte un parler légèrement parigot pour, à l'occasion, en remontrer aux ploucs restés au village. Je crois qu'il fume encore plus que moi. Il regrette que le bar soit fermé. À cinq heures du matin, il aurait besoin d'un bon café arrosé de ratafia.

À partir de Redon nous n'avons plus parlé, bousculés que nous avons été par des fantômes de voyageurs qui cherchaient les toilettes et roulaient des têtes d'abrutis le long du couloir encombré de dormeurs et de bagages.

Il fallait enjamber l'homme fourbu, le paquet déficelé, la valise avachie et attendre, en dansant sur un pied et d'un pied sur l'autre, que le petit coin fût libre. N'y tenant plus, un olibrius ouvrit la portière et pissa sur la voie. Le vent lui rabattit de son urine mêlée de neige en plein visage. « Nom Dieu, dit-il, cette fois, ils ont lâché les loups sur les agneaux ! À c't'heure, c'est pas la laine qui manque, mais elle sent le bouc ! »

Marie-Jo nous attendait à la gare de Vannes et, dans l'obscurité glacée, nous avons pris la route de l'hôpital où notre père avait été admis pour être tombé dans une cour de ferme. À soixante-cinq ans, il tâchait encore de rendre service.

Nous le trouvâmes dans une chambre surchauffée, séparé d'un compagnon d'infortune par un paravent.

« Papa ! Papa !... »

Nous l'avons appelé tels des enfants perdus. Il a laissé couler deux larmes le long d'un piqué de barbe. Nous lui avons pris les mains. Nous les avons embrassées. Nous étions au creux de la forêt, plus désemparés, plus désespérés que ne l'étaient les champis du temps de George Sand.

Jugeant de notre détresse, le compagnon dit que notre père attendait notre visite et qu'il avait beaucoup parlé de nous avant de sombrer dans le coma.

Nous l'avons veillé jour et nuit. De toutes ses forces, il luttait contre la camarde qui lui criait les folies et les blafardises de sa haine. Je sentais vibrer les nerfs de ses avant-bras qui se tendaient à l'extrême.

Jamais, ni dans l'Argonne ni devant Verdun, il n'avait accepté de payer tribut à la maritorne qui s'amusait des jeunots pour les aligner le long des glacis en attendant qu'on les vienne ensevelir dans des trous de bombes, profonds comme des cathédrales.

C'était toujours le même combat pour la vie, mais cette fois, l'ennemi s'était introduit dans la citadelle. Cette fois, c'était de l'intérieur que notre brave combattant était attaqué.

En l'absence du docteur Dénarié[1], le médecin que je vis ne me laissa que peu d'espoir. Notre père souffrait d'une encéphalite et la tension était très alarmante.

Au château de Limoges, autour de notre mère consternée mais digne, nous glissâmes dans un chagrin comme prévu d'avance. Les larmes n'étaient pas de règle. Elles arrivaient par à-coups, muettes chez les uns, bruyantes et quasi théâtrales chez d'autres. Le plus dur – pour moi plus encore – se mesurait aux souvenirs.

Comme j'aimais à lui apporter son manger sur le lieu de son travail ! J'aurais voulu mettre un moteur à ma bicyclette

1. Voir *Une enfance bretonne, op. cit.*

pour arriver plus vite. Qu'il fût dans une lande à couper de l'ajonc ou le long d'une route à casser des cailloux, il manifestait grande confiance dans ses enfants et déjeunait de bon appétit.

Pénible, son ouvrage ne parvenait pas à l'assombrir. Quand il relevait le torse pour regarder autour de lui et resserrer sa ceinture de flanelle, il parlait aux oiseaux qui brindillaient au-dessus de sa tête et au cheval qui le venait voir, en hennissant, du fond d'une prairie. Il accompagnait deux ou trois geais cajolant des lierres d'un pommier vers le touffu d'un chêne. Le vent, le soleil, les nuages, la pluie ne laissaient pas de beaucoup le distraire. Il se voulait au cœur des éléments et combinait d'en répandre sur des parcelles dont il espérait tirer un surcroît de trèfle ou de pommes de terre.

Tout enfant, je m'étais aperçu qu'il n'avait peur de rien. Pas même du tonnerre qu'il narguait un parapluie largement ouvert et tenu d'une main farouche au-dessus de la tête. Sa présence m'apaisait comme par miracle. Dans mon esprit, elle était à l'image de celle de Dieu.

Ah Seigneur, voyez notre amour pour cet homme qui se meurt sans une plainte, mais en pleurant ! Voyez comme je l'ai admiré et comme je n'ai rien oublié de la boue qu'il traînait à ses chausses et du ciel qu'il avait dans les yeux ! Avait-il seulement jamais pensé au bonheur ? À celui de ses enfants, sans doute ; à celui de sa femme plus encore ; mais toujours il s'était oublié, sacrifié, pour que nous fussions – dans son esprit – d'une condition au-dessus de la sienne.

Nous étions là, à l'entourer, à parler de lui, à le plaindre, à l'embrasser quand, de rauque, la respiration se fit plus apaisée. Marie-Jo dit qu'il allait mieux. C'était le mieux de la mort. Il attendit que maman poussât la porte de la chambre et courût l'étreindre, pour rendre le souffle.

Dans les heures qui suivirent, près du cadavre qui avait été transporté au château de Limoges, j'essayai de noter quelque chose de mon désespoir. Je me mis à parler à toute cette vie en allée avec une sorte de véhémence. Je disais : « Tu ne savais pas écrire ! Tu ne savais pas lire ! On ne t'avait pas appris. Tu signais d'une croix. Tu étais vieux comme le Moyen Âge et démuni comme lui. Dans le monde des pauvres, le plus tristement répandu, tu donnais l'exemple du courage, de la générosité, de la sensibilité et de l'intelligence. Je l'ai dit, à ces Messieurs de France-Culture : Robert Mallet et Roger Ysigny que c'est ta lumière qui m'a conduit à l'amour. »

Je revoyais notre Jean-Marie dans l'aire à battre, le fléau frappant l'avoine et l'orge ; le long de la rivière pêchant à la vermée ; confectionnant un cheval de bois pour le petit René ; piégeant, par un système de grillage, le chat sauvage qui décimait notre basse-cour. Cela se passait au Parc-Lann en nos années bénies, quand chaque jour la treille de notre porte favorisait le soleil.

Il était notre sauvegarde. Il conduisait les jours de notre vie de manière à en écarter toute crainte, à nous délivrer de toute angoisse.

Il savait aussi apprivoiser un certain bonheur à force de le vouloir bon enfant. Un jour que nous étions à faucher de la luzerne il me dit : « Viens ! Il est temps d'aller voir ton oncle qui a toujours une bouteille au frais de la fougère. »

À notre toux d'approche, l'homme qui coupait de l'ajonc releva le dos et nous demanda sans plus de curiosité : « Vous êtes du coin ? Ici, à couper la lande, on ne voit jamais personne.

– On est du moulin.

– Vous faites aussi de la lande ?

– De la lande et de l'andouille, mon frère !

– Ah, c'est toi, Jean-Marie ! Depuis le temps, si je m'attendais... Toui de toui, je t'avais pas reconnu avec ton domestique !

– Marcel, c'est pas mon domestique, c'est mon fils. Il vient d'avoir son certificat d'études... Il va bientôt aller au collège nous faire un officier de soleil.

– Gast[1], si j'avais su, dit l'oncle Joachim, si j'avais su te voir avec un officier de mes pelotes, à la place du cidre j'aurais apporté du vin.

– Si le cidre est frais, on fera avec. »

C'est dans cette simplicité que j'ai grandi près de toi, mon père. Dieu merci, tu n'avais pas appris à tricher. L'oncle Joachim non plus. Vous étiez droits, plus encore, de droiture. Cela n'excluait ni la malice ni l'humour dont il est tant question à Paris qu'il ne signifie plus rien pour personne.

Assommé de chagrin, mon frère dormait sur la banquette de notre compartiment. Ce train, parti de Quimper deux heures plus tôt, était vide.

Je sortis fumer dans le couloir. Un jour de neige à corbeaux s'éteignait mélancoliquement sur la campagne. J'entrevoyais encore cependant des bandes de charognards s'éployer sur le sombre des pins et des sapins qui bordaient la voie. Comme semés par le vent. Des congères, pareils à des talus

1. Juron.

inquiétants, me replongèrent au plus noir de ma tristesse orpheline.

Sans m'en rendre compte, cette tristesse prit la forme d'un poème que j'écrivis au dos du faire-part.

Père, parmi les morts, es-tu toujours le même
As-tu toujours tes brodequins et ta flanelle
Et la musette aux champignons l'as-tu remplie ?
Il neige de la nuit. Les ronces, les bruyères
Recouvrent notre amour d'un immense suaire
Et le ciel nous appelle en des cieux infinis.

Vieil homme, laisse-moi t'accompagner plus loin
Derrière ce pays le monde n'a plus d'âge
Écoute, c'est le train qui t'emporte, le train
Qui siffle dans le vent de ton dernier voyage

Je te revois, mon père, entre amour et courage
Plus proche de nous tous, maintenant que plus loin[1]...

Vers Chartres, désolé, désœuvré, perdu, j'ouvris le journal que je m'étais procuré à la gare. Il y était question d'un certain abbé Pierre qui se lançait dans une croisade en faveur des sans-abri. Je pensai à mon ami Maurice. Il devait mourir de froid sur son bout de trottoir de la rue Montorgueil. Obtiendrait-il seulement de quelque troquet une fillette pour se réchauffer ?...

Le journal prétendait que nous traversions l'hiver le plus terrible de la décennie. Nous devions ce froid qui tue au vent sibérien. Autant dire à Staline.

1. *Les Noces de la terre, op. cit.*

De retour à la banque, je fus appelé par M. Jean Scalbert qui me fit asseoir et m'adressa des condoléances. À sa demande, je lui parlai de notre père, de son enfance orpheline, de sa guerre, de ses trois blessures, de sa pauvreté, de son courage, de sa grandeur. Il m'écouta avec gravité et se leva pour me serrer la main.

Mal remis de tant d'émotion, je fus appelé au téléphone par le poète Philippe Chabaneix. Il avait lu mes *Temps obscurs* avec enthousiasme. Il tenait à me le dire. Il enchaîna de cette voix sommeilleuse et chantante qui lui était propre : « Francis Carco vous admire ! Robert Houdelot, Léon Bocquet, Jo Pourtal de Ladevèze, Guy-Charles Cros – oui, oui, le fils du hareng saur (rire ingouvernable) ! –, sont de vos Apollons. Tous ensemble ont pensé à vous décerner le prix Gérard de Nerval. C'est un excellent déjeuner servi à la brasserie du Royal-Saint-Germain et ce sont vingt-cinq mille francs remis au lauréat en présence de toute la presse... »

Je n'entendais plus. M. Malin – qui ne se voulait pas là pour me passer mes communications personnelles – m'arracha l'appareil des mains et fit des commentaires peu amènes sur ceux qui se croient tout permis.

Je fus un long temps à ruminer la nouvelle. Albert Lemoigne remarqua mon trouble. Vingt-cinq mille francs ! Un mois de mon salaire à la banque ! Était-ce vraiment possible ?...

Au moment de courir vers mon épouse et d'élever mon enfant au-dessus de ma tête, des fifres et des flûtes firent danser les rues que j'empruntais chaque jour plus ordinairement.

Je redevins sérieux lorsque je vis un photographe sur le palier de notre logeuse. « C'est Maurice Noël qui m'envoie, dit-il, il est au courant de votre prix et veut une photo de vous, dans votre cadre. »

Mme Brousse n'eut que le temps de ramasser son corniaud et de refermer la porte de son antre. Elle était indignée qu'on pût prendre des photos de son hôtel sans lui en demander la permission.

Le photographe ayant décampé, je poussai la porte de Mme Moutarde pour une bouteille de champagne. Nous la dégustâmes avec Jeannette et Mathilde à qui je rendis les cinq mille francs qu'elle m'avait prêtés pour me permettre d'aller enterrer mon noble père. *Deo gratias.*

4

COMME je me rendais à la brasserie du Royal-Saint-Germain pour y rencontrer Francis Carco et ses amis, je croisai Louis Guilloux. La pipe à la bouche et les cheveux au vent, il se dirigeait en sautant et en dansant vers la rue de Beaune. Il paraissait triompher de son corps et, lutin facétieux, se mouvoir dans une sorte d'apesanteur. Où allait-il ainsi léger, ludique ?... Chez Jean Paulhan ? Chez Gaston Gallimard ?... On le disait très assidu, rue Sébastien-Bottin, aux réunions et apartés du « connétable ».

Il m'avait été donné de le voir dans le train de Brest accompagné d'une jolie personne mise à sa disposition par son éditeur. Il jubilait d'avoir à ses côtés gouverneuse des plus charmantes. Qu'elle attirât tous les regards, le faisait jaboter tel un coq de bruyère. Il lui parlait comme on le fait à une élève bien sage.

« Posez ça là et tâchons de trouver à nous asseoir dans le sens de la marche du train. Toutes ces vacances vous font un populo !... Si je m'attendais ! C'est insensé ! Ah, vous êtes là vous aussi ! – dit-il en me tendant négligemment la main. Vous aussi allez nous faire des châteaux de sable ?... Notre

Robin vous a fait une belle affiche. Alors, maintenant le roman ? Le Roman de la Rose ?... »

Il s'en fut précédé de sa sylphide vers les premières où, moyennant un supplément à régler au contrôleur, il échapperait au populaire et pourrait prendre ses aises pour lire, bavarder et regarder le paysage.

Francis Carco, je le reconnus pour l'avoir vu au cinéma dans *Prisons de femmes*. La lèvre pendante, la mèche de travers, les yeux comme pochés par d'anciennes aventures, il avait les mains de la prélature et le sourire bienveillant de celui qui toujours pardonnera pour en avoir trop vu.

J'avais aimé *Les Innocents, Jésus la Caille*, les poèmes de *La Bohème et mon cœur*. J'allais lui parler du plaisir éprouvé à la lecture de *Nostalgie de Paris*, livre que j'avais acheté, à mes débuts, dans une bouquinerie de Saint-Brieuc, quand Philippe Chabaneix, les yeux broussailleux, les mains caressant la calvitie, vint me dire que j'étais attendu et qu'on était pressé.

On me demanda de poser... Je le fis, les cheveux rebelles, puis je levai la tête, me rapprochai de Robert Houdelot et embrassai Carco, l'embrassai derechef pour les photographes, comme je l'avais fait, quatre ans plus tôt, à la satisfaction de Germain Beaumont.

Les photographes envolés, les journalistes, en dix minutes, voulurent tout savoir de ma vie. Entre amour et humour, je laissai filtrer quelque chose de mes années secrètes du Parc-Lann à Chanticoq. Le plus difficile fut d'expliquer comment on passe de la terre battue d'une chaumière bretonne sous les lambris d'une grande brasserie parisienne. Je parlai moins de notre guignon que de nos joies buissonnières le long d'une rivière heureuse.

On voulut savoir si je connaissais, si j'aimais l'œuvre de Gérard de Nerval. Je dis la fidélité qui m'attachait à l'auteur de *Sylvie* ; je fis allusion aux archeries de Senlis, aux ruines de Chaalis, aux étangs de Mortefontaine, aux rondes d'Adrienne, au manteau de lumière de Jenny Colon. Tout cela, romantique à souhait, faisait sourire mes inquisiteurs quand Carco m'approuvait du geste et m'invitait à passer à table.

Ce fut un festin digne de Lucullus. Saint-Amant et Chapelle eussent copieusement rimé en son honneur. D'entrée de jeu, égueulant quelques comparses, le champagne coula à flots. Des hors-d'œuvre princiers à la queue de lotte et à la selle d'agneau, tout fut délicieux. Pour les desserts, Carco les déclara dignes du grand Carême.

À ce régime, je devins bavard tandis que les yeux de Robert Houdelot – il m'était apparu mince et lunâtre comme un Pierrot de Laforgue –, se mirent à papillonner.

Terrassé par la chaleur des toasts et la température ambiante qui gagnait en degrés de minute et minute, Jo Pourtal de Ladevèze tourna de l'œil. Ce fut en riant que Guy-Charles Cros l'aida à s'étendre sur une banquette. « C'est tous les ans la même chose, dit-il, dès qu'elle a bu un coup, elle a ses vapeurs !

– Elle fait semblant de mourir pour se rendre intéressante, renchérit Léon Bocquet. Elles sont toutes pareilles ces grandes folles ! »

On feignit n'avoir rien entendu et pas du tout compris.

Vers la fin du déjeuner, Maurice Chapelan qui travaillait pour *Le Figaro littéraire* et les éditions Bernard Grasset me prit à part et me demanda si j'avais un autre recueil sur le métier. Et comment ! J'en avais même le titre : *Les Noces de la terre* !... Il parut enchanté de moi et dit : « Venez me voir avec votre manuscrit. S'il est de la qualité de vos *Temps obscurs*, je le ferai éditer rue des Saints-Pères. Votre ami Bazin, qui est de notre maison, m'aidera à vous défendre, j'en suis sûr.

– Me défendre ?

– Vous imposer, c'est la même chose ! Prenez tout votre temps, rien ne presse, mais n'oubliez pas de me venir voir. »

Il me quitta mi-sévère mi-facétieux et salua Francis Carco d'une voix curieusement perchée.

À mon tour – et à regret –, je pris congé de cet homme adorable et m'éloignai dans la compagnie de Philippe Chabaneix qui tenait absolument que je fusse présenté à Germaine, son épouse.

Rue Mazarine, à l'enseigne du Balcon, assise à l'ombre d'une lampe vénitienne qui chaloupait des rangées de vieux livres jusqu'au plafond, Germaine paraissait vouloir accueillir toute la sagesse du monde.

Brune, un turban noué sous le chignon, le niñas à la bouche, les pendants d'oreilles de grosseur inattendue, la robe de cretonne tombant aux chaussures, l'échancrure du corsage feuillolant une gaze de couleur, elle me fit penser à une héroïne de Mérimée.

J'appris de Philippe que chaque jour de la semaine elle présidait sans prétention une sorte de tabouret littéraire qui permettait aux uns d'égrener des souvenirs et aux autres de fouiller partout les rayons où l'amateur, le chineur et le dénicheur allaient souvent de surprises en découvertes.

C'étaient des poèmes de la comtesse de Noailles avec un envoi des plus tendres à Maurice Barrès ; *Les Amours jaunes*, de Tristan Corbière, avec une préface de Charles Le Goffic ;

le choix de poèmes de Verlaine par François Coppée ; *Les Mains jointes*, de François Mauriac ; *Les Villes tentaculaires*, d'Émile Verhaeren ; *Les Contre-rimes*, de Toulet ; *Les Serres chaudes*, de Maeterlinck ; *Bruges-la-Morte*, de Georges Rodenbach ; des recueils jaunissants de Francis Jammes, Charles Guérin, Albert Samain, Sully Prudhomme, Charles Cros, Moréas, Charles Van Lerberghe, Marie Noël.

Ici, Nerval était l'objet d'un culte très particulier. On le lisait aux habitués et l'on soupirait de conserve ; on trouvait de ses œuvres en éditions originales ainsi que les ouvrages qui lui avaient été consacrés par des générations de sorbonnards et de plumitifs de même importance.

Quand, en mon honneur, Germaine fit sauter le muselet de la bouteille de mousseux, Philippe de sa voix doucement endormeuse dit à la ronde et devant Noël Ruet qui se trouvait là : « Le Quintrec, oui, oui, regardez notre Charles, il a le visage de Victor Hugo enfant. »

Ayant dégusté le nectar dont son épouse remplissait les coupes, il déclama (moitié chantant et pleurant à moitié), à la demande de l'assistance bien entendu :

Après l'orage l'accalmie
Et les instants les plus dorés
Le nom de sœur, le nom d'amie,
À ton oreille murmurés

Dans le ciel bleu deux hirondelles
Et deux lilas dans le jardin...

Nous fûmes sans voix et sans l'idée d'applaudir. Germaine brisa notre silence en disant : « Mon Philippe a épuisé les calendriers féminins. Tous les noms de femmes sont passés dans ses odelettes. Il en invente de nouveaux... »

Ah, la bouquinerie du Balcon ! On n'y trouvait pas les nouveautés, pas même *Vipère au poing* ou *Caroline chérie*, mais le livre rare y était en bonne place. Plus rare, Philippe le cachait pour n'être pas tenté de le vendre, ce qui faisait fulminer sa compagne.

J'ai toujours cette odeur de vieux papier piqué, jauni, dans les narines et je revois encore le poète frottant la broussaille de ses sourcils pour laisser tomber avec des intonations méridionales : « J'ai bien connu Guillaume Apollinaire... Oui, oui, c'était un beau poète. Max Jacob aussi, je l'ai bien connu... Oui, oui, je ne faisais pas attention à ses penchants, mais aux loufoqueries de sa syntaxe... »

Le lendemain de ce jour mémorable, les journaux étaient pleins de mon nom. Serge Montigny m'avait consacré un merveilleux article dans *Combat* avec photo à la une. *Le Figaro littéraire*, *Le Figaro*, *L'Aurore*, *Les Nouvelles littéraires*, me couvrirent de lauriers.

De retour à la banque, je me rendis compte à leurs têtes que mes collègues avaient lu la presse et qu'ils étaient renseignés de mes exploits.

Certains me félicitèrent ; d'autres, les plus nombreux, me tournèrent le dos. Le plus aimable et le plus sincèrement heureux de mes succès fut André Blaës dont la réputation de poète dans l'établissement avait précédé la mienne. Il y avait fait circuler certains sonnets de sa composition et avait reçu, en retour, de la part des dames, un timide encens.

Publier ne lui était jamais venu à l'esprit. Plus que les Muses, il aimait les filles, jeunes et jolies de préférence. On riait de ses chasses, mais il était si brave qu'on lui pardonnait tout.

Michel Malin ne dit mot. Jacques Bottine, son bras droit, eut un bon sourire. Le Ritalo biaisait une bouche chafouine et fuyait mon regard. À ses yeux et aux yeux de plusieurs, on eût dit que j'étais en tort, que je m'étais mal conduit en ville.

Un peu avant la coupure de midi, M. Jean Scalbert fit irruption dans notre bureau. Pareils à des écoliers modèles, nous nous levâmes pour lui marquer notre respect.

Il regarda l'heure à la montre de son petit gilet et demanda à M. Malin non pas la permission, mais le privilège, de prendre la parole.

Ce fut pour me couvrir d'éloges. J'étais un collaborateur exemplaire et un excellent poète. Il évoqua Jean Giono qui avait occupé un poste de responsabilité au Comptoir national d'escompte de Manosque en même temps qu'il écrivait *Colline*. Il ne cacha pas sa joie de m'avoir dans sa Maison et manifesta une immense confiance dans mon avenir.

Je fus incapable de répondre. Je parvins toutefois à le remercier de ses bontés à mon égard. Il voulut bien encore exprimer toute sa satisfaction avant de refermer la porte.

Rue Saint-Joseph, ce prix tombé du ciel donna lieu à certaines réjouissances. L'épicière dut demander à l'un de ses clients, de puissante carrure, de nous monter bouteilles de vin et de champagne. La fête s'organisa d'elle-même avec Robert Sabatier, Jean Vodaine, Andrée et Jean Laugier, Jeannette et les filles. Notre allégresse, délogea Mme Brousse et la jeta dans le Sentier comme une poissarde.

Notre Jacqueline eut une nouvelle poupée et une robe neuve avec de jolis volants. Jane Kieffer lui offrit un ours en peluche tout à fait sibérien qu'elle conserve comme une relique. Pour faire honneur à son papa, elle dit de mémoire un poème de ma composition :

La vieille maison que j'habiterai
Aura des volets comme des paupières
Ce sera la joie toute la journée
Dans le vestibule et les chambres claires
Et les solives depuis le grenier
Y moudront les musiques de la mer
Ah, cette maison aux mèches de lierre
Elle tourne au vent de la vérité !

Elle fut applaudie, caressée, embrassée. Il est bien vrai qu'elle était délicieuse avec ses boucles rousses encadrant son visage et lui tombant aux épaules.

Dans ces jours-là, Maurice Noël me conseilla d'entrer en contact avec l'abbé Pierre qui disposait de nombreux appartements à Paris. Je mis plusieurs jours à me décider, puis j'écrivis une lettre des plus émouvantes à l'apôtre des Compagnons d'Emmaüs. À mon grand étonnement, je ne reçus jamais de réponse.

Les noces de la terre

1

DEPUIS Chelles où il résidait alors, Hervé Bazin m'adressa la lettre que voici :

« Mon cher Charles,

J'ai appris la mort de ton père. J'aurais voulu le savoir hier, pour te dire de vive voix combien je prends part à ta peine. Il est certain qu'il eût été heureux de la jeune gloire qui commence à te prodiguer du laurier... Si je ne crois pas à la survie des êtres, je crois à celle des intentions et des *valeurs*, longtemps obscures et soudain éclatantes au bout d'une lignée.

» Si tu ne le sais, je te signale qu'outre le poème qui est, jusqu'ici ton domaine le plus pur – tu commences à bien trousser l'article, donnant aux mots une belle saveur. J'ignore tout de tes facultés de romancier (un romancier naît à trente ans), mais tu ferais déjà un excellent polémiste et si quelque journal t'accueille, il m'étonnerait fort que tu n'y fasses pas (après les premiers mécomptes d'usage), une carrière intéressante.

» Tu t'apercevras très vite qu'il existe trois temps dans une carrière... On est d'abord furieux d'attendre, on est ensuite un peu vain d'arriver, on se dit enfin que la réussite personnelle est chose mince et que, pour l'excuser aux yeux des hommes et plus encore à ses propres yeux, il est nécessaire qu'elle se greffe sur une ambition sociale.

» On n'empêchera jamais les gens de se servir, mais qui, une fois servi, conserve le goût de servir et s'y justifie et ne veut plus goûter son succès sans cette justification... celui-là, sans doute, avait droit à l'auréole, ce soleil creux, à travers lequel il faut passer comme la bouteille à travers l'anneau.

» C'est l'histoire de beaucoup et, si je donne un coup de tête à ma couronne de lauriers – déjà secs – c'est que cette aventure m'advient tout doucement. La seule auréole valable est la calotte des cieux, jusqu'à l'horizon de tous abaissé.

» J'enrage de penser que j'ai fait si peu de chose et rendu si maigres services à cette race dont le cœur ne se trouve pas dans la tête, mais coincé à trop petite distance de l'avide estomac.

» Et pourtant déjà il est midi sonné. Je file vers ma nuit. Le temps qui me reste sera peut-être court.

» On est toujours trop tard ce qu'il fallait qu'on fût. L'important, après tout, est de l'être et, si possible, de l'être sans le savoir...

» Amicalement à toi et aux tiens. Et n'oublie pas de faire un fils, un de ces jours, quand il fera chaud. Ce serait dommage de rater l'honneur d'être un ancêtre, quand "on est ce que tu seras". »

Jamais encore mon ami ne s'était livré de la sorte. Je fus troublé par le côté testamentaire de son épître. Je me demandai, non sans anxiété, s'il n'était pas malade. Relisant sa missive, je fus aussi dans l'exultation de ce qu'il me voyait en journaliste.

Pour en parler avec Jean Laugier et Robert Sabatier, je les invitai à deux pas des éditions Debresse. Celui-ci vint nous rejoindre en « joyeuses Pâques ».

Je m'ouvris de mes intentions et leur demandai conseil. Les réactions furent plutôt fraîches. À la banque, Albert Lemoigne à qui j'en avais touché deux mots, fut cassant. Comment ?... Journaliste ?... Sans compétences particulières, sans expérience, sans diplômes : billevesées !

Moins péremptoire, Jean Laugier qui faisait alors le comédien chez Jacques Fabbri me prêcha prudence ; Robert Sabatier fut d'avis qu'on en parlât à Alain Bosquet qui donnait régulièrement des articles dans les hebdomadaires et les quotidiens les plus réputés.

Attentif à mes difficultés, René Debresse fit allusion à « la bonne presse ». Ma foi aidant, je pourrais peut-être y trouver un emploi. « Il est vrai, dit-il, que ces gens-là ont la réputation de payer très mal... » Je pensai que cela ne pouvait être pis qu'à la banque où mon traitement ne me permettait jamais de ficeler mes fins de mois.

Alain Bosquet examina ma situation avec infiniment de sérieux. Il se montra soucieux de m'indiquer les portes que je pourrais ouvrir moins pour obtenir un poste, que pour prendre date.

Nous nous étions retrouvés rue Montmartre, au Café du Croissant. À trois pas, Smadja, le directeur de *Combat*, payait si mal qu'il valait mieux n'en pas parler. Maurice Noël, bien sûr, mais *Le Figaro littéraire* tenait en la personne de Bernard Pivot un excellent échotier et des collaborateurs de premier ordre comme Luc Estang, Robert Kanters, Maurice Chapelan ; les chroniques prestigieuses étant réservées à François Mauriac, Wladimir d'Ormesson, Francis Carco, Paul Claudel. Un Paul Claudel toujours dans l'exégèse de la Bible et s'encolérant de devoir assister à ce qu'il désignait comme « la messe à l'envers ».

Le milieu était court et, de surcroît, très fermé.

Nous fîmes le tour de mon affaire sans beaucoup avancer et décidâmes, sur un coup de dés, de publier un livre en commun. Ce sera *Trois Poètes* aux éditions Pierre Seghers.

Le lendemain de cette entrevue, j'écrivis à Maurice Noël afin d'obtenir un rendez-vous.

Il me reçut dans son bureau du rond-point des Champs-Élysées, la main chaleureuse, et s'arrangea pour me faire parler dans sa bonne oreille.

C'était un homme corpulent à la voix lourde, sonore, vite impatientée. Je lui fis part de mon désir de quitter la banque où je n'avais aucun avenir.

Il m'écouta ; réclama des détails sur ma situation de famille ; poussa une sorte de soupir ; se leva, fit quelques pas vers la fenêtre et, se retournant et me regardant avec bienveillance il dit : « Je pourrais vous prendre, du moins à l'essai, pendant quelques mois. Oui, je pourrais vous prendre si je n'avais peur de tuer le poète qui est en vous.

» Le journalisme, et plus encore le journalisme littéraire, demande une sorte d'assujettissement sans partage. Cela est incompatible avec l'exercice poétique, envisagé bien sûr dans toute sa rigueur. J'en ai connu, de votre âge, avec de jolies promesses, qui n'ont plus rien fait pour être devenus secrétaires de rédaction ou reporters polyvalents. Si m'en croyez, préservez votre liberté d'esprit. Vous en aurez besoin pour nous donner l'œuvre dont vous êtes dépositaire. »

Très déçu, je remontais l'avenue des Champs-Élysées, quand une idée me traversa l'esprit : je quitterais Paris pour Vannes et, à partir du château de Limoges, avec l'aide de ma femme et de Paul-Alexis Robic, je lancerais une revue dont je serais à la fois le directeur et l'homme à tout faire. Avec mille abonnés, à raison de trois livraisons par an, je me faisais fort de changer ma vie et celle des miens.

Ayant quitté la banque Scalbert le 31 décembre 1954, je pris le train, avec ma fille, et débarquai chez ma mère, à cinq heures du matin, pour lui souhaiter la bonne année. Elle fut à la fois surprise et ravie de nous revoir. Tandis qu'elle inventait des jeux pour amuser l'enfant, je me rendis en ville où m'attendaient des bataillons de lecteurs enthousiastes.

Quand j'y pense ! J'étais dans ma vingt-neuvième année, pareil encore au gamin du Parc-Lann qui, après naufrage, de moussaillon devient capitaine et conduit sa frégate au pays des matins bleus.

Je me nourrissais toujours d'irréalités. Chaque jour ou presque, et toujours plus intensément, je bâtissais les châteaux de la déraison et, sombrant dans une sorte de folie douce, j'y accueillais mes chimères avec reconnaissance.

La maladie, l'hôpital, le sanatorium, la pauvreté, la misère, les hideurs de la rue Saint-Joseph ne m'avaient rien appris. Je restais collé à mon rêve. Il me fallait encore et toujours danser et chanter sur les eaux du golfe et voler dans le ciel de Mermoz et de Saint-Exupéry. Il me plaisait d'être à part, appelé, choisi, à jamais dans la main de la Providence.

J'en étais sûr, la Chance allait me faire signe. Je la reconnaîtrais aux boucles d'argent de ses oreilles et aux grelots d'or de ses chevilles. Je la retiendrais prisonnière. Je l'embrasserais sur ses lèvres de fée et je vouerais Vorag à son service. Je serais à la fois le maître et l'esclave d'une déesse qui accepterait d'entrer dans le cortège de la Vierge Marie.

Les lavoirs de la Garenne étaient déserts. Les massifs du château de l'Hermine, saccagés par le givre.

Rue du Mené, les rares passants, le col du manteau relevé, le cache-nez jusqu'aux oreilles, couraient à leurs affaires sans prêter attention à qui que ce fût. Personne à qui parler de mes projets les plus raisonnablement fous. Une sorte de tristesse ternissait jusqu'aux vitrines des magasins à la mode. L'hiver s'encoconnait de brume et la bise cinglait aux aspérités.

D'un café de la rue Hoche, je téléphonai aux Ponts et Chaussées. Paul-Alexis Robic était au lit avec la grippe. Rue Madame-Lagarde, M. Debauve m'apprit que Sylvie et Jean-Louis, ses enfants, passaient les fêtes à Paris. Lui-même, malade, ne voulait recevoir personne.

Ce fut à pied que je partis pour Kerluherne dans l'espoir de retrouver un Josic qui saurait approuver mon délire et raviver mon feu.

À la Madeleine, je fus accosté par un homme qui m'accusa d'avoir en mes grandes entrées à la Kommandantur. Que je ne fusse pas dans les pontons du Roy lui était scandale. Dix ans après les événements de la guerre, il vivait toujours dans les hallucinations d'un combat qui ne faisait que des morts.

Bientôt, à son sourire, je reconnus Élisabeth, l'égérie de mes quinze ans. Elle descendit de bicyclette pour m'embrasser sans plus de manières.

« Je te croyais à Paris ! Tout seul, à pied, par un temps pareil ?

– Un ami m'attend à Kerluherne. On va parler du passé.

– Le passé est mort, j'en suis bien heureuse !

– Mariée ?

– C'est terminé tout ça ! Libre comme une fille ! »

Elle me quitta en appuyant sur les pédales et en riant très fort. Elle devait encore se moquer.

L'auberge était vide, enfin presque. Près du feu de l'âtre, une fillette de six ou sept ans jouait avec une poupée des plus chiffonnières. Elle ne releva pas même la tête pour regarder qui entrait. Je lui demandai où était sa mère. À la cave ! Elle mettait du cidre en bouteilles.

La femme qui m'avait entendu, arriva en frottant ses mains rouges à son tablier bleu.

« Si c'est Josic que vous cherchez, dit-elle sans préambule, il est mort. On l'a enterré la semaine dernière au cimetière de Mériadec. Il s'est éteint votre nom à la bouche, allez savoir pourquoi...

– De quoi est-il mort ?

– D'avoir pris de l'âge, de boire comme un cochon et d'être toujours seul. Il parlait souvent de vous. Il disait que vous alliez chanter dans le poste comme Brassens... Savait déjà plus ce qu'il disait. »

Je repris la route de Vannes avec du triste jusqu'au fond de l'âme. Des nuages bas roulaient sur la mer et s'en échappaient pour noyer la campagne. On voyait à peine les arbres qu'alignaient des talus ténébreux. Pas un oiseau, pas même une pie dans le paysage. Les quelques voitures qui me dépassèrent paraissaient provenir d'un autre monde et pénétrer, tous phares allumés, dans un univers abandonné de Dieu.

En ville, vers midi, une rumeur se mit à circuler avec une telle insistance qu'on y faisait allusion en pleine rue, dans les cafés, à la halle, à la poissonnerie, plus encore sur le port où les sinagots[1] débarquaient de la fraîche. Je prêtai l'oreille et j'appris qu'une épidémie de variole s'était déclarée à l'hôpital Chubert. Un médecin et deux infirmières préposés aux soins de malades retour d'Indochine, étaient morts.

Je me précipitai chez ma mère que je trouvai dans les alarmes. Notre Jacqueline était couverte de boutons. À ce moment-là, je crus devoir expier je ne sais trop quelle faute. Prévenu, le docteur Amphoux me rassura. Ce n'était pas la variole, mais de l'urticaire. Maman fit un signe de croix et s'éloigna pour prier.

Le lendemain, ce fut avec bonheur que je retrouvai ma femme dans le taudis de Mme Brousse.

1. Marins de Séné.

2

Ce fut Paul Gilson, directeur des programmes artistiques de la radio, qui me mit le pied à l'étrier.

Je l'allai voir avenue de Friedland. Il me reçut en présence de ses collaborateurs parmi lesquels Georges-Emmanuel Clancier qui allait, avec *Le Pain noir*, publier un chef-d'œuvre.

Comme Catherine, la grand-mère de l'auteur, j'étais l'enfant de ce pain-là encore que maman m'eût prévenu, à maintes reprises, que je mangeais mon pain blanc.

Paul Gilson me proposa de produire des œuvres littéraires pour France-Culture. Je devins ainsi, en une matinée, producteur à la radio. Le titre me flatta, le chapeau par-dessus, encore que je ne susse trop que mettre dans le haut-de-forme. Pour m'en sortir, j'eus l'idée de demander à Jean Markale de cosigner mes productions. Il accepta d'enthousiasme.

Comme Hervé Bazin, je l'avais connu en 1947. Lui aussi publiait une petite revue du nom d'*Escales*. J'y avais donné deux ou trois poèmes.

Grand, le regard clair, les cheveux en brosse ou tout rebiquant, l'éternel kabig mal boutonné ou pas boutonné du tout sur un ventre plat, Jean Markale roulait ses cigarettes dans une boîte de fer-blanc et battait le briquet dès que le tabac charbonnait si peu que ce fût.

Toujours flanqué de son père et de Claire, son épouse, il s'enorgueillissait d'une grand-mère née à Auray et de vacances passées dans la compagnie de l'aïeule dans les fourrés de Brocéliande. Après une journée de forêt, on profitait des chants du crépuscule pour bénéficier des douceurs d'une table d'hôte à Mauron.

Il rêvait d'écrire la fabuleuse épopée arthurienne avec Lancelot, Guenièvre, Perceval et Merlin. Plus encore, il envisageait de consacrer une partie de ses recherches à ce qu'il appelait : « Le château du Graal ».

Par le village de Folle-Pensée, le val Sans-Retour et la fontaine de Barenton, il aimait à se perdre par des landes rouges, couvertes de bruyères mauves, avec l'espoir de pénétrer au cœur de la forêt mythique où se vivent de vent et de souvenirs, les preux, les paladins, les saints et les héros.

Il s'en revenait de ses équipées sylvestres par la bourgade de Tréhorenteuc où l'abbé Henri Gillard le savait recevoir avec une bonne lambig.

C'étaient, au coin du feu, des parleries sans fin sur le roman breton, la légende de Ker-Is et les grandes heures de l'épopée celtique qui avaient permis à Brennus de prendre Delphes et de faire trembler Rome.

Mussés au fond du presbytère en partie livré aux effraies, ils entendaient marcher dans le grenier. On eût dit le pas lourd, traînant, pesant, d'une âme en peine. Le coin de feu de l'abbé s'accommodait de cette présence que le prêtre ne songea jamais à signaler à l'exorciste du diocèse.

L'abbé Gillard avait la passion des Nombres et ceux-ci, en leur ésotérisme, lui arrachaient des heures de sommeil. On le surprenait regardant les étoiles ou penché sur quelques grimoire qui, des Croisades, en obscurs cheminements, remontaient aux Pyramides. On le trouvait tout frémissant d'avoir entrevu une lueur dans les infinitésimaux et d'avoir entendu la musique des élohim. Son évêque pouvait bien le convoquer pour lui laver la tête, il s'en revenait à ses calculs, à ses chimères, avec la certitude de toucher à l'Essentiel.

Il avait demandé à un soldat allemand, prisonnier de guerre et peintre de valeur, de brosser pour son église des toiles nimbées de Celtie. Dans l'une d'entre elles, la Sainte Vierge paraît instruire Viviane.

Tant d'audace suscita une polémique qui fit scandale. L'abbé baissa la tête tout le temps du vacarme, puis il accueillit, à carriolées, les pèlerins de sa Nouvelle Jérusalem.

Je l'avais rencontré broutant du bréviaire dans les allées du château de Limoges. Il me disait perdre son temps au grand séminaire dont il avait été l'élève et qu'il devait réintégrer, une fois l'an, pour une recollection dont il ne voyait pas le nécessaire.

Je lui parlai de Jean Markale. Il fondait de vrais espoirs sur un garçon qui le visitait aux vacances et le savait pousser au « crime » d'un verre de plus. Alors, toute une érudition remontait à la surface et l'on parlait de Midder, le roi des ombres, aussi d'Oengus, son fils adoptif, qui régnait sur les tertres d'Irlande. À une heure avancée de la nuit l'abbé disait : « Tiens, Jean, goûte-moi cette lambig qui est plus vieille que toi ! »

L'abbé Gillard voulant aider le producteur que j'étais devenu, m'indiqua la retraite estivale de son ami.

En fait, nous nous vîmes chez la grand-mère qui habitait l'île Saint-Louis. La vieille dame occupait un appartement dont elle n'entrouvrait jamais la porte. Derrière celle-ci, elle vous indiquait que son petit-fils gîtait deux étages au-dessus.

C'était, dans un trois pièces, un mélange adultère de tout. Claire, l'épouse, se voulant vestale et dédiant à la danse les lévitations de son corps, n'avait aucune inclination pour le ménage. Jean, entre enseignement et recherche, trouvait les journées trop courtes et les vacances trop brèves. Ici, personne pour faire d'un beau désordre un effet de l'art.

Le bureau de mon coproducteur était envahi de paperasses, de lettres, de livres, de mégots et de cendriers dégorgeants. Le plus curieux, c'est qu'il trouvait, à la minute, dans tout un sacrebleu de poussière, le document qui lui permettait de préciser une date ou d'étayer une thèse.

Il bouffonnait par saccades ; roulait une cigarette dans sa boîte de fer-blanc ; vous servait une gniôle sortie des caves de l'Inquisition et délirait de Moïra, de Mélusine et de toutes les fées féroces qui vous accrochent aux étoiles par le fondement.

Nous convînmes de commencer par *Le Cycle des bardes* et *Les Poètes de la Palud*, je veux dire par ceux-là qui, à travers les siècles, avaient célébré le monde druidique et bientôt Madame sainte Anne, sur terre, sur mer et dans le ciel.

Dans *Le Cycle des bardes* – Amergein, Llywarc'h Hen, Ossian, Taliésin – Roland Alexandre fit merveille. Jeune et beau et déjà sociétaire de la Comédie-Française, il avait la voix ample, lourde et profonde qui convenait à ceux-là qui parlaient au nom des peuples de la nuit ou qui, condamnés au fumier ou à la prison, criaient leur dégoûtation et leur vengeance.

Les femmes le regardaient comme un autre Rodrigue. Yves Darriet, notre réalisateur, sut lui arracher des accents de rude poignance. On ne savait pas encore que cela lui sortait des entrailles.

Nous nous séparâmes dans l'euphorie. Quelques jours plus tard, nous apprîmes qu'il s'était donné la mort pour aller rejoindre au pays des neiges éternelles, son vieux père subitement décédé.

Les Poètes de la Palud nous donnèrent l'occasion d'admirer le talent de Georges Descrières et de Jacqueline Morane. Ils interprétèrent maints textes de Tristan Corbière, Saint-Pol Roux, Anatole Le Bras, Charles Le Goffic, Louis Le Cunff, Robert Sabatier et Antony Lhéritier.

Bénite est l'infertile plage
Où, comme la mer, tout est nud.
Sainte est la chapelle sauvage
De Sainte-Anne-de-la-Palud...

De la Bonne Femme Sainte Anne
Grand'tante du petit Jésus
En bois pourri dans sa soutane
Riche... Plus riche que Crésus[1] *!*

Les Bretons ont toujours été fascinés par le mystère. Celui du Nazaréen, de sa mère et de sa grand-mère (et non de sa grand'tante comme l'écrit Tristan Corbière), ne pouvait que les toucher. Et puis, ce Jésus, n'avait-il pas visité la terre de l'ambre et de l'étain dans la compagnie de Joseph d'Arimathie ? N'était-ce pas à l'ombre millénaire des pierres levées

1. Tristan Corbière : *Les Amours jaunes.*

que le Christ avait été initié aux chants druidiques et avait fait sienne la sagesse des hommes du Chêne ?

En Bretagne la légende précède l'Histoire et lui donne sa vraie dimension. Pour si bien convenir aux Bretons armoricains, le Messie se devait d'avoir vécu au milieu d'eux. Comment expliquer sans cela la foudroyante percée du christianisme chez des peuples où les prêtres idolâtres ne laissaient pas d'être tout-puissants ?

Ces peuples avaient toujours été sensibles au surnaturel. Les biens de ce monde leur semblaient moins importants que les trésors cachés entre deux étoiles.

Dès la *pax romana*, Anne, en aïeule bienfaisante aux pécheurs, veillait avec Marie, sa fille – pour l'amour de son petit-fils –, au salut des âmes dans ce monde et dans l'Autre.

Il n'était pas rare de rencontrer des hommes qui avaient eu commerce avec l'au-delà. Certains prétendaient être revenus sur terre par le jeu des métamorphoses. Le barde Taliésin, une des grandes figures du VIe siècle, affirme être passé par de fabuleux avatars. Disciple des anciens druides, converti au christianisme par saint David, il est l'homme de l'Ancien et du Nouveau Monde. Que d'aventures chez ce Gallois qui porta la bannière devant Alexandre et assista à la crucifixion du Fils du « Dieu de merci ».

Nous sommes passés de la ville d'Is, avec Simone Valère et Roger Blin, à *La Légende de la harpe*, avec Marie-José Nat dont nous fûmes tous amoureux tant elle était gracieuse et douce comme l'oiseau du bout de la branche qui accepte qu'on le prenne et le garde au chaud de ses mains.

Pour sublime que fût cette occupation d'un semestre, elle ne me permettait pas de vivre. À contrecœur, je dus aller pointer au chômage. Pour mon amour-propre, c'était « Aux travailleurs intellectuels », que je me rendais deux fois par semaine afin que l'on cachetât ma carte d'infamie. J'y rencontrai le romancier Jean-Charles Pichon qui allait publier un ouvrage des plus scabreux sur l'onanisme, et l'un des régisseurs de M. Sacha Guitry qui voulut absolument que je fusse de la distribution de *Si Paris m'était conté.*

Je vis le maître à la porte de Versailles, assis dans un chariot, un porte-voix à la main. Il dit sans me regarder que je ferais un excellent pertuisanier. Au dernier moment, je refusai le déguisement et les honoraires. Plus jeune, au sanatorium, j'avais accepté d'être un lutin. Brusquement, l'obligation de me travestir me fut odieuse.

Ma femme fut outrée de mon refus et Mme Brousse, me guettant depuis son galetas, mit son nez devant le mien pour me cracher au visage : « Alors, vous n'avez pas même été capable de garder votre place à la banque ! Je me réjouis pour ma petite Bernadette ! Quelle vie elle aurait eue avec un garçon qui se dit dégoûté de l'argent des autres quand il n'a pas le sou ! À la bonne heure, pour le chômage ! Si votre épouse, courageuse, elle, ne travaillait sur la Butte avec notre Jeannette, vous seriez au ruisseau ! Enfin, si vous avez faim, vous pouvez toujours nous amener la petite. Nous l'aimons bien c'te gosse !... »

Il n'y avait que Mme Brousse pour subodorer quelque chose de cette misère que je ne montrais pas. Je l'aurais étranglée pour m'avoir dit d'un ton fielleux : « Avec cinq cent mille francs, je vous aurais trouvé un appartement en moins d'une semaine. Vous auriez pu les emprunter à la banque. M. Scalbert ne vous les aurait pas refusés. Seulement, vous avez préféré faire le poète ! Si vous saviez ce qu'on s'en fiche de vos niaiseries ! Mais enfin, monsieur Charles, un peu de raisonnable ! Pour l'amour de votre mère, de votre sœur, de votre femme et de votre enfant, vous n'avez pas le droit de faire le capucin chez le pape ! »

Je l'aurais embrassée pour ce mot que je ne compris pas, qui demeure à mes yeux d'une obscurité totale, mais que je trouve admirable.

Chère Mme Brousse, vous étiez dans le fond meilleure que vos prunes de Neuvy-Pailloux et si j'avais su vous prendre, j'eusse fait de vous ma légataire universelle. En puisant dans votre poche, je vous aurais laissé mes dettes !

J'étais d'une intransigeance totale. Je répondais à nos manques par des cris ; aux cris des autres par des insultes. Je me sentais capable de tuer par désespoir. Mais tuer qui ?

Je me calmais en marchant dans Paris. On m'a vu à Auteuil, au Pré-Catelan, à Bagatelle, au Mont-Valérien, sur le bord du canal de l'Ourcq, au Palais-Royal, au pied de la statue d'Alfred de Musset. Je me torchais le museau aux vitrines des magasins. Je regardais des jeunes filles accroupies, écarter les jambes pour aiser une clientèle jamais capable de se choisir une paire de chaussures. Que de jolis froufrous entrevus pour doter d'escarpins, de bottines ou de bottes, des matrones réchappées des pinceaux de Rubens !

Quand j'avais trimé mon saoul, je me réfugiais à Notre-Dame-des-Victoires et là, face à la Madone, sans plus la force de prier, je m'abandonnais à la somnolence de ceux qui, plus jamais, n'auront le sursaut.

Je ne voyais pas le vieux prêtre en conversation avec les dames patronnesses ; ni la bedaille mouchant les cierges qui se mouraient à bout de souffle ; ni la bondieuse faisant le bruit des chaises qu'on déplace... je ne sortais plus du gouffre où la fatigue et la désespérance m'avaient plongé.

Soudain !... Ô minute adorable ! Ô joie ! Au plus profond de moi-même, un abandon bienheureux suivi d'une sorte de lévitation de l'âme et du corps ! Je m'élevais dans l'amour de l'Ineffable ! Mon esprit planait par des ciels aux lumières changeantes et toujours renouvelées ! Je redevenais le merveilleux enfant de ma mère, qui battait des mains au passage d'une grive et s'affolait de l'envol d'un hanneton !

Aucune parole ne fut prononcée. Sans penser qu'on pût avoir les yeux sur moi, je fus, je le lirai bientôt dans Max Jacob, comme « déshabillé par la foudre » !

Au bout d'une éternité, une grande joie m'agenouilla. Je dis : « Merci, Marie ! » ; j'ajoutai : « Merci, Seigneur ! » et, sur un signe de croix, je sortis du sanctuaire en courant et en me demandant ce qui avait bien pu arriver chez nous en mon absence.

Rue du Mail, puis rue Montmartre, je ne vis personne à qui parler du bonheur qui me donnait des ailes.

Dans la boîte aux lettres qui se trouvait près de la porte de la logeuse et que j'ouvris machinalement, je trouvai une enveloppe à mon nom que je décachetai en montant l'escalier. Elle contenait dix billets de mille francs. Pas un mot d'explication, pas le moindre message. Cet argent me tombait du ciel ! L'enveloppe n'avait pas été confiée à la poste, mais déposée par une main anonyme. Sans doute celle d'un ange. Mon ange gardien, qui sait ?

Je fis demi-tour, dégringolai l'escalier et courus chez l'épicière qui fermait boutique. « Si vous permettez, encore une minute, madame ! »

La femme fessue me regarda de travers. Elle ne pensait rien de bon d'un client fort rare et impécunieux. J'en profitai pour lui énumérer le plus gros de mes achats. Il me fallait du jambon, du pâté, des rillettes, du Mans autant que possible, du boudin noir de Mortagne, du cidre de Fouesnant, des pâtes, des pommes, du chocolat, des bananes, des œufs, du lait, de la farine et du vin.

Elle me fit front tout à fait effarée. « Vous en avez pour plus de cent francs, dit-elle. – Alors, veuillez ajouter des dattes, de la semoule, de l'huile d'olive, de la bière et du champagne. Du vrai, du brut, pas la pisse mousseuse de vos petits livreurs !... »

Elle se releva le menton, puis s'exécuta en maugréant. À mon tour, je sortis de ma poche un billet de mille francs qu'elle froissa entre le pouce et l'index. On eût dit qu'elle cherchait à l'user en affichant un air de dénégation qui en disait long de sa surprise et des sentiments qu'elle nourrissait à mon endroit. J'eus l'impression qu'elle aurait voulu que je lui dise que je l'avais trouvé, ou qui sait ? volé !

Je n'ouvris pas la bouche et montai vers les miens, les bras chargés, en papa Noël !

Une fois de plus, nous nous sommes donné la fête. Du haut de ses cinq ans, Jacqueline s'emparait de toutes les denrées en exclamant : « C'est à moi, ça !... »

J'aurais voulu lui offrir davantage : un jardin où s'ébattre parmi des fleurs ; une escarpolette et des oiseaux tumultueux ; un faon la viendrait bonjourer chaque matin ; pour la sérénade, un rossignol l'attendrait au clair de lune, sur le bord de la rivière. À la fenêtre de sa chambre, il y aurait des bengalis et toute cette lumière qu'apprivoisent, en se jouant, les petites filles modèles de la comtesse de Ségur.

3

MA femme et mon enfant étant à Vannes, chez ma mère, j'eus la visite de Jean Vodaine. En bon Slovène, il était accompagné d'un compatriote qui, dans les mois de l'après-guerre, avait été ministre du maréchal Tito.

Surpris de ma gueuserie, ce personnage me fit comprendre qu'il ne l'aimait pas et s'en prit à ce qu'elle représentait à ses yeux avec une cruelle insolence.

Il est vrai qu'il me vit entre un coin de table qui me servait d'écritoire et un mur qui menaçait de me tomber sur la tête. Notons que notre carrelage s'enfonçait chez Mme Gabrielle.

Le trou qui se creusait chaque jour davantage, nous le bourrions de vieux journaux et le recouvrions de linoléum. Certains princes de la littérature qui me venaient voir là, ne paraissaient pas autrement choqués par tant de détresse. L'ancien ministre, lui, cria au scandale !

Poète lui-même, homme politique plus encore, il voulut sur-le-champ me faire prendre conscience du crime que je commettais en acceptant de vivre comme un rat dans la plus détestable ratière. Il eut des mots cinglants et me reprocha véhémentement de me contenter d'une situation indigne d'un intellectuel. En étais-je un ?...

À l'entendre, au pays du communisme triomphant, pas un écrivain qui pataugeât dans pareille crasse. Qu'attendais-je pour en sortir et libérer ma femme et ma fille de ce faux lupanar plus infect ?

Je pris une chaise. J'étais anéanti par le procès que me faisait un homme que je ne connaissais pas et qui, avec une rare brutalité, s'érigeait mon juge.

Je cherchai à l'adoucir en faisant allusion à mon impécuniosité. Alors, il se cabra, m'accusa de paresse, laissa entrevoir le pactole que peut rapporter une bonne traduction. Qu'aurais-je traduit, grands dieux, en dehors de mes états d'âme ?

Jean Vodaine qui avait aimé mes *Temps obscurs* au point d'en faire relier l'ouvrage, voulut prendre ma défense, plaider ma cause en quelque sorte, mais l'autre, inquisiteur en diable, n'écoutait plus. Pis encore : il décréta que pour accepter de vivre dans de telles conditions, je n'avais aucun talent, pas même celui des affaires.

À l'entendre, les poètes, les vrais et non les soi-disant tels, passent naturellement d'un salon d'acajou dans un salon de palissandre ou, plus simplement, savent se créer un cadre avec des reproductions de tableaux de maîtres et des tissus assortis, des plus grandes filatures.

Je lui parlai de Nerval poursuivi par le guignon ; je dis un mot de Jean Laugier dans sa mansarde ; de Robert Sabatier dans la sienne ; j'affirmai, la rage au cœur, qu'ils étaient de mes amis et que leur vie, présentement difficile, ne les empêcherait nullement de s'affirmer au plus haut des Lettres françaises. Il secoua sa crinière, ouvrit la fenêtre et s'effraya de la fausse cour qui le pouvait précipiter dans le vide.

Je devins éloquent. Je dis que Dieu m'avait touché l'épaule et que je regardais mon métier d'écrire comme un sacerdoce.

Il me crut devenu fou, refusa le verre de vin que je voulus lui servir, me tourna le dos et partit sans me serrer la main.

Comme il descendait l'escalier tortueux accompagné des aboiements du clébard, je lui souhaitai bon vent et bonne croisière et, de nouveau accablé, je me mis à pleurer comme un gosse.

Ému, Jean Vodaine me prit aux épaules et me fit savoir qu'avant de monter à mon cinquième, il avait vu Jean Paulhan chez Gallimard et l'avait revu, aux Arènes de Lutèce, entre deux parties de boules. Il avait aussi rencontré Jean Cayrol dans les salons des éditions du Seuil. Eux, oui !... Eux, et encore Maurice Nadeau, André Rousseaux, Robert de Saint Jean et Maurice Genevoix valaient le détour ! Ils étaient établis, augures, oracles écoutés. Ils trônaient dans de vastes bureaux tapissés de livres avec des bibelots aux coins des consoles. Ils marchaient sur des tapis persans et décidaient, sans se tromper jamais, de la qualité de celui-ci et de la dérangeante nullité de celui-là. Il ne serait pas venu à Paris pour rien ! Il y avait rencontré des hommes de grand format, autant dire des légendes !

J'appris qu'après m'avoir quitté sans compassion, il était repassé sur la Rive gauche où se distribuent les petits-fours des grands tirages ; où coule à flots le champagne des satisfactions réciproques.

Il me revint que chaque mercredi, Gaston Gallimard recevait dans son jardin des auteurs qui s'embrassaient avec les yeux de Judas et se détestaient en y mettant quelque brin de cautèle. On venait là pour se montrer, cueillir les fruits de la vanité et s'empiffrer sans frais.

Chez Lipp, Maurice Fombeure me disait en clignant de l'œil au garçon qui lui permettait d'arroser sa bière de cognac : « Viens donc, Le Quin-trec ! Viens dans mes vignes ! On va s'marrer ! On va s'mettre plein la gueule de leur sirop d'érable ! Y aura le père Bruck [1] et des moines de même culotte ! Y aura des parpaillots réchappés de la mousqueterie du père Joseph ! Des rabbins avec des jupes écossaises et des châles à prières ! Y aura ton ami Robin avec son gouvernement d'autruches, et puis, y aura le champagne de la veuve Cliquette, la vodka du Komintern, le ouisky et encore le ouiskey d'Eamon De Valera, sans parler du punch à mon pépère ! Viens donc à la soupe, vieux soldat !... »

Je n'ai jamais mis les pieds – et je le regrette ! – dans le jardin enchanté de la NRF.

Gide et Claudel n'y venaient plus qu'on avait reçus, pendant des lustres, en faisant bien attention qu'ils ne se rencontrassent point. Les uns après les autres, les grands pachydermes avaient pris congé du vieux et vaillant « connétable ». Restaient les clowns sinistres, genre Aragon, et certains truqueurs-novateurs qui se forfantaient de tout remettre en question avec des puzzles et des puces. Les puces de leur chemise et les puzzles de leur impuissance.

La grande saison littéraire de Paris se mourait du vieillissement et de la disparition de ses dinosaures.

Je ne me console pas d'avoir laissé « partir » Gide, Valéry, Claudel, Céline, sans avoir cherché à les rencontrer.

Pour Valéry, disparu en 1945, c'eût été difficile. Avec de la volonté, j'aurais pu cependant lui rendre visite, rue de Villejust, comme le faisait mon ami Pierre Coqueux pendant

1. Bruckberger.

la guerre, avec une poule et une motte de beurre. En pur esprit reconnaissant, il vous conduisait à la cuisine de son épouse et vous recevait ensuite dans son bureau qui sentait le mégot froid. Avec un peu de tabac offert à l'admiration et à l'amitié, le maître descendait de son Olympe et laissait « l'Éros énergumène » de son Faust s'emparer de toute sa personne. Cela n'allait pas sans déranger beaucoup.

J'étais sur le point de frapper à la porte de Paul Claudel que j'admirais jusque dans les marges de la Bible, quand j'appris qu'il avait refusé les mille francs qu'on était venu lui demander pour René Guy Cadou alors dans la gêne et très malade.

J'ai visité sa maison natale à Villeneuve-sur-Fère avec son jardin emmuré, son puits médiéval et son air de presbytère anglican. Pas une œuvre du poète dans cette demeure, mais un buste d'éphèbe de sa sœur Camille.

Pas d'œuvre non plus de Monet, à Giverny ; de Renoir, à Cagnes-sur-Mer ; de Chateaubriand, à Combourg et de Mauriac, à Malagar.

À Saint-Symphorien, sur le bord de la Hure qui est une rivière d'enfants en vacances, j'ai quand même embrassé le grand chêne que le jeune François tenait pour un dieu lare. À Malagar, j'ai vu la charmille et la terrasse dominant la vallée de la Garonne avec le clocher de Langon en sentinelle avancée.

Vint le temps où l'on me taxa de « romantique ». Curieusement, le mot me fit mal. Il est vrai qu'à mes yeux le romantisme ce fut moins une nouvelle manière de faire des vers, qu'une nouvelle manière de vivre. Plus que dans l'encrier de Victor Hugo et de ses amis, il commence sur les barricades des Trois Glorieuses. C'est là, sur le pavé insurrectionnel, qu'une autre sensibilité a jailli ; qu'une imagination différente a pris naissance. Pendant quelques jours, tout un peuple a cru aux grands mots de Liberté, Égalité, Fraternité. Peu de sang a été répandu, mais la poudre a parlé. Une fois encore Paris s'est donné rendez-vous, s'est retrouvé face à lui-même et s'est fait peur. Une fois de plus, Paris s'est cru au spectacle, libérant les uns de leurs chaînes et les autres de leurs bâillons.

Les cercles, les phalanstères, les sociétés secrètes pullulent. Les folliculaires sont à la foire. Les journaux paraissent et disparaissent en vingt-quatre heures.

L'esprit nouveau vient de la nuit des conciliabules ; de la ténèbre émanant de certaines officines ; des professions de foi de faux vicaires savoyards. Une semaine durant, entre l'Arc de triomphe et Notre-Dame, on a souhaité mourir pour désenchaîner le monde.

L'ordre revenu, reste la nostalgie de ce qui aurait pu se faire, reste le rêve.

« Périssent tous les livres du monde plutôt que mes illusions », écrit Balzac, mais les illusions s'évanouissent tandis que les livres se multiplient.

On le voit, à ses début – du moins en France –, le romantisme aura été plus un rêve de société qu'une réalité littéraire.

Désormais cependant, on va tourner le dos à la tragédie classique et donner au drame ses authentiques quartiers de noblesse populaire. On va écrire non plus les émois des jeunes princesses sacrifiées sur les autels des ambitions dynastiques, mais les malheurs des filles perdues et des enfants abandonnés.

Du jour au lendemain, chaque théâtre devient un abîme. La fatalité y fait des ravages. Les vieilles légendes – qui l'eût cru ? –, les vieilles légendes celtiques retrouvent jeunesse et vigueur. On attend les journaux à leurs feuilletons. Quasimodo n'est pas trop horrible et Lorenzaccio pas trop dépravé. Vautrin manigance dans les tourbières mondaines tandis que Lucien de Rubempré, son élève, soigne sa tenue de poète jusqu'au dandysme et sa gloire jusqu'au crime.

Après le drame, arrive le mélodrame et Margot apprend à pleurer.

Entre deux poèmes, j'imaginais Mme Brousse en ménage avec mon ami Maurice, balayant devant leur porte afin d'y attirer des enfants perdus qui seraient livrés pour quelques sols aux princes de la nuit.

J'aurais aimé écrire pour le théâtre, mais les quelques essais que je fis tournèrent court. Mon romantisme ne survécut pas aux étalages de mes holocaustes. Au troisième acte, Maurice moribond, il n'y avait plus personne pour tenir tête à notre logeuse. À l'échelle du Sentier, elle ourdissait des complots qui ébranlaient le roi, la reine et la république quand il leur était donné de vivre en bonne intelligence.

J'eus très vite la révélation qu'il me fallait tourner le dos à la scène, quand, chaque jour davantage, Mme Brousse me révélait de ses talents de comédienne. Qu'elle crêpât le chignon de Mme Gabrielle ou qu'elle affirmât que notre Conchita se faisait battre par l'homme de son lit, elle glapissait de manière inimitable. Il fallait l'entendre conter le menu de notre vie à ma sœur Marie-Jo quand il prenait à celle-ci la fantaisie de me venir embrasser dans les bras de ma fille !

J'avais sous les yeux un personnage sorti de l'ancien et du nouveau répertoire, seulement, je ne parvenais pas à l'introduire dans une fiction. J'en éprouvais beaucoup de désarroi et de tristesse.

Dans ces jours-là, je reçus la visite de Pierre Michel, poète lorrain que j'avais rencontré chez Lipp entre deux séjours en Afrique où il faisait des maîtres d'école.

Je revois encore son air ahuri à l'étalage de notre dénuement. Dans cette détresse sans nom, mon insouciance et mes vantardises l'exaspéraient sans qu'il le laissât trop voir. Même le sourire de notre Cocotte, occupée de son ours et de sa poupée, ne parvint pas à le rassurer.

Il ouvrit sa serviette, en tira des chocolats pour la petite, des céramiques de Longwy pour ma femme et me remit la *Marie* de Brizeux avec tout un cérémonial.

Adolescent, j'avais eu le goût de ce poète qu'Alfred de Vigny prisait fort et que Sainte-Beuve comparait à Virgile. J'avais fait le voyage de Lorient dévasté par les bombes américaines, pour m'incliner sur sa tombe. Il y poussait un chêne au-dessus de celle-ci comme un saule au-dessus de celle de Musset. Me ravissaient ses amours au bord du Scorff, près du pont Kerlo. J'avais aussi rêvé d'une amie de cœur à qui confier mes plus lourds secrets. Du temps que j'étais collégien, Élisabeth m'avait bien trahi sur ce chapitre-là [1] !

Au sortir du catéchisme, Marie du Moustoir et ses compagnes devaient fuir devant des garçons portés à les vouloir renverser dans les luzernes. Elles parvenaient à en triompher en trouvant refuge dans une métairie de leur clan. Les galochards envolés, le jeune poète parvenait à approcher Marie. Suivaient des yeux doux, des caresses à peine esquissées, des serments éternels. On entrait dans le marais cueillir des iris ; on gravait de ses initiales dans l'écorce des arbres et, entre deux baisers volés, on joignait les mains

1. Voir *Une enfance bretonne, op. cit.*

à l'heure de l'angélus. On se séparait en rêvant d'accordailles.

De Brizeux à Lamartine, la distance n'égarait personne.

J'en touchais un mot à Pierre qui, prenant par les traverschamps de la poésie, me disait préférer Maurice de Guérin et Hippolyte de La Morvonnais aux auteurs adulés de leur époque. Je lui passais ses engouements et je souffrais de ses préférences.

Il avait renoncé à l'écriture pour se consacrer entièrement à la pédagogie. Cela dit, il m'encourageait à poursuivre mes expériences de porte-lyre, mais se désolait de me voir avec toute cette misère. Certes, on m'avait tressé des couronnes de laurier ; certes, je commençais à me faire des amis dans le monde des écrivains ; certes, Hervé Bazin m'écrivait pour me dire que j'étais « en tête de la jeune poésie », seulement, il y avait cette « chambre à crime » que François Mauriac avait évoquée à propos de celle de Max Jacob, rue Ravignan ; chambre où l'on rapporte « la proie pantelante ramassée sur le trottoir ».

Oui, il y avait cette chambre sans nom qui ne nous permettait pas de monter le lit de notre enfant qui dormait sur un matelas à même le carrelage.

Il me dira plus tard : « Je n'aurais pas cru que vous seriez sortis de ce trou. Quand, à partir d'un strapontin d'employé de banque, tu me parlais d'œuvre littéraire et de journalisme, j'étais sans illusions et je vous quittais accablé. »

Accablé, je ne l'étais pas et je faisais valoir avec une belle assurance que Blaise Cendrars et Guillaume Apollinaire, leurs disciples et leurs épigones avaient, eux aussi, mangé de cette vache enragée pour mériter un succès qui n'était venu, pour la plupart d'entre eux – j'en convenais –, qu'à titre posthume.

Curieux : la misère n'est admise que dans les romans populaires et encore, à condition qu'elle permette au héros de sortir de la case ou de l'isba avec honneur et à l'héroïne de voler de citrouille en carrosse.

Pour les bonnes gens qui d'ailleurs ne les lisent pas, les poètes doivent avoir le style, le maintien, l'élégance de Lucien de Rubempré afin d'être – comme lui – reçus chez Mme de Bargeton. S'il arrive qu'on s'émeuve au nom de Nerval, de Baudelaire ou de Verlaine, Dieu merci, on ne les fréquente pas !

Ce fut dans la voiture de Pierre Michel que je visitai Charleville, patrie de Rimbaud. Avec quelle émotion mîmes-nous nos pas dans ceux du sublime potache !

Voici le square aux « mesquines pelouses » ; le banc public de l'apostrophe à Dieu ; le bouge où, dans la compagnie de son ami Delahaye, il rêva le monde. Qu'il s'encrapulât ensuite à Paris – Parmerde, pour rester dans le ton ! – la belle affaire !

Rimbaud de nos rêves et de nos amours ! Mort jeune pour échapper à la mort éternelle ! Ah, le dormeur du val de nos agenouillements et de notre liturgie ! Nous l'aurions suivi au cabaret vert et jusqu'au cœur de l'Abyssinie du roi Ménélik !

De Charleville, nous ralliâmes Longuyon dans un véritable état de ferveur. Depuis le jardinet donnant sur la rue, la famille nous guettait. La bonne maman avec des larmes dans les yeux, René, le père, la main en cornet sur une oreille difficile et la si chère et désopilante tante Marguerite, rose comme les très jeunes filles du temps qu'elles naissaient encore dans les roses, nous firent fête à l'embrassade.

Mi-paysanne, mi-bourgeoise, la vaste maison s'enorgueillissait de solides murailles. Elle était le lieu magique, sacralisé de la famille ; le havre de miséricorde où il ferait toujours bon revenir.

« Tu verras, disait Pierre, c'est vieux, mais c'est bâti sur le roc ! C'est lorrain ! Les Poincaré sont venus là, enfin juste à côté de chez nous. Cette visite qui nous honorait tous, a bercé mon enfance. »

Une grande bouffée de bonheur me précéda dans le bureau de Pierre. Nouvellement reliés, les ouvrages faisaient flamber des dos d'or et d'argent.

Je tremblais d'admiration béate. Des livres, au nombre desquels je reconnus les miens, fleurant bon la biquette, nous plongeâmes dans des manuscrits achetés dans les officines spécialisées du quai Malaquais et de la rue Bonaparte.

Il nous arrivait de comparer les éditions successives d'une même œuvre et de rire, en gamins, de modifications pas toujours très heureuses.

La fête culminait quand Jean Mardigny, poète et libraire à Nancy, entendait s'immiscer dans notre jeu et le conduire. Au bout de deux ou trois heures, histoire de nous calmer l'esprit, nous prenions par la vallée de la Chiers et, de bois en prairies, nous poussions vers d'anciennes forges encorbellées de ronces au point de nous cacher les blasons des feudataires de Charlemagne et des barons de Charles Quint.

Cette terre gorgée d'histoire permettait à Pierre de nous parler de son pays non pas en érudit, non pas en professeur, mais en poète, un poète qui n'écrivait plus, mais portait le chant des autres et plus encore celui de Jean Vagne et de Lucien Becker, avec une troublante et profonde élévation.

Pour le plaisir du père, nous montions à la vêprée vers les jardins d'en haut. René Michel y apprivoisait des abeilles avec une science héritée des ancêtres. Elles lui couraient sur les bras et la poitrine et lui tourbillonnaient les quelques cheveux de sa calvitie en vassales d'une reine bienfaisante à tous les degrés. On s'émerveillait de la douceur de l'air et – entre cire et miel – de la bonté des âmes.

4

Le soir, quand les voisins mettaient une sourdine à leurs vocalises et fermaient leur radio, je me penchais sur mes papiers et je laissais venir Vorag. Elle m'était indispensable dans les moments de grandes soulevées. Pour avoir été plongée dans l'abîme, elle réapparaissait plus jeune, plus désirable que jamais.

Après avoir pris quelques précautions, il m'arrivait de la laisser faire. Elle en profitait pour me plaquer un bandeau sur les yeux et me faire tourner la bourrique autour de la table. L'heure de la révolte, autant dire de la délivrance, s'accompagnait de vin et de tabac.

Rue Montorgueil, ma femme achetait un rouge tout à fait pissard que la publicité des journaux vantait en tant que « vin des poètes ». J'en ingurgitais plus que de mesure pour changer la vie du monde et toucher aux étoiles.

En sœur de la sylphide de Chateaubriand, Vorag préludait par un chant à peine audible. J'enrageais de ne le pouvoir noter. C'était comme une cantilène que le vent emportait vers d'antiques futaies où se manifestaient encore des garous soufflant dans des bedondaines. Avec un autre verre de vin, il m'arrivait de leur jouer le tour de les transformer en gargouilles. C'était un plaisir rare que de parvenir à un tel résultat.

Miracle de ces nuits studieuses où plus rien n'existait que le chant parfois modulé, parfois livré à la manducation, puis à la musique des mots, quand ce n'était au gueuloir du grand Flaubert.

Ma ferveur n'était cependant pas si intense que je n'entendisse le voisin tousser ; rentrer des noctambules ; s'ébattre un couple qui se croyait seul au monde. Alors je regardais, punaisée à la muraille, la jeune fille de Modigliani dont j'admirais la gracilité du cou et le visage sans yeux tourné vers le songe. Le *Christ* de Rouault, appendu au mur comme il fut à la potence, me rendait, fiévreux, à mes exercices.

Que de ratures, de rejets, de colère, de désespoir et, au moment où il me fallait penser à l'aurore que je ne verrais pas, le grand galop de mes chevaux lancés dans toutes les directions des nuages qui dansent sur la mer.

Un Villon ouvert devant moi afin de me mettre en appétit, et je quittais terre pour une éternité.

Dites-moi où, n'en quel pays
Est Flora, la belle Romaine...

Lui, c'était Flora. Moi, c'était Vorag. Comment choisir entre le mystère et le merveilleux ? Faut-il seulement choisir ? La nuit avait assez de lampyres pour dénicher la lune qui se cachait à l'orée des bois afin d'éprouver mon courage.

Ah, que j'aimais les arbres de mon apanage ! Je me disais que chaque homme a son arbre qui répond de lui. Ces arbreslà, rugueux, torsadés, démembrés, ou présentant des fûts lisses comme des mâts de navire, me faisaient famille.

C'était la forêt des grandes armadas ! Dans les branches – autant de vergues ! – l'oisellerie dénonçait notre passage en ne trillant plus. Nous marchions sur des colchiques et des saponaires. Il y avait encore de la bourrache et du millepertuis le long des murs en ruines et la bruyère dominait jusqu'au milieu des ajoncs.

Il fallait passer par des cimetières ; escalader des morts ; écouter dans la brume l'haleine contenue d'une harde, quitte à voir, en un éclair, l'affolement des daguets. Partout des épreintes, des rameaux brisés qui indiquaient des passages. À même les marais, comme surpris dans le sommeil des âges, « les enfants de septembre » s'évanouissaient à notre approche ou planaient dans des ciels qu'on ne voyait plus.

Je pensai qu'en m'apprenant mes prières, ma mère m'avait donné le goût de l'aventure. Par la prière, on traverse sans danger la lande et la forêt et l'on dit à son Dieu : « Je serai quelqu'un, Seigneur, puisque votre action en moi ira jusqu'à son terme. »

On dit que Dieu ne répond jamais. C'est parce que nous sommes sans oreilles, sans entrailles et sans imagination.

Ils disent que l'arbre cache la forêt. Ils aiment à le répéter tant les idées reçues les rassurent. Ce n'est pas vrai. Je l'ai dit : « Chaque arbre répond d'un homme à l'image de Dieu ! » Ah, que Dieu est difficile !

Jusqu'à une heure avancée de la nuit, séparé de ma femme par un paravent et du « berceau » de Jacqueline par une sorte de moustiquaire, je ne permets à ma lampe que le peu de lumière qui ne réveillera personne, mais dont j'ai besoin pour marcher, en aveugle, sur ce qu'ils appellent : « les chemins de l'Écriture ».

Je tâtonne plus que je n'avance. Tournant le dos à l'histoire, je me veux en état de symbiose avec mon pays, jusqu'à la légende.

Je pensais à la vieille tante de Loperhet qui disait en breton que je ne valais rien, quand notre mère rêvait que je fisse un prêtre. Et c'était vrai que je ne valais pas grand-chose ! Dès qu'ouverts, les sentiers de Paris se rouvraient pour me rendre à ma sauvage nature. Je n'avais ni l'art de m'exprimer avec délicatesse, ni celui de capturer des bengalis. J'étais comme installé dans une perpétuelle inquiétude et dans une colère qui me prenait au ventre. J'en voulais à ce monde – indigne de mon rêve – d'être en dishirit[1], moche, injuste, porté à s'autodétruire.

J'en voulais aux hommes de tricher avec leur nature, avec leur bravoure ; de n'avoir aucune bienveillance foncière ; de n'exprimer bien que le refus ; de ne savoir dire que : NON.

J'enrageais de les voir empoisonner leurs cités et porter la charrue dans les landes afin de supprimer ces espaces d'enfance qui sont le meilleur que nous aurons reçu.

Le silence de ma plume m'effrayait. Pas une fois je n'ai réveillé la petite, pelotonnée entre son ours et sa poupée, et souriant aux anges qui la venaient border. Qu'elle était belle ! Qu'elle était bien heureuse ! Comme j'aurais voulu, tournant le dos à la rue Saint-Joseph, l'emmener sur la mer et lui offrir, pour ses jeux, des étoiles et des méduses !

---

1. Tiré du breton : entre déshérence et déshériter.

Quand je lisais à sa mère ce que j'avais écrit tandis qu'elle dormait, elle s'écriait en battant des mains : « C'est beau, papa ! » J'étais alors largement payé de ma nuit blanche et de ma peine.

Cette rage de vivre allait (enfin) me valoir quelques satisfactions.

Averti de mon travail par téléphone, Maurice Chapelan me donna rendez-vous et me reçut, aux éditions Bernard Grasset, dans un bureau où il avait accroché quelques toiles de sa manière.

Assis derrière une table de bois déverni portant des encriers, des cendriers, des pipes et toutes sortes d'objets célibataires, il entrouvrait la bouche sur des dents mal plantées ou plantées de travers pour mieux mordre. Son regard paraissait hésiter entre la malice et le mépris. Je sus bientôt que la malice l'emportait presque toujours.

Avec son nœud papillon en collet-monté, il donnait l'impression d'accorder beaucoup de soin à son vêtement. Il est vrai qu'au Rond-Point, chez Maurice Noël, où il travaillait également, il lui fallait au moins les dentelles de M. de Buffon pour passer de Vaugelas à Littré et de Larousse à Grevisse.

Le grammairien qu'il était avant tout, renifla mon manuscrit des *Noces de la terre* avec une sorte de suspicion et parut contrarié. Le lecteur prit la relève et ce furent, sur-le-champ, des critiques de détail et bientôt des commentaires trop éloquents pour mon amour-propre.

Sa décision fut prise. Il présenterait mon affaire au directeur de la maison, M. Bernard Privat, et demanderait à Hervé Bazin de l'aider à emporter la décision.

Bazin ne faisait pas partie du comité de lecture, mais son « poids », rue des Saints-Pères, lui permettait d'avancer un avis et, quand il était très favorable...

On allait travailler à ma jeune gloire. Il y avait si longtemps que Grasset n'avait publié de poèmes que cela passerait pour une gageure, mieux : une révolution !

Chapelan me présenta à Georges Lambrichs que je voyais chaque semaine chez Lipp ; à Jacques Bour que je connaissais déjà et au dénommé Guiral qui, d'un regard, me fit comprendre que je ne serais jamais son ami.

Henri Poulaille fut bientôt là, du populisme plein les poches, avec, au moment de me serrer la main, l'impression de devoir me la refuser. Il ne reconnaissait pas, pas du tout, le prolo que j'avais toujours été dans son esprit. Je lus dans ses yeux que j'étais de l'autre côté de la barrière, autant dire dans le camp des aristocrates.

M'ayant fait quelques pas de conduite, Chapelan me demanda de garder confiance et s'en retourna à son travail. De mon côté, je me dirigeai vers Montparnasse, gare ombilicale des Bretons de Paris.

Par le plus grand des hasards, j'y rencontrai Pascal Pondaven qui dirigeait, à partir des Champs-Élysées, *La Bretagne à Paris*, un hebdomadaire à l'usage des compatriotes de la région parisienne.

« Tu tombes bien, me dit-il, j'allais justement t'adresser un télégramme. Voici de quoi il s'agit : pris par ses responsabilités à la radio, Louis Le Cunff ne peut plus s'occuper de notre journal. D'un commun accord, nous avons pensé à toi. Serais-tu prêt à me donner un coup de main et à te rendre partout où nos amis organisent bals, banquets, défilés, fêtes folkloriques ? Tes honoraires seront modestes, mais tes frais te seront remboursés. Je compte sur toi dimanche à Montfort-l'Amaury, d'accord ? »

Ce fut le commencement d'une aventure qui allait décider de ma carrière de journaliste et durer plus de trente ans.

Avant de prendre la route et le rail, je pris le vent. Je sus bientôt que Léon Durocher et Olivier de Gourcuff, du haut d'un Montmartre mythique, avaient eu l'idée de réunir une fois l'an, en la fête de saint Yves, tout né natif entre Couesnon et Loire, en un vaste pardon. Le premier rassemblement avait eu lieu le 18 juin 1899, en la terre ducale de Montfort.

Des anciens que je rencontrai dans les bistrots de la rue du Départ et de la rue de l'Arrivée, se montrèrent intarissables sur le plaisir pris, en ces jours de liesse, où le spectacle le dispute aux agapes.

J'appris des uns et des autres que du haut du Menez-Tour, les inventeurs de la fête avaient décidé d'honorer les muses et de créer une sainte émulation entre les versificateurs bon teint et les porte-lyres patentés.

Une vieille lectrice de mes *Temps obscurs*, Lucie Geslin – paix à son âme en fleur ! – avait reçu, dans tout l'éclat de sa vingtième année, le titre – avec médaille et parchemin ! – d'« Ajoncat ». On était, « Ajoncat », comme il arrive qu'on soit « Trèfle d'or » aux Jeux floraux de Toulouse et « Primadier » en noble terre quercinoise.

Sans jamais y participer, j'ai vu mourir les feux de ces joutes lyriques où Bretagne rimait avec montagne et campagne et amours avec clochers à jours.

Léon Toulemont qui était un celtisant notoire, Robert Chochon, avocat à la Cour et Paul Robin, le garant de la tradition, décidaient à eux trois des récompenses et permettaient aux auteurs primés de lire de leurs œuvrettes.

Bientôt – signe des temps ! – les concours de poésie furent supprimés, puis les foules vinrent moins nombreuses, et la fin d'un certain type de vie amicaliste y fut scellée. J'en garde quelque nostalgie. Ce n'est jamais drôle de voir un monde se défaire sous ses yeux.

On arrivait à Montfort par la grâce d'un petit train et c'était en chantant et en dansant derrière un biniou qu'on se dirigeait vers l'agglomération distante de la gare d'une demi-lieue.

Il serait plus exact de dire que nous montions vers Montfort escortés par des arbres centenaires et des prairies opulentes. La Saint-Yves se fêtant en mai, la nature y était profuse et printanière.

Là-haut, chacun courait aux incommodités de la bourgade et les jeunes filles s'enfermaient dans l'arrière-salle de quelque débit de boissons pour se défaire de leurs vêtements de ville afin de revêtir les défroques vénérables des pays de Guérande ou de Plougastel.

Portant le large manteau de cour semé d'hermines, coiffée du touret ou du hennin, la plus jolie d'entre elles se voyait hissée sur un palefroi tenu court par un écuyer aux ordres.

Commençait, après l'office, un défilé qui, de l'église paroissiale, conduisait au Menez-Tour où Paul Robin fleurissait les bustes de la duchesse Anne, deux fois reine de France, et du vicomte de Chateaubriand.

Le moment le plus attendu était celui du repas qu'on prenait sous la tente. Il était servi par une troupe de marmitons cramoisis qui, depuis l'aube, avaient beaucoup trinqué à la santé des égrégores. On leur pardonnait leurs libations matutinales tant les odeurs laissaient joyeusement augurer du festin.

C'était la soupe de bœuf avec des lichettes de pain paysan ; c'étaient des légumes cuits à feu doux, dans d'immenses chaudrons ; c'était le bœuf gros sel, avec toutes sortes de choses gélatineuses et, pour finir, le ragoût de bœuf que les plus difficiles portaient aux nues.

Les citadins à part entière que nous sommes devenus, disaient trouver dans ce franc-manger les vertus du bon vieux temps.

Sonnez binious, résonnez bombardes !... Il n'était pas nécessaire de crier deux fois : *Waraok Kit !* pour que les bagadou se missent à tourner autour des tables en attendant que l'ordre leur fût donné de reprendre *Cadoudal* et de basculer le glorieux gros homme de l'histoire dans la légende.

La journée se terminait par des chants, des jeux, de la danse et de la lutte, et l'on s'en revenait vers la petite gare où, bien sagement, nous attendait le petit train.

Je fus tout le printemps et une partie de l'été partout où les Bretons de Paris faisaient « sonner » la souvenance. Ils n'en finissaient pas de célébrer saint Yves, l'avocat des pauvres.

Je fus un élève appliqué et bientôt un partenaire difficile. Dans les cafés de Montparnasse, je me mis à fréquenter des groupuscules à vocation culturelle où l'on débattait de la Celtie, de son aspiration à l'unité et de la fière indépendance de ses populations.

On évoquait « Les Dîners celtiques » que Renan avait honorés de sa présence et l'on polémiquait autour du *Barzaz Breiz* que certains, à l'instar de Lamartine, Hugo et George Sand comparaient à l'*Iliade* et que d'autres méprisaient pour n'apporter de l'antique paysannerie qu'une image tronquée.

Au cœur de débats parfois houleux, on reconnaissait Glenmor avec les yeux de Merlin et la barbiche de Péladan et Xavier Grall, très jeune encore, qui dégoisait de la capitale jusqu'à la comparer à Babylone.

Les yeux battus, la bouche amère, les joues rentrées sous les pommettes, les cheveux au vent de la repartie véhémente, il vilipendait les mufles, les marionnettes du régime, les pseudo-philosophes, les poètes, les soi-disant poètes et les romanciers à succès.

Pour alimenter tant d'acrimonie, il se faisait servir quelque nectar irlandais ou le chouchen des chercheurs de noises. Cela lui permettait de passer l'Aulne dans la barque de saint Brendan et l'Élorn dans celle de Mélusine pour allumer « la fête de nuit » de ceux qui meurent jeunes.

« À cinquante ans je serai mort, me disait-il, alors, autant profiter de ce whiskey... N'attendons à demain... Cueillons dès aujourd'hui... »

Il riait en retard d'un bon mot, presque silencieusement, essuyait le tabac de ses lèvres à l'aide d'un large mouchoir de curé, puis reprenait la litanie de ses sarcasmes jusqu'à plus souffle.

Avec Jean Bothorel, nous avions convenu de fonder une revue. Xavier Grall exigea que le titre en serait : *Le Cri*. N'y entreraient ni les cons, ni les cuistres, ni les croûtons sorbonnisés et pas davantage ceux-là qui se complaisent dans le vent du cosmopolitisme triomphant. Il nous fallait des James Dean, des Jack London, des Jack Kerouac, des gens qui quittent tout pour se réveiller dans les docks d'un port inconnu et qui courent au beuglant le plus crasseux pour trousser la romance du pauvre gens ; embrasser les putes de Dublin ; les duègnes de Valladolid et les sous-maîtresses de Valparaiso. Nous allions jeter le bateau ivre dans les eaux du Déluge ; participer à des tournois, à des guerres, à des cataclysmes prévus ; à des apocalypses folles, afin de pondre un œuf à deux jaunes dans le couvillon de Jean Paulhan !

Grall vénérait René Guy Cadou pour être resté fidèle à sa Brière natale, Venise née du vent des roseaux.

Pourquoi n'allez-vous pas à Paris ?
– Mais l'odeur des lys ! Mais l'odeur des lys !

Les quais de la Seine ont aussi leurs fleuristes...
– Mais pas assez tristes ! Ô pas assez tristes[1] *!...*

Rester au pays, retourner au pays, tel était le mot d'ordre. Ma tentative de l'autre hiver n'ayant pas été concluante, ne l'empêchait pas de regarder vers Pont-Aven où Gauguin avait ramassé la paille de son génie.

De Cadou, nous en vînmes à Jean Giono qui ne voulut pas sortir de Manosque, ce qu'il fit cependant pour participer à la guerre des autres : bellicistes, marchands de canons tricolorisés par l'appât du gain et l'ardente sottise des gredins et des faiseurs de beaux discours.

Giono, c'était entre la montagne de Lure et le plateau de Valensole qu'il le fallait surprendre, la nuit plus encore, quand les étoiles du ciel sont si nombreuses qu'elles vous tombent dans le chapeau.

Le Hussard sur le toit qui venait de paraître, fut l'événement littéraire de ces années-là. Pour avoir dû lutter contre la tuberculose, le choléra d'Angelo ne me faisait pas peur. Avec un bon cheval, je l'eusse accompagné par toutes les maladreries de la terre.

Il faut être pur pour traverser une épidémie. Pur, je ne l'étais pas, et pourtant, j'avais triomphé à deux reprises d'un

1. René Guy Cadou : *Hélène ou le Règne végétal.*

mal qui répand la terreur. Dans ces années-là, c'était encore plus vrai.

Comme René Guy Cadou et Jean Giono, j'aurais voulu vivre dans ma lande, cette lande qu'on voit danser sur la mer quand jouent les galernes du rêve.

Les sentiers de Paris s'étant ouverts et refermés sur mon passage, il me fallait me contenter du boyau pestilentiel de la rue Saint-Joseph avec très peu de ciel au-dessus. J'en avais pris mon parti.

5

JACQUELINE interrogeait : « Tu vas à ton Parnasse, papa ? – Non, je vais aux Champs-Élysées voir mon ami Pascal Pondaven. – C'est loin ? – C'est pour toi ! Mon ami Pondaven serait content de te savoir heureuse. »

En vérité, il m'attendait pour des tâches tour à tour exaltantes et ingrates. Les bretonneries de ce temps-là furent mes « chiens écrasés ». J'en goûtai pendant tant d'années que je ne peux plus entendre un air de biniou sans m'enfuir.

Cet homme qui paraissait avoir toutes les clés dans sa poche et qui manifestait devant les plus hautes autorités de l'État des dons de patriote et de bonimenteur ; cet homme qui me voulait chaque jour plus près de lui ; qui disait dans ses discours de fin de banquet que je lui succéderais quand il prendrait sa retraite, fut incapable de m'imposer au sein de la rédaction parisienne d'*Ouest-France*.

Les chers confrères m'étaient hostiles ; me tournaient le dos, me refusaient la main. C'en était au point que la jeune et jolie dactylo paraissait gênée de devoir me faire la tête. Elle attendait de me croiser dans un couloir pour me sourire et m'inciter à la patience.

J'étais le vilain petit canard né sous une poule mouillée. On me voulait boiteux, cafardeux, infréquentable.

Quand le *Petit Larousse* disparaissait – ces messieurs-dames s'en servaient surtout pour les mots croisés – c'était moi le voleur.

Comme le *Petit Larousse* s'envolait chaque semaine, on m'accusait à voix basse avec des airs de grande sournoiserie. Excédé d'être ainsi chargé en bourrique, je finis par leur lancer : « C'est vrai que je suis très pauvre, mais le pain que je mange est honnête !

– Tu les as mouchés », me dit Pondaven.

Il fallut cependant une circonstance très exceptionnelle pour les amener à résipiscence. Elle se présenta un matin que j'étais seul à la rédaction. Au téléphone, la secrétaire du président Pleven demandait à parler à M. Roulleau, notre chef. Elle avait une information de la plus haute importance à lui transmettre.

Je lui dis que M. Roulleau était absent, mais que j'allais prendre le message et le poser, sous pli cacheté, sur son bureau.

Je fis mieux. Je donnai un tour journalistique à la nouvelle qui me fut révélée et l'accompagnai d'une note amicale.

M. Roulleau, grand sensible devant l'Éternel, en fut tellement touché qu'il me convoqua et me reçut dans le bureau de M. Paul Hutin-Desgrées, le patron.

Après quelques remarques pas trop désobligeantes sur mes poèmes – je ne respectais pas toujours les diérèses et le sexe des rimes –, il fit le procès de ses collaborateurs et m'exhorta à ne les imiter d'aucune façon.

C'était un grand et gros homme qui avait servi en tant que pilote dans la première aviation : celle de la Grande

Guerre. Colère, sanguin, capable de faire péter les plombs, il ne cachait rien de ses sentiments et envoyait tout en l'air quand quelque chose lui avait déplu. On lui passait ses humeurs et ses outrances plus que ses propos.

Avec moi, d'entrée de jeu, il se montra d'une urbanité charmante et pour me prouver ses bonnes grâces, il me demanda d'assurer le mariage de la princesse Hélène de France avec le duc de Limbourg-Stirum.

Ce fut donc sous l'égide de Son Altesse royale que je fis mes premières armes en tant qu'« envoyé spécial », d'abord à Louveciennes, pour le mariage civil, puis à Dreux, à la chapelle des Orléans, pour la cérémonie religieuse.

À Louveciennes, la princesse apparut au milieu de ses invités gracieuse, souriante, des lys dans la chevelure, nimbée de bonheur. Elle se rendit très démocratiquement à la mairie au bras de son père, le comte de Paris, fier en ce jour de sa Maison et de sa progéniture.

Arribar, le chauffeur de M. Hutin, regardait passer ce cortège princier avec des ricanements qui remontaient à la *Carmagnole*. Il mit un bémol à sa hargne révolutionnaire lorsque nous nous rendîmes à Dreux avec M. Paul Hutin-Desgrées qui, pour avoir fait abroger par le Parlement la loi d'exil qui frappait les familles anciennement régnantes, était en ce grand jour, attendu avec reconnaissance.

Avant que nous ne quittions Paris, me prenant à part, M. Roulleau m'avait dit : « Il y va de votre carrière. Ne me décevez pas. Pendant ce voyage de plus d'une heure, tâchez de parler au patron. Faites de votre situation un tableau aussi fidèle que possible. Il pourrait beaucoup pour vous. À vous de le savoir prendre. »

Il faisait très froid. Les longs labours de Beauce semblaient fumer la terre. Je dis à M. Hutin que la France est belle comme l'est une fiancée quand on la regarde sur le versant de l'âge et une bonne aïeule quand on sait la voir à vingt ans.

Se tournant vers la banquette arrière de la voiture, il me regarda et dit : « J'ai lu de vos poèmes. Vous aimez votre mère, votre femme, votre enfant et votre pays... N'est-ce pas saint Louis de Gonzague qui a dit que nous serons jugés sur l'amour ?... »

C'était un homme droit, au regard clair, avec une grande douceur dans les yeux. Ses cheveux blancs, clairsemés, qu'il rejetait en arrière comme agacé, le nez bourbonien, la bouche mince, tout son visage exprimait les vertus d'un humanisme puisé aux meilleures sources.

Profondément attaché à la démocratie chrétienne, disciple du père Lacordaire et de Marc Sangnier, ami, puis successeur de l'abbé Desgranges à la Chambre, ses éditoriaux pour une France rénovée, rajeunie et plus juste, parfois ombrés d'un brin d'éloquence, faisaient honneur au fin latiniste. Poète lui-même, comme l'était également Mme Magdeleine Hutin-Desgrées, son épouse, il rejoignait M. Roulleau dans l'exigence formelle d'un classicisme hérité de Malherbe plus que de Boileau.

Sur la colline de Dreux, il suivit un cérémoniaire qui le vint chercher pour le conduire auprès de Monseigneur le Comte de Paris.

Pendant la messe qui dura plus de deux heures, je battis la semelle au haut de Billy, face à la chapelle royale. Il faisait un hiver à glisser sur les lacs et à figer les fleuves.

À l'issue de la cérémonie eut lieu le défilé de ce qu'on appelle le gotha. Ce fut une longue et silencieuse procession d'ombres. Je n'y reconnus que la reine Frédérika de Grèce, parée comme une icône.

Je reçus de l'argent de M. Hutin qui me demanda de régaler son cher Arribar. Celui-ci – qui s'y connaissait en restaurants gastronomiques – me précéda dans une auberge où le feu d'une large cheminée faisait danser des feuillages sur la table d'hôte.

Avant de déguster les écrevisses et de goûter au chateaubriand, il fallut ingurgiter deux ou trois apéritifs. « T'en fais pas, dit le chauffeur, tu vas manger comme un prince ! Mieux qu'un prince et mieux que le patron chez les aristos ! Allez, à la tienne, Étienne ! »

Je n'avais pas l'habitude de me gouverner à table de cette façon et de finir un repas avec de la fine champagne. Sur la route du retour, je sommeillais tandis que le bonhomme, au volant de sa Peugeot, me narrait de ses exploits. Permis de conduire obtenu en 1910 et depuis pas une égratignure, pas d'accident, pas même une contravention.

« Je leur z'ai bien fait comprendre à tous ces cons-là que c'est pas de boire au volant qui est dangereux, c'est d'avoir peur ! Ça, si tu as peur, tu peux toujours aller te rhabiller chez le duc de mes fesses ! »

« Alors, me lança M. Roulleau comme je remettais les pieds à la rédaction, vous lui avez parlé ?... Bien ! Très bien ! Il vous reste à écrire l'article de votre vie ! »

J'allai à l'évier des toilettes me passer de l'eau sur la figure et, pendant des heures, je cherchai les mots propres à peindre des excellences, des éminences, des altesses royales. J'étais au cœur d'un monde que je ne connaissais pas ; en peine de la couleur d'une robe, d'une fourrure, de la blondeur d'un clip. Une rivière de diamants, un manchon, un renard, une chasuble me désorganisaient dans une fièvre qui me brûlait les pommettes et me serrait la gorge.

Mon « papier » fut cependant des plus longs. Je ne savais pas faire court et ne sais toujours pas.

Rentré de Louveciennes où il avait assisté au lunch offert par la comtesse et le comte de Paris, M. Hutin jeta un œil sur ma copie et s'en alla à ses affaires sans un mot.

M. Roulleau en fut très alarmé. Je ne l'étais pas moins et je rentrai rue Saint-Joseph penaud, blessé, mécontent de moi-même, les larmes aux yeux.

Je m'en voulais d'avoir trinqué à la gloire du chauffeur qui connaissait tout des tournebrides, de leurs chefs et de leurs broches. J'avais aussi, histoire de parler de Josic, levé mon verre à sa vaillance dans les tranchées. Ce fut une nuit cauchemardesque.

Le lendemain, je « démarrais » à « la une » en rez-de-chaussée avec retourne en page trois que j'occupais totalement (texte et photos d'agence). Pendant la nuit, on avait mis des ailes à ma plume. Je n'avais plus qu'à prendre mon envol.

Les choses s'arrangeant au journal, je m'inquiétai de Maurice Chapelan et de mes *Noces de la terre*.

Chez Grasset, je vis surtout Jacques Bour qui venait de publier une excellente traduction de la *Ballade de la geôle de Reading*.

Bour était la gentillesse, l'urbanité même. Il avait lu mon manuscrit et m'en disant le plus grand bien, j'inclinai à le venir voir chaque semaine. Cela ne fut pas du goût de Guiral et de quelques autres.

J'allai surprendre Hervé Bazin à Chelles. Il y travaillait à *Qui j'ose aimer*, d'entre tous ses romans, celui que je préfère.

Il me promit d'intervenir auprès de Bernard Privat et d'aider Maurice Chapelan à obtenir du comité de lecture une décision favorable. Ainsi, l'ami du premier jour ne se déroba pas, au contraire ! Il piqua ces messieurs à la culotte et, victoire en vue, il m'écrivit : « Tu ne me dois rien. Tu dois tout à ton courage, à ton talent, et tu me trouveras toujours, en toute occasion près de toi, pour défendre ce talent avec l'amitié et l'admiration fraternelle qu'il mérite. »

Plein d'espoir, je partis pour Vannes. Je voulais passer Noël avec maman qui venait d'être malade.

Je la trouvai debout, devant son fourneau, ravie de m'accueillir pour la naissance de l'Enfant Sauveur.

Ma sœur Christine et Claude, son mari, étant également là, je décidai de me rendre au séminaire, jouxtant le château de Limoges, pour assister à la messe de minuit. Il fut entendu que nous ferions réveillon à mon retour.

Je traversai le petit bois, j'ouvris à grand-peine l'antique porte vermoulue donnant sur la campagne, et m'adressai à des religieuses qui trouvèrent à m'asseoir au milieu des fidèles.

Cette messe fut un événement ! L'exultation née de la musique et des chants puis la parole d'un prêtre visité d'En Haut me troublèrent infiniment. La Folle Nouvelle fut interprétée, a cappella, par une chorale d'une centaine de séminaristes en aube. Je crus voir des anges voler dans les cieux. Je pleurai de joie et de reconnaissance et je remerciai le Seigneur de me voir si petit dans le vaste monde.

Au sortir de l'office et du haut de cette colline de Limoges qui domine la ville, le ciel dans le sourcement des étoiles et des étoiles filantes, m'empoigna d'immensité. Comme cela s'était produit à Notre-Dame-des-Victoires, je fus soulevé, je fus projeté dans un avenir plus ardent.

Je dis à notre mère : « Je crois que ma vie va changer. Ce soir, le Seigneur m'a touché l'épaule. »

Noël !... Noël, c'est l'enfance ! C'est notre enfance qui ne veut pas mourir ! C'est notre naissance au monde ! Un monde dont nous ignorons presque tout et plus encore ce que nous sommes venus y faire. Les choses s'éclaireront d'elles-mêmes, disons dans un Autre Monde.

Un soir, chez Alain et Norma Bosquet, Luc Estang, à la façon qu'il avait de parler avec les mains, m'entreprit sur ma foi et me dit que Bethléem, la Crèche, la Mangeoire, l'Étoile, les Bergers, les Mages ressortissent à l'imagerie populaire et que si cette imagerie implique toute une gamme de symboles, il ne faut rien prendre au pied de la Lettre.

Ce discours dans la bouche de l'auteur du *Mystère apprivoisé* me choqua profondément.

Dans ce siècle furieusement athée, mais crédule, dans cette basse époque où la Lettre est partout honorée comme une Preuve, on nous demande de minimiser la portée de l'Événement et de ne plus croire aux fables.

Il est dit partout, il est écrit partout que pour capter notre attention et nous « avoir » au sentiment, il faudra désormais autre chose que des contes.

Autrefois, le conte suffisait à notre bonheur. On prenait un falot et l'on partait par des chemins décousus d'ornières. Qu'il neigeât ou qu'il plût, que le vent fût à verse et la nuit couleur d'encre de Chine, rien ne pouvait arrêter notre marche vers l'église de notre paroisse. Si humble qu'elle se trouvât, ce soir-là, elle était préférée aux basiliques et aux cathédrales.

Dans la chapelle consacrée à la Sainte Vierge, il y avait de la paille. Sur cette paille un enfant paraissait endormi entre une femme qui joignait les mains et un homme qui faisait bouillir des simples.

Quelques personnages échappés de la Bible étaient là. Aussi les animaux de l'Arche. Ils réchauffaient le nouveau-né de leur haleine.

Qui s'approchait de la mangeoire en prêtant le cœur plus que l'oreille, entendait chanter les anges.

Noël en nous, neige qui tombe
Brebis perdues sous les sapins
Que sont devenus nos défunts
Qui célébraient par leurs buccins
Cet enfant qui sauvait le monde
Avant qu'il ne fût dans ses mains[1] ?

Je veux redire le plaisir ressenti à partir dans le froid. On marchait le long des fossés ; on escaladait des talus ; on prenait par des travers-champs ; on y rencontrait ceux des autres villages et des écarts plus lointains, fussent-ils perclus ou grabataires. On se tirait de son lit et l'on clopinait de son mieux pour voir, connaître et reconnaître le Divin Enfant.

Dans le breton des saintes images, tante disait à maman que lorsqu'elle était une fillette, les loups suivaient en procession la procession des humains et faisaient cercle autour du sanctuaire sans effrayer personne.

---

1. *La Lumière et l'Argile*, *op. cit.*

Elle laissait aussi entendre que les morts étaient de la fête. On en avait vu dans les fourrés, au coin d'un bois, se penchant sur l'eau des fontaines pour reprendre visage et courage. Alors, à force de croix, on remontait à la Crèche.

Il arrivait que certains entendissent la toux d'un chacal, là-bas, vers la forteresse du tétrarque Hérode Antipas.

Souvenons-nous.

C'était l'année du Grand Recensement ordonné par l'empereur Auguste. C'est toujours le temps de se compter chez les hommes. Les maîtres veulent savoir combien ils sont. Quel danger, en foule, ils pourraient représenter.

Il advint qu'on recensât beaucoup d'hommes, plus un Dieu.

Sous un ciel toujours plus haut, plus lisible, ensemencé de constellations on eût dit musicales, je me faisais ce genre de réflexions en rentrant au château de Limoges.

Maman qui se doutait de quelque chose et durablement émue de ce que je lui avais dit du Seigneur me touchant l'épaule, aurait voulu un semblant de miracle quand il était contenu dans les quelques mots que je lui avais adressés.

Nous passâmes à table. Nous eûmes des huîtres plates de Pénerf, du boudin blanc, de la volaille, des fruits de saison et du chocolat. La bûche provenait de la hutte du Père Noël, ce fichu vieux barbu qui cherche à supplanter l'Enfant de la Crèche dans le cœur et le rêve des petits enfants.

Maman présida notre souper aux chandelles. Christine et Claude se mirent à la servir telle une princesse. Elle méritait tellement qu'on la gâtât un peu, que je fus très heureux de les voir aux petits soins.

Elle allait mieux. Les douleurs dorsales qu'elle ressentait périodiquement avaient relâché leur étreinte. De nouveau, elle osait rire.

Elle nous reparla de sa jeunesse au pays de Grand-Champ, des cantiques qu'elle chantait chez les religieuses et du plaisir qu'elle prenait à tenir sa coiffe à grand renfort d'épingles de façon à mettre le bombé de son front en lumière. Sa bonne tante était toujours là à lui reprocher sa coquetterie quand elle n'avait qu'un peu de fierté pour triompher des humiliations d'où qu'elles vinssent.

Elle avait été heureuse chez les sœurs à faire le rêve de se dévouer aux lépreux dans les pays missionnaires. C'était au-delà des mers, dans des régions fermées à toute espérance. Les lépreux avaient dû faire sans elle car à onze ans, première communion faite, elle fut gagée et jetée dans le travail comme une esclave.

Personne pour intercéder, pour compatir, pour essuyer les larmes qu'on cache même à son ange gardien. Seule distraction : la messe du dimanche avec la montée au bourg dans des socques cirées à miroir.

Cela avait duré des années avec des patronnes à gémir sur leurs paillasses entre deux nourrissons et des hommes lancés dans la boisson jusqu'à la folie. C'est que le bon vieux temps avait été terrible ! Pas de congés, pas de vacances, pas de trêve, rien d'autre que le quotidien le plus misérable. Rien que la rebutée, avec d'étranges lueurs d'adoration.

La prière était remède. À l'heure de l'angélus les oiseaux sortaient des chaumes et couronnaient les arbres. On lâchait la fourche pour joindre les mains et l'on pensait à la Vierge Marie qui portait l'enfant de l'Amour. Ainsi, bon an, mal an, arrivait le temps de Noël.

En cette nuit magique, maman était ravie de se confier. « C'est ainsi que nous étions heureux », dit-elle avec un sourire.

Je profitai du jour suivant pour rendre visite à Paul-Alexis Robic. Enchifrené à son ordinaire, mais se roulant une cigarette dans le dos de sa femme, il me félicita de mes articles d'*Ouest-France* et m'invita à dîner.

Ce fut encore une soirée mémorable. Il mit Bach, Beethoven, Mozart sur l'électrophone et regretta que je fusse sans enthousiasme pour la musique.

Je le détrompai et lui dis avoir parfois entendu musique différente et d'en avoir fait passer quelque chose dans mes strophes ; un poète sans musique étant pour moi sans surprise et sans intérêt.

Il avait écrit de nouveaux textes que je lus avec plaisir. Il en fut comme rassuré. « Je vous croyais loin de vos premières amours. »

Quelle idée ! Loin de la poésie quand elle était au centre de mon existence et que je ne tenais debout que par elle ?... Je lui cachai cependant que je nourrissais l'espoir de voir paraître *Les Noces de la terre* chez Grasset. Il y a des victoires qu'il ne faut célébrer qu'après les avoir remportées.

Nous évoquâmes Théophile Briant qui était mort en août. J'avais assisté aux obsèques dans la petite église de Saint-Ideuc. Pendant l'office religieux, des mésanges, par bandes, s'étaient précipitées sur le vitrail du transept droit. Avec Roger Vercel et Angèle Vannier nous en avions parlé comme d'un miracle.

Sur le chemin de la gare, je reconnus Marie. Je courus vers elle et je la vis, rougissante, venir à ma rencontre. Nous nous embrassâmes. Elle avait toujours ses beaux yeux dilatés de ferveur et sa taille de jeune fille. Elle me demanda des nouvelles de maman et parla de sa mère très malade. Françoise, son enfant, lui donnait de tendres satisfactions, celles que Jacqueline nous donnait aussi, elle en était sûre.

Pendant quelques minutes j'évoquai le vieux collège de la rue de la Loi et parlai de certains de mes condisciples comme Le Dirach, Penuen, Loussouarn. J'eus aussi une pensée émue pour M. Lucas et Marcel Saint-Pierre qu'elle n'avait pas oubliés [1]. Je la quittai précipitamment afin de lui cacher mes larmes.

Rentré rue Saint-Joseph, ma femme me fit part d'une nouvelle extraordinaire : nous allions emménager à Noisy-le-Sec, dans un appartement tout neuf mis à notre disposition par les H.L.M. de Paris. C'était inespéré ! Les étoiles de Noël ne m'avaient pas menti !

Mise au courant de ce qui nous arrivait, notre logeuse laissa parler sa rancœur et son scepticisme. « Monsieur Charles, à votre âge, nous faire croire à des fariboles ! Bernadette, elle, c'est du sérieux : elle se marie avec un négociant de la rue Saint-Marc... »

Une dernière fois je m'installai entre la jeune fille de Modigliani et le *Christ* de Rouault, face au miroir qui me renvoyait mon image. Je pleurai comme un coupable de devoir abandonner notre gueuserie et les gens de nos entours qui, eux non plus, ne croyaient pas à notre chance. Je me plais où je suis. Me déplacer est un drame. J'espère cependant que le Seigneur mettra un terme à l'éternité de ma tombe.

---

1. Voir *Une enfance bretonne*, *op. cit.*

Vorag, en fille de Chateaubriand, me conseilla, à l'instar du grand homme, de quitter la poésie et de « descendre » à la prose. Hervé Bazin me l'avait aussi demandé dans ses lettres. Je me devais de raconter le Parc-Lann, le moulin du Guern, les escales dans les hautes nuits de Chanticoq.

« Le monde change, me dit-elle, écris-le tel qu'il fut, avant qu'il ne soit trop tard. »

Nous avons marché sous la pluie. La rue Saint-Joseph était d'une totale désolation. Pas un chat rue Montorgueil, pas même Maurice sur son bout de trottoir. Nous entrâmes dans un bar où un olibrius se forfantait de pouvoir éteindre le monde en écrasant le mégot de sa cigarette dans un cendrier maculé de vin rouge.

J'ai bu pour sortir de la ville et j'y suis parvenu, Vorag me suivant de loin. Sur les étangs de notre baillage, des femmes inventaient les folies de notre bon plaisir.

Nous avons tourné en rond afin d'écarter les pailles et les poutres de notre regard. Nous avancions parmi des fougères, glissions sur des rondins gluants, recouverts de mousse blanche. Nous étions dans une forêt de fin du monde et progressions d'arbre en arbre, chaque tronc contrôlant notre élan et nous permettant de rester debout. De futaie en futaie, on percevait des signes. Ce fut les mains en avant, à la manière des aveugles, que nous parvînmes à la muraille de notre moulin.

Tante, dans un feu qu'elle composait et recomposait du bout de la canne, parla de la peste d'Elliant, des lavandières de la Fontaine-au-Beurre, de la fille Paskou qui allait au bal sans culotte, et du chevalier Leiz Breiz qui se battit tel un lion contre les Francs.

« En cette fête des morts, dit-elle dans un breton que Vorag parvenait à comprendre, deux cents porcs seront égorgés ;

deux cents bœufs engraissés passeront sur les tables et deux cents génisses périront pour l'appétit de tous et autant de chevreuils pour celui des preux. »

Tante parlait plus haut que le vent, et la pluie qui tombait dans la cheminée ne parvenait pas à mouiller sa parole. Elle nous demanda de bien vouloir partager sa soupe. C'était une soupe au lait avec des lichettes de pain, qui avait pour seule vertu d'être bien chaude.

Elle demanda des nouvelles de notre père et maman fut là avec De Profundis qui s'activait en fourmi funèbre.

« Il n'est pas mort sans religion, dit-elle, ses enfants l'auront réconcilié avec le Seigneur. »

Une voix me disait qu'il y aurait encore de beaux soirs et de belles nuits et des balancements dans les branches et des respirations dans la rivière. Nous allions suivre le cours de la Marle et marcher sur les eaux de notre golfe comme aux jours de la Genèse. Le monde ne finirait pas, du moins pas avant que notre vie n'ait servi à quelque chose.

Comme tante en s'enfonçant dans la muraille perdait son capot de velours, j'embrassai notre mère et je la tins serrée contre moi comme si j'allais la perdre elle aussi. Elle était la seule douceur et la seule force. Je la voyais, je la voyais vraiment, laveuse pliée sur la pierre du torrent pour une lessive planétaire. Je la voyais aussi, prieuse à l'ombre du troisième pilier, et plus encore dans l'obscurité doucement éclairante de Notre-Dame-des-Victoires, à l'heure où monte, en volutes de gloire, le magnificat.

J'étais assez riche pour dédaigner une fois de plus l'argent de notre logeuse et pour bâtir château d'amour à la limite des féeries et des marais.

Rue Saint-Joseph, je pris Jacqueline sur mes genoux et lui rappelai nos parties de bateau sur le lac du bois de Boulogne. Elle dit que le petit canard qu'elle y avait vu, était venu dire bonjour au bengali de Mme Gabrielle.

Depuis le temps que Marie m'avait écrit, au sanatorium, qu'il me fallait une maison claire, aérée, avec du soleil sur la table, j'allais l'avoir ! Jacqueline battit des mains à cette nouvelle et mon frère René, aidé de M. Miguel, embarqua nos affaires dans une camionnette. Nous avions empilé tant de choses dans nos vingt mètres carrés de misère, qu'il nous fallut en léguer plus de la moitié à M. Poubelle.

Nous eûmes droit aux adieux de Jeannette, de Mathilde, de Suzy, de Conchita et de Mme Gabrielle. Celle-ci, s'étant prise d'amour pour notre Cocotte, voulut l'avoir tout à elle une soirée entière. Nous en profitâmes pour aller au cinéma revoir *La Chevauchée fantastique* de John Ford.

La nouvelle de notre départ se répandit de telle manière que nous eûmes successivement les visites de Jean Laugier, Robert Sabatier, Jean Vodaine, Jane Kieffer couvant sa fille Rolande qui allait se marier avec Robert Lorho. Tous ces amis qui s'étaient accommodés de notre détresse ne nous voyaient pas partir sans regret. On allait se voir moins souvent. On allait tirer un trait sur des années de franches folies.

Chez Lipp, pour l'amusement de ses dernières troupes, Maurice Fombeure fit un distique avec Le Quintrec et Noisy-le-Sec. Les doux disciples de se lever pour saluer celui qui les allait quitter pour toujours.

J'étais décidé de rompre avec des années de misère et d'amateurisme. L'ambition d'une œuvre me travaillait au plus profond, je veux dire au plus haut de moi-même. Or, les gentils pastoureaux qui tournaient autour des grands chapeaux de la grande Carmen pour flatter le poète dans sa femme, ne m'étaient plus rien.

Les maximes de Cheval tombaient à plat. Sa passion pour le théâtre vertical avec Genet dans les plinthes et Ghelderode en camérier d'un pape luciférien ressemblant à André Breton, ne m'amusait plus du tout.

J'étais sur la route sans retour de la ferveur et de la solitude. Je voulais apprendre à écrire ma vie et celle de mon clan. J'étais entré, comme à mon insu, dans le vertigineux délire de mon arbre généalogique.

L'idée de devoir retourner aux Insulaires me donnait la fièvre. Je ne voulais plus de petits flatteurs, de petits truqueurs et moins encore de novateurs à mes basques. Je secouai mon paletot d'idéal pour en faire tomber les cloportes.

Comme je descendais l'escalier tortueux, mon enfant dans les bras, M. et Mme Isaac, lui se tenant voûté, appuyé sur une canne, elle, frileusement encoconnée de vieilleries, tinrent à me dire toute leur estime et firent l'éloge de ma femme qui les allait voir quand ils étaient malades et leur rapportait courses et médicaments dont ils avaient besoin. Ils n'oublieraient jamais. Je les embrassai avec émotion.

Je n'eus pas à embrasser Mme Brousse et ses orphelines. Elles avaient disparu. Sans doute s'étaient-elles rendues rue Montorgueil dans l'espoir de récupérer quelques cageots de fruits tuméfiés dont elles feraient des confitures.

Vers Massabielle

1

NOTRE vie allait changer du tout au tout. Née d'une première liaison de mon épouse, Danielle que ma mère avait en partie élevée, partagea la chambre de Jacqueline dont elle était l'aînée de quatre ans.

Une large baie donnait sur le square planté d'arbres. Cet espace favorisait les jeux des enfants. Jacqueline s'y éveillera à la discipline des sports collectifs.

Ayant dépassé le seuil de la trentième année, et Bazin m'ayant dit qu'il fallait avoir cet âge pour se lancer dans le roman, je pris le risque des *Chemins de Kergrist*.

Tout de suite je voulus embellir les choses. Mes parents devinrent de vrais fermiers et, pour m'accompagner le long de la rivière et sur la lande, ils adoptèrent non pas René de l'Assistance, notre Gavroche, mais Thérèse, tendre et jolie citadine. Ainsi, je me mis à vouloir conduire mon petit monde d'une réalité sévère à une réalité arrangée.

Bientôt, le personnage de Thérèse me parut intéressant. Guillerme, qui n'était qu'une projection de moi-même, ne pouvait que l'aimer.

Je m'attachai à ces amours enfantines, j'en graduai l'élévation et, parfois, je crus toucher au sublime.

J'écrivais le soir, après mon travail et une heure de transports en commun. Je trouvais comme en jouant l'intense plaisir d'aller vers le conte. Il était à mon image. On eût dit que j'étais né de lui.

Pendant plus de six mois, j'accompagnai le rêveur que j'avais été des boucles de la Marle aux landes de Bernard et de Guillodec.

Il me fallait dire la trimardeuse et la vache perdue au cœur de la nuit, l'école, le catéchisme, les morts enterrant les morts, les feux de broussaille et, le dimanche de préférence, les chaumières en feu, comme il en sera de la nôtre la veille du mariage de Marie-Jo.

J'étais heureux de devoir parler de Thérèse. Sans plus de difficultés, je retrouvais le langage et les intonations chantantes d'une fillette née de mon cœur et de mon imagination. Elle était à la fois Jacqueline et Danielle dans le gouvernement de leurs jeux.

Quand l'ouvrage fut terminé, je le déposai aux éditions Bernard Grasset, sur le bureau du dénommé Guiral.

Il mit fin à une conversation téléphonique pour feuilleter mon manuscrit avec des moues qui ne me laissèrent augurer rien de bon.

Je passai copie de mon travail à Jacques Bour et j'alertai Maurice Chapelan et Hervé Bazin de ma démarche rue des Saints-Pères. Je pensais que l'inimitié de Guiral ne prévaudrait pas, face à des appuis de cet ordre.

Poète, romancier, il me semblait que j'entrais pour de bon dans la peau de mon personnage. Mais romancier l'étais-je vraiment ?

Il me fut demandé d'attendre, de prendre patience. Je rongeai mon frein avec d'autant plus de facilité que ma vie de journaliste, ainsi que l'avait prévu Maurice Noël, prenait semaine après semaine le meilleur de mon temps.

Reporter polyvalent, critique, polygraphe tous azimuts, comme on disait déjà, je passais de la pêche au couteau au Salon du Caravaning et d'un pardon aux Arènes de Lutèce au lancement d'un bateau aux chantiers navals de Saint-Nazaire.

Le bon vouloir dont je faisais preuve et l'espèce d'enthousiasme que je mettais jusque dans mes bretonneries, permirent à M. Paul Hutin-Desgrées de me donner ma chance. Je devins journaliste professionnel le 1er avril 1957 – et ce n'était pas un poisson !

Fou de joie, j'invitai ma femme au restaurant et lui promis d'autres victoires. C'en fut une – émouvante ô combien ! – que de prendre dans mes mains et de caresser la jaquette du premier exemplaires des *Noces de la terre*. Le volume sur vergé Johanot numéroté, destiné aux bibliophiles, était, à mes yeux, tout simplement splendide.

Chez Grasset, ma joie fut partagée par Jacques Bour et par Maurice Chapelan que j'invitai au Royal-Saint-Germain où, en bouffonnant, il me parla de ses amours, de ses peintures et de ses pensées.

À la manière de Vauvenargues et plus encore de Joubert, il excellait en des textes courts, lapidaires qui, parfois, se voulaient maximes, parfois proverbes, ou simplement notules. Sa syntaxe surtout me déconcertait. Sans plus de sinuosités, sa plume crachait une encre frondeuse, insolente, et relevait de nos travers, de nos ridicules, de nos erreurs et de nos errements avec une causticité, à petits coups de dent, qui laissait des traces.

C'était la première fois que j'approchais un moraliste et je m'émerveillais qu'on pût encore, après tant de siècles et tant de sages, trouver dans l'homme matière et meule à moudre du grain.

Entre la poire et le fromage, la bénédictine et le vieil armagnac, il s'étonna que j'eusse la foi. Non pas celle du Tartuffe, plutôt celle du charbonnier. Je lui dis que je la devais à notre tante et à notre mère plus qu'à l'éducation religieuse que je n'avais pas reçue.

Lui, avait tâté des bons pères sans en tirer grand profit. Il se voulait d'un agnosticisme distingué, encore que des choses l'eussent troublé comme la mort de son fils, âgé de quatorze ans, décédé chez les jésuites de Lyon pour avoir avalé sa langue.

Influencé par Guiral qui se montra hostile à mes *Chemins de Kergrist*, il entreprit de vouloir en corriger quelques pages en ma présence. Il le fit en grammairien, ne laissant passer ni un point ni une virgule.

De cette séance un tantinet scolaire, je sortis avec des oreilles rouges. J'étais en faute dans la construction de certaines phrases ; dans les accords des verbes entre eux ; mes conditionnels et mes subjonctifs demandaient aussi qu'on les conjuguât honnêtement. Et que dire des pronominales dont il m'était impossible d'attraper la queue !

Il reconnut cependant qu'il manquait peu de chose à mon texte pour en faire une œuvre estimable. Une relecture s'imposait. Il me fallait revoir ma copie, la corriger, permettre à tel ou tel paragraphe de développer une action, à tel autre de mieux faire ressortir la psychologie des personnages. On ne me demandait pas de récrire mon livre – j'en étais incapable –

mais de l'enrichir ici, par un mot plus heureux, là, par une phrase ou périphrase plus élégante.

Ce fut aussi l'avis d'Hervé Bazin qui m'écrivit depuis Chelles : « Ce serait certainement une erreur de jeter le manche après la cognée. Je ne sais pas ce que d'autres personnes peuvent dire de ce roman, mais celles qui, l'ayant lu, en ont parlé avec moi, se sont toutes trouvé du même avis. Il faut donc, comme toujours, dissocier les réponses des uns et des autres, car les unes sont de politesse et les autres professionnelles.

» Peu importe de savoir le genre d'un livre : si c'est un roman, un récit, une autobiographie ou autre chose. Il importe moins encore d'en connaître les sources. Ce qui compte pour le critique et pour le public, c'est *l'efficacité* d'un texte, quels que soient par ailleurs les moyens mis en œuvre par l'auteur.

» Si je m'attache à cette affaire, c'est parce que *la matière* en est si belle et si riche qu'elle vaut d'être ordonnée. »

Je repris mon manuscrit sur le bureau de Jacques Bour qui m'avait lu avec intérêt et qui ne comprenait pas qu'on allât me chercher des poux dans la tête. Il était désolé de me voir si peu compris. Lui, s'émerveillait de ma pastorale et de mes trouvailles bocagères. Il me disait : « C'est beau comme *Le Grand Meaulnes* ! » Il ajoutait pour me consoler : « Dans *Meaulnes* aussi, il y aurait des choses à reprendre, mais cela ne se pourrait faire qu'aux dépens du récit. Faites attention de donner raison à vos censeurs, vous pourriez dénaturer votre œuvre. »

J'oubliai ces conseils de prudence et je m'arrachai les nerfs de corrections en variantes.

Au journal, à l'heure du déjeuner, je reprenais mon travail ; je retapais des pages entières. Il me fallait apprendre à sortir du flou ; à trouver le mot juste et justement adapté au contexte ; à délier une péripétie. Il me fallait aussi me défier des adjectifs, des adverbes et des métaphores. Vaille que vaille, je me devais de passer du souvenir à l'émotion sans qu'il y parût.

Las de ratures, de rajouts, de coupures, d'interpolations, je revins rue des Saints-Pères avec mon « ours ». Par le plus grand des hasards, Guiral et Chapelan se trouvaient dans le bureau de Jacques Bour. Sur la table de celui-ci, un exemplaire de *La Gloire de mon père*, que Marcel Pagnol venait de mettre dans le public.

Guiral prit l'ouvrage et dit : « Ceci a été refusé par tous les éditeurs de Paris, à commencer par nous. Voyez où en est ce pauvre Pagnol ! Éditions Pastorelly ! Il en est arrivé à s'autoéditer, si c'est pas une misère !

– C'en est une, dit Chapelan, un si grand bonhomme à la dérive...

– Grand bonhomme ! Grand bonhomme ! Ses histoires marseillaises sont d'une niaiserie à ne pas faire se marrer un fada !

– *Topaze*, quand même...

– Quoi, *Topaze* ?... Je préfère *Knock* et de loin ! Messieurs, quoi que vous puissiez penser, je dirai : pauvre, pauvre Pagnol ! »

Le manchot d'appuyer sur ces mots avec une satisfaction qu'il ne cherchait pas à dissimuler. Trois semaines plus tard, alors que mon manuscrit était à la relecture, Pagnol, en best-seller, comme il est dit outre-Atlantique, caracolait à trois cent mille exemplaires vendus et jetait la librairie dans les transes. Pauvre, pauvre Guiral !

Son silence à mon endroit ne présageant rien de bon, je téléphonai rue des Saints-Pères. Bernard Privat était en conférence ; Maurice Chapelan peaufinait son article de semaine pour *Le Figaro littéraire.* Il y serait question du *pis* et du *mieux*, du *pire* et du *meilleur.* Le pire était pour moi. On n'avait pas bonne opinion de mon livre. On ne voyait pas du tout comment lui faire une place dans « Les Cahiers verts ». On ne le trouvait pas assez *commercial.* C'était le mot que je n'attendais pas.

Il figure dans la lettre de refus que je reçus quelques jours plus tard. « Commercial » ! je ne l'avais jamais été et ne voulais pas l'être ! J'étais un poète avec les qualités et les défauts inhérents à cet état, pas une marchandise !

Pagnol avec un livre de la famille du mien, culminait en des tirages à vous donner le vertige. Pourquoi serais-je moins heureux ?

Pour en avoir le cœur net, je retournai rue des Saints-Pères. Jacques Bour me fit comprendre que j'avais mis les pieds dans une maison de fous.

« C'est la disparition de Grasset qui les a chamboulés ? demandai-je.

– Il y a de ça. Remarquez, ici, ils ne sont pas plus fous qu'ailleurs, me dit-il avec un bon sourire, mais comme ailleurs, ils s'imaginent avoir barre sur les événements et nous apprendre quelque chose. Je les connais, allez ! Je ne les connais que trop !... »

Je demandai à voir Guiral. Il me reçut la manche morte sur un manuscrit qu'il griffonnait au crayon de couleur dans la marge. La tête nue, la calvitie triomphante, les yeux en dessous comme on se les fait au mélodrame, la bouche en lame de couteau, tout ce naturel calculé laissait passer une aigreur de mauvais augure.

« Vous n'êtes pas un romancier, dit-il sans me regarder et sans me demander de m'asseoir. Un poète je ne dis pas, de par le bon plaisir de vos amis.

– Que voulez-vous insinuer ?

– Je veux que vous sachiez que vous êtes, comme tant et tant d'autres... Vous vous croyez auteur et n'acceptez pas qu'on vous dise la vérité. »

C'était tout à fait le style de Mme Brousse. Elle aussi me tenait des propos de cette sorte.

« Tenez, reprenez votre manuscrit et oubliez-le dans un tiroir. Si les démons de l'écriture vous poursuivent, entrez en religion ou faites-vous archéologue. Il y a de l'avenir dans ces carrières-là.

– Je toucherai un mot de votre gentillesse à M. Privat. En attendant, je vous plains, monsieur, d'être tombé dans cette importance... »

Je le quittai avec une furieuse envie de le défier sur l'herbe et de lui apprendre à brouter.

2

Ce fut le temps où je connus les affres de l'auteur partout refusé. Chez Robert Laffont, Peuchmaurd me fit un discours sur la difficulté d'être naturel et me mit en garde contre les joliesses du style. Aux éditions du Seuil, Jean Cayrol eut des mots de grande sympathie pour m'éconduire. « Il vous manque peu de chose, me dit-il, veuillez me venir voir avec votre prochain texte. »

Je plongeai sans plus d'espoir dans une sorte de résignation. Le journal me prenant dix heures par jour et les transports en commun plus de deux heures, il me restait peu de temps pour rêver et dormir.

Vorag ne me visitant plus ou presque plus, je traversai une période de sécheresse qui me fit peur. Le samedi soir, rue de l'Ancienne-Comédie, je n'avais plus rien à lire à Andrée et Jean Laugier. Sabatier, au courant de mes difficultés, daubait sur mes détracteurs. Du haut de Sirius, Alain Bosquet m'exhortait à retourner chez les filles. Il voulait parler des Muses et me savait d'un gaillard à leur soulever les jupons.

Ce fut au moment où j'allais renoncer à mes tendres chimères et aux rêves que je faisais debout, que je partageai le prix Max Jacob avec Pierre Oster. *Les Noces de la terre* me valaient une palme très convoitée.

Je l'allai chercher chez Potel et Chabot où Marcel Béalu, Michel Manoll, Luc Bérimont et Jean Rousselot me congratulèrent. J'eus aussi droit aux félicitations de Jean Denoël qui se dévouait corps et âme à la mémoire du « pénitent en maillot rose », qu'il fût de Quimper, de Montmartre ou de Saint-Benoît-sur-Loire.

Je ne vis pas Jean Paulhan et j'en fus désolé. Quoique sans œuvre, cet augure passait pour « l'éminence grise » des Lettres françaises. Ça n'était pas rien aux yeux de ce qu'on appellera bientôt le microcosme. Aussi aurais-je voulu approcher un homme qui se faisait une immense réputation avec le vent de son paletot.

Ce prix m'offrit le privilège de parler de Jules Supervielle qui venait de mourir, à France-Culture, au micro de Robert Mallet.

De *Débarcadères* à *Oublieuse Mémoire*, j'aimais l'œuvre de cet homme de paix et d'amour, grand dispensateur des parfums de l'Amérique latine. Il me fut aisé de lui rendre hommage. Je le fis avec passion sans cacher au passage ce que je lui devais.

Pour l'avoir approché à la vente annuelle du PEN Club, je fis allusion à ses longues jambes, à son air las, à ses yeux qui, dans le soleil, pouvaient suivre le vol des condors de la cordillère des Andes.

Impressionné par ma communication, un brin d'émotion au coin de la gorge, Robert Mallet me demanda si j'avais un roman. Je répondis qu'il avait été refusé par quatre éditeurs et qu'il dormait dans mes tiroirs.

« Adressez-le au secrétariat des Éditions mondiales ! Les bourses de la Fondation Del Duca vont être attribuées très prochainement. Je parlerai de vous. Joignez vos poèmes à votre envoi. »

Je m'exécutai avec une certaine réticence, puis j'oubliai cette affaire pour prêter l'oreille à la rumeur qui paraissait sourdre d'entre les pavés.

On parlait de révolution !

Il était question de pronunciamiento. On disait l'armée d'Algérie prête à franchir le Rubicon et à refaire le coup de Brumaire.

À Montparnasse, à la Maison de la Bretagne, les réceptions se succédaient à un rythme endiablé. En présence du président René Pleven et de M. André Cornu, on envisageait encore de sauver la presque défunte *Quatrième*. Entre deux discours, il revenait à Pascal Pondaven, mon singulier patron, de faire merveille. Il demandait à sa propre éloquence de faire semblant de croire à ce qu'il disait avec emphase. Je ne cachais pas le plaisir qu'il m'arrivait de prendre au spectacle de pareille bouffonnerie.

Quand je paraissais très peu concerné par ce déferlement tricolore, il me disait entre deux portes qu'elles étaient ouvertes et que, vu la conjoncture, si je voulais jouer au poète, on saurait se passer de mes services.

Les esprits étaient à ce point chamboulés qu'un directeur d'école de mes amis me dit en parlant de De Gaulle entrant dans le processus de son retour aux Affaires : « Ce général est un factieux. Il faut faire quelque chose !

– De Gaulle, un...

– Parfaitement !

– Alors, en 1940, on s'est trompé de bonhomme ! C'était le vieux maréchal qu'il fallait suivre ! »

Ce même directeur d'école, pour avoir beaucoup aimé mes *Noces de la terre*, leur consacra un article qu'il adressa à *L'École libératrice*. Son poulet lui fut grossièrement retourné. Motif du refus : poète chrétien.

En attendant que le calme revînt, je retournai rue Saint-Joseph prendre des nouvelles de notre amie Jeannette. Elle s'apprêtait à quitter les lieux pour un appartement à Montmartre. Nous avons longuement évoqué notre Jacqueline dans la lumière finissante d'une jeunesse que nous avions perdue.

La fenêtre étant ouverte, Mme Gabrielle qui avait reconnu ma voix voulut que je l'embrasse. Elle prit des nouvelles de ma femme, de ma fille et dit, en pleurant presque, qu'elle regrettait le temps de notre insupportable voisinage. Nous faisions assez de bruit pour empêcher son mari de dormir, mais ce bruit-là venait à lui manquer cruellement.

À notre place, au-dessus de sa tête, on avait installé un atelier de confection. Il fallait s'arranger des battements du moteur et des allées et venues de la clientèle. « Avec vous, dit-elle, c'était la fête deux ou trois fois par mois ; maintenant c'est la foire tous les jours ! Nous vous avons bien regrettés, pouvez me croire ! »

Jeannette, plus haute de se déplacer sur des talons aiguilles, me servit du vin de Bourgogne qu'elle tenait d'un admirateur. Ce fut en éclatant de rire qu'elle me fit cet aveu.

Sa robe la serrait à la taille et lui découvrait les genoux. Sa chevelure d'ébène et la matité de sa peau lui donnaient un air gitan qui lui valait bien des hommages. Elle me narra, avec des litotes, deux ou trois aventures et me rappela le temps où nous dormions ensemble.

Surprise devant sa loge, Mme Brousse procédait à l'installation d'une remplaçante d'origine espagnole. Le temps de s'éloigner était venu pour la chère âme. Bernadette mariée, Germaine en d'autres amours, elle se retrouvait subitement très seule. Me tenant la jambe, elle ne me cacha rien de sa tristesse.

Depuis un demi-siècle, le Sentier c'était toute sa vie. Elle y était arrivée toute jeunette de sa province pour être servante chez un négociant des Halles qui avait fait fortune en vendant des boîtes de conserve à l'Armée. À la mort du bonhomme, elle était entrée dans une peausserie pour quinze heures de travail d'affilée et un salaire de misère. C'était ainsi avant la Grande Guerre. Encore heureux de ne pas être à la rue, à mendier son pain.

Elle avait eu le temps de connaître tout le monde : négociants, fourreurs, matelassiers, tailleurs, marchands de coutil et de calicot.

Elle se rappelait les figures disparues d'hommes et de femmes qui, pour avoir travaillé comme des forçats toute une existence, avaient dû se résigner d'aller mourir à l'hospice.

Elle gardait aussi mémoire de celles-là et de ceux-là que des gendarmes étaient venus chercher dans leurs appartements, dans leurs ateliers, pour les conduire au Vel'd'hiv' et de là, « allez savoir où ?... ».

« C'étaient des gens comme vous et moi qui avaient envie de vivre et de vivre en paix. Ils avaient soin de leurs enfants et de leurs vieux parents. Ils vivaient entre eux comme on le faisait dans mon village quand j'étais petite. Jamais un bruit, jamais une dispute, le travail et, pour certains, la prière. Tous étaient bien aimables et d'une politesse ! J'ai des obligations envers plusieurs d'entre eux, mais allez voir s'ils reviendront un jour me demander des comptes ! Les pauvres ! Ces pauvres-là, monsieur Charles, aujourd'hui seraient riches ! Riches que vous n'avez pas idée ! J'ai su placer leur bourse à la barbe des Allemands et de la Milice. On a voulu me décorer pour ça à la Libération, mais moi, vous savez, les honneurs, les médailles j'en ai pas besoin pour aller là où je suis attendue. »

Comme j'étais bien attentif, elle en profita pour évoquer l'époque où des troupeaux de moutons se débandaient rue Réaumur et place des Victoires. Du haut de leurs échasses, les bergers leur couraient après avec des enfants à leurs basques. On criait, on riait, on évitait les fiacres et les premières automobiles. On ramassait le crottin des chevaux pour les fleurs et les tomates des balcons.

« En ce temps-là, monsieur Charles, Paris n'était qu'un gros village. L'été, après sept heures du soir, on sortait sa chaise pour prendre le frais sur le pas de sa porte. C'étaient alors des voisinages qui se révélaient fructueux. Vous n'aurez pas connu ça, monsieur Charles ! Le bon temps c'était avant la guerre. C'est toujours avant la guerre qu'on est heureux, si seulement le mot à un sens... »

Ce long discours qui ne lui ressemblait pas, me toucha au plus profond de l'âme. Je l'avais, du moins en partie, déjà entendu dans la bouche de la vieille tante de Loperhet. Dans la cheminée du Parc-Lann et du Moulin du Guern, elle aussi prétendait devant maman qu'il y avait eu un âge d'or quand on dormait au milieu de ses bêtes et qu'on veillait à leur santé plus qu'à la sienne propre. C'étaient des nuits entières avec la gore qui allait mettre bas une famille nombreuse et tout de suite assoiffée ; c'était la poulinière qu'il fallait aider à l'heure de la saillie et dans les moments de la mise au monde.

Qu'on était heureux de partager tant d'espoir et tant de souffrance !

Alors, la journée faite et la nuit bien remplie, on pouvait prier en conscience pour les soldats partis mourir dans les Tonkins ; pour les marins péris en mer et pour les peuplades sauvages que les missionnaires conduisaient au Seigneur. Cette prière-là, faite au pied d'un crucifix ou dans l'ombre de l'étable, était si douce à Dieu qu'Il vous récompensait d'un soleil sur les foins ou d'une pluie espérée, attendue, sur les betteraves.

Le dimanche, après la messe et les vêpres, au sortir du sanctuaire, il était permis de faire un pas de gavotte sous la peupleraie et de manger une fouace avec du beurre dessus. C'était si peu de chose, qu'alors le bonheur ne coûtait rien.

Mme Brousse, que je n'ai jamais vue à Notre-Dame-des-Victoires, ne me fit aucune confidence dans l'ordre de la spiritualité. Elle avait oublié les saints laboureurs et guérisseurs de Neuvy-Pailloux. En revanche, elle m'assura que les printemps de sa jeunesse fleurissaient le Sentier de lilas.

« Vous n'avez pas aimé ce quartier, monsieur Charles. Vous en êtes parti d'un cœur léger. Pourtant, il est l'un des plus vieux et des plus attachants de Paris. Et dire que je m'en vas le quitter à mon tour ! Pour quoi faire ?... Pouvez comprendre ? Pourriez me dire pour quoi faire ?...

– Il y a aussi des lilas dans votre jardin de Bois-Colombes. Vous y accueillerez bientôt les enfants de Bernadette.

– J'aime pas trop les enfants qui turbulent. Je ne suis plus d'un âge à les supporter longtemps. Mon frère que vous avez connu, ce vieux fou, voulait en adopter un. Je vous demande un peu ! Un Noir ? Un Jaune ? C'est pas la couleur qui manque ! Mais où aller chercher l'enfant de notre respect et de notre plaisir ?

– Là où vous avez trouvé Germaine et Bernadette qui maintenant vous sont filles bien reconnaissantes.

– Je ne dis pas, mais j'aime que les gens de la rue qui vont et viennent sans trop savoir ce qu'ils font. Les vieilles, comme moi, avec leur voiturette et leur bric-à-brac, qui dorment aussi bien dans un couloir de métro que dans la niche d'un chien, me fascinent et me font horreur. Elles sont moins nombreuses qu'autrefois, mais il y en aura toujours de ces pauvresses pour rabaisser l'orgueil des importants. Il me faudrait sans doute les aider, mais je n'en ai plus ni le goût ni la force.

– J'en ai rencontré au Kremlin-Bicêtre, dis-je, qui ont voulu, de leur vivant, tout donner à leurs enfants. Démunies de tout, elles se sont retrouvées en enfer.

– M'en parlez pas. J'en ai vu d'autres ! Moi, plus jeune, je ferais encore de l'or avec du sable. Mais aujourd'hui que faire d'un argent que je n'emporterai pas dans ma tombe ? Je sens bien que mon heure approche et que c'est pas la Bourse qui va... Ah, si vous m'aviez écouté, monsieur Charles !... J'aurais fait de vous un prince. Vous entendez : un prince !

» Vous auriez eu vos affaires, un appartement rue de la Pompe ou rue du Ranelagh, une voiture à votre chiffre, une résidence à la mer, une autre à la montagne, des gens pour vous servir... Vous m'avez manqué quand j'avais encore la curiosité de faire un homme. Je ne l'ai plus et c'est votre faute !... »

La dame qui allait la remplacer à la loge lui fit savoir que le thé allait être servi. Elle eut un geste de la main comme pour éloigner une guêpe et s'approcha de manière à mettre ses yeux dans les miens.

« J'ai eu le temps de vous observer. Il n'y a que deux ou trois choses qui vous tiennent au cœur : vos paperasses, votre famille et les femmes.

» Si vous m'aviez écouté, les femmes se seraient... Je les connais, la couleur de l'argent les rend folles ! À propos, comment va la vôtre ? Faites-lui le bonjour. Et la petite ?... Huit ans ! Déjà huit ans ?... Le temps de mettre votre chemise à sécher sur un fil... Et vos livres ?... Je n'en vois jamais dans les devantures des librairies du quartier. Mais sans doute allez-vous obtenir bientôt le prix Goncourt ! Je vous crois capable de tout !... Et pourtant, plus je vous connais et plus vous êtes un autre !... Enfin, le principal c'est que vous soyez revenu respirer un peu de notre air. Encore un mot, si vous permettez : je suis sûre que je vais regretter vos grands airs de comédien... Oui, oui, sans l'avoir voulu, en vous en allant, vous m'avez mise à la retraite !... »

Je la quittai avec quelque chose au fond de la gorge qui me faisait très mal. Des enfants joueurs, poussaient, comme avant, leurs billes dans le caniveau. Un chien plongeait de la gueule dans une poubelle et levait la patte contre la vitrine du marchand de corsages qui avait voulu en faire essayer à mon épouse. Il sortit de sa boutique avec l'idée d'écorcher le clébard. M'ayant reconnu, il rentra précipitamment et fit tinter la porte de la rue sur ses talons.

Ce fut sans plaisir ni déplaisir que j'allai boire, à l'estaminet voisin, l'« absomphe » du grand Verlaine.

3

LE manuscrit des *Chemins de Kergrist* adressé aux Éditions mondiales, je revins à la poésie. Plus encore après le passage de maman qui séjourna chez ma sœur Marie-Jo, chez mon frère René et chez nous.

Sa joie de nous voir enfin logés fut encore décuplée par la naissance de notre Françoise qui fut baptisée sous des cataractes. Cette eau du ciel en appelait à d'autres breuvages. Promu parrain, Jean Laugier créa avec de l'excellent champagne une ambiance que Mme des Fillières, la marraine, ne parvint pas à naufrager. Il est vrai que son époux, brave homme s'il en fut, le cornet de cuir prêt de l'oreille, entra à corps perdu dans les toasts les plus chaleureux et les chansons les plus galantes. Pour avoir passé plus de la moitié de sa vie dans les artifices de la Maison Ruggieri, il n'ignorait rien des vertus explosives des chants d'amour repris en chœur par une assemblée.

Les invités partis, je fis le vide dans mon cœur afin de percevoir les impressions fugaces, souvent ineffables, de qui regarde la nuit trémulante d'étoiles et la voudrait déchiffrer.

Ce fut en ces jours-là que Dieu m'apparut dans les mondes qui débordent de Lui. Je me disais que Sa Création l'occuperait éternellement.

Dieu continue de mettre en place l'Univers de Sa justice et l'imaginaire de ses espaces infinis. Quand je prenais une plume pour rêver au plus haut de moi-même, je regardais les étoiles au-dessus du plateau d'Avron et l'ignorance où j'étais du ciel le plus visible m'accablait.

Ce ciel, la nuit le portait vers une sorte de sommet. Seulement, c'était l'image d'une rosace qui s'imposait à mon esprit. L'Univers, me disais-je, n'est qu'une couronne de Sa gloire.

La nuit est toujours douce à qui a l'âme sensible. Elle est d'autant plus causante qu'on est plus solitaire. J'ai toujours reçu avec gratitude enseignement de ses signes et de ses intersignes.

L'intersigne est comme l'ombre projetée de ce qui doit arriver. Si nous étions moins occupés de ce que nous faisons et de ce qui se fait autour de nous dans le monde, nous serions tenus informés des transformations, métamorphoses et magnificences de l'Autre.

Comme je sommeillais sur mes « fatrasies », je fus réveillé par une lumière très vive qui paraissait vouloir me tenir prisonnier de son feu. Je n'éprouvai aucune crainte et ne redoutai rien d'une flamme qui, d'une chambre de poète, vous fait un palais comme les plus grands rois n'en ont jamais eu.

Quand je recouvrai l'usage de mes sens, je vis Jésus sur le bord d'un ruisselet. Avec des chevriers de son âge, il modelait des colombes que, d'un souffle, il envolait vers les oliviers du ciel.

J'allais appeler ma femme pour qu'elle entrât dans cette splendeur quand la vision s'atténua. Bientôt je ne vis plus rien, mais j'entendis cet air de musique pour qui l'on donnerait « tout Rossini, tout Mozart et tout Weber » couler le long de la Marle, la rivière du Parc-Lann qui reste dans mon esprit celle des enchantements.

Dans la cheminée de notre chaumière, notre vieille tante faisait provision de bois pour une éternité. Sa tâche accomplie, elle sollicita son chapelet et s'abîma dans un rosaire qui ne finira jamais. Elle priait pour les vivants et pour les morts dont elle voulait refaire des vivants. Tant de ferveur m'empoigna et ce fut en l'honneur d'une sainte que je composai le sôn[1] que je transcris ici.

Pour toi, tante, je ferai le sôn
De ta paix et de ta dormition
Je dirai ton capot de modestie
Et ta robe d'acceptation.

Trois bergers, trois bouviers
Trois filles de futaine
À la Fontaine-au-Beurre
Trois bouviers, trois bergers
Trois veuves dans le pré
Et la Mort auprès d'elles.

Je connais ton pays de landes et de ronces
Et j'ai souvent rêvé d'amour sous ta fenêtre.
Tu disais : « C'est un chat qui pleure dans le vent

---

1. Chant lyrique des anciens Bretons.

Et qui cherche à manger la tête du poisson. »
Tu disais simplement les mots de tous les jours
Et moi je t'aimais bien pour ton capot de deuil
Et ton habit cousu dans la simplicité
Et pour ton baluchon de pièces de monnaie
Cet argent à tout vent que nous avons semé.

Trois bergers, trois bouviers
Fille de Loperhet
Est-il temps de danser
De mourir est-il temps ?
Nous ne serons jamais de Dieu que Ses enfants !

Tante, je suis parti par des chemins perdus
J'ai péché comme on fait dans les débits d'enfer
J'ai cherché de Merlin la harpe légendaire
Mais voici qu'à Sainte-Anne on célèbre la messe !

Trois bouviers, trois bergers
Ô filles des fontaines
Trois veuves dans le pré
La Mort à la mamelle.

Tante, je chanterai pour toi le chant des morts
Et je te dirai sainte.
La Bretagne passait par ton cœur et tes mains
Cousaient, cousaient toujours les grands habits de lin
Que revêtent pour le pardon les âmes simples.

Trois bouviers sur la route
Trois bergers dans la lande
Es-tu morte, ô ma tante
Pour l'amour de l'absoute ?

Un Breton à Paris

Ton pauvre argent, tes pauvres mots
Dans la cheminée ton sourire
Es-tu loin de Lanvaux
Reconnais-tu Coat-Hir ?
J'entends sous tes yeux clos
Ton âme qui respire.

Tu m'avais regardé comme un voyou d'enfer
Tu n'avais pas aimé les jeux de mes péchés.
« Ce sera notre croix, disais-tu à ma mère
Il ne sait pas les saints de mon calendrier
À l'école du diable il apprend à mal faire
Ma nièce, qu'attends-tu pour en faire un berger ? »

Trois bergers, des moutons
Dans la lande perdue
La brebis égarée
Et l'agnelet qu'on tue
Le feu dans le fossé
La ronce et l'écobue.

J'ai ramassé le chapelet de ta prière
Ton âme est un oiseau qui tremble dans mes mains
J'ai poussé ton fauteuil, près du mur, sous le lierre
Tu regardes la reverdie de nos jardins
Printemps ! Printemps toujours ! Que le printemps me choise
J'ai besoin de parfum, de pollen, de lumière
D'oiseaux qui dans le ciel me racontent des choses
J'ai besoin pour aimer que ma fille Françoise
Avec ses sœurs fasse pour moi fleurir les roses.

Trois bouviers, trois bergers
Mon troupeau me délivre
Mes enfants bien-aimées
Les voici dans mon livre !
Mon village repose
À la montée du soir
Ma tante, il n'est plus temps
La Mort est une morte
De l'âme avec du sang
Que la brume remporte...

Ici finit le sôn
Le chant devient prière.

Je vous ai tant aimés parents de ma misère
Que j'écoute vos pas me creuser le chemin...

Je crois au ciel, à la terre de ma chevance
Et demain, si je dois aller à Recouvrance
Je sais que je serai attendu par Quelqu'un.

Pendant que je chantais d'amour et rêvais de prosopopées, au bureau, on célébrait le départ à la retraite de M. Roulleau, mon bienfaiteur. Je le vis désemparé, accablé de compliments et de cadeaux. Il fut porté aux nues dans les discours de ceux-là qui avaient toujours cherché à lui compliquer la tâche.

Comme le champagne et le whisky commençaient à faire leur office, je fus appelé au téléphone. C'était Manuel de Diéguez que j'avais connu aux Insulaires. Il me demandait d'appeler son épouse aux Éditions mondiales. Il paraissait enchanté de devoir jouer les bons messagers.

Je pris le temps de voir pleurer M. Roulleau qui se retirait dans son pavillon de Rosny-sous-Bois.

Les dames de la rédaction essayèrent tour à tour de le consoler, mais son chagrin était immense. Il en était sûr : la passion des sonnets sans défaut ne le guérirait pas de tout ce qu'il allait laisser derrière lui et qu'il regrettait déjà bien amèrement.

Il était attaché à son titre de chef, à son fauteuil de décideur. Trois décennies qu'il était en place. Les tâches multiples et faussement imbriquées dont il ne parvenait pas toujours à délainer l'écheveau ; les petites trahisons des uns et des autres ; les mots qui se chuchotent dans votre dos ; les sourires fielleux ; les appels de Matignon, du Quai ; les intermédiaires à rabrouer ; les insolents et les importants à pendre ; tout ça qui fait vibrer les téléphones et les téléscripteurs et vous fait une actualité tricheuse, tristement inhumaine, oui, cela qu'il avait vilipendé mille fois, allait lui manquer comme une drogue. Qui agonir encore ? Après qui hurler maintenant que la messe était dite ? Après une femme qui se tenait frileusement à son ombre ?... Allez, vous autres ! Le drame est joué et tous comptes faits, je peux dire que la pièce est mauvaise. Reste au vieil Indien de quitter sa tribu pour aller mourir dans un trou préparé d'avance.

Il se laissa embrasser par les vieilles collaboratrices, accepta de serrer quelques mains, tourna le dos à ceux qui, depuis des années, lui sciaient la chaise, et grand et gros homme toujours pleurant, il s'éloigna comme un coupable.

Ce départ me bouleversa au point que j'oubliai les Éditions mondiales et prolongeai les libations de la vêprée dans un bar de la rue Washington où il m'arrivait de jouer au petit soldat.

Dans les bruits des percolateurs et des machines à sous, j'entendais M. Roulleau me reprendre, me surprendre, me proposer toute une journée de gloire. Il me disait en relevant ses lunettes sur son front et en passant une main poupine sur son visage : « Vous avez une exposition d'azalées à Auteuil. Il y aura un excellent buffet. D'Auteuil, vous vous rendrez rue du Faubourg-Saint-Honoré, chez Mme de Brémond, qui fait une conférence sur les chats et les chiens d'appartement. Vous y verrez surtout des perruches. Quoi ?... Vous aurez encore la possibilité, en prenant un taxi, de vous rendre au Salon du Caravaning. Et n'oubliez pas que dimanche vous serez à Palaiseau pour la Fête des Hirondelles à moins que vous n'alliez à Saint-Denis pour le pucelage de la Rosière. Pour toutes ces manifestations capitales, je veux cinquante lignes. Je veux des papiers clairs avec des phrases courtes et des adjectifs qui fassent images et des images susceptibles – je dis bien sus-cep-tibles – d'être originales.

» Je veux qu'on soit clair et précis comme un géomètre. Vous, je vous aime bien, ce qui ne m'a pas empêché de dire à M. Hutin tout le mal que je pense de vous. Si je devais vous faire un reproche, ce serait de me flanquer des arbres du ponant au septentrion. Même écologique, je n'aime pas du tout ce ton-là. S'il ne tenait qu'à moi, il n'y aurait plus ni chênes ni platanes autour de Paris. Les accidents y seraient plus rares et les fins de semaines plus sûres. Le paysage doit être nu comme le style ! »

Il était évidemment capable de dire le contraire de ce qu'il affirmait non sans véhémence. Là où je l'écoutais avec une attention tout à fait gravissime, c'était quand il abordait les grandes heures de notre métier.

« Que savez-vous des journalistes qui ne soit grave ?... Vous allez chercher des arguments contre eux dans les libelles, les romans de midinettes et les films de M. Tchernia. Pour moi qui peux en parler pour l'avoir un peu connu et beaucoup admiré, le journaliste, c'était Léon Daudet. Celui-là, dans notre profession, dépassait tout ce qui se peut imaginer. Je l'ai vu, à trois heures du matin, rue du Croissant, qui travaillait devant une bière, un coursier endormi sur ses chaussures. Il paraissait avoir tout son temps. Pour dégueuler sur la foire d'empoigne et les salauderies de notre époque, il n'avait pas son pareil. Journaliste, polémiste, pamphlétaire, il savait faire feu de tout bois avec une intelligence extraordinaire. Quelle école ! Comme j'étais jeune et comme alors je désirais bien faire !

– Daudet, ce Camelot du roi, ce fasciste ? exclama Jéhan Pladecoye.

– Monsieur, je vous demande de ne plus paraître ici que vous n'ayez pris un bon bain. Nous sommes dans la civilisation du savon que je sache ! Allez, lavez-vous, et ne pensez plus en pigiste ! »

Des bribes de monologues me revenaient ainsi à la mémoire. M. Roulleau avait ses certitudes, ses inquiétudes, ses colères, ses humeurs, mais aussi du cœur et de l'humour à revendre. Je savais que j'allais le regretter beaucoup.

Comme j'y pensais, une enfant de la balle quitta la mise au point de son maquillage pour venir m'entretenir de Manon Lescaut et de toutes ces filles qu'on batelait vers les îles afin de servir de putains aux forbans et aux bannis. Je me troublai car la belle avait du chien et parlait de me payer des vacances aux Bahamas.

La sotte ! Pour m'amadouer, elle se mit à boire dans mon verre et à rire avec les garçons qui riaient de ses audaces. Pas de ça, Lisette !

Je rentrai chez moi malheureux d'avoir perdu en M. Roulleau un ami comme on n'en fera plus sur la terre pour les journalistes débutants.

Ma femme mit ma crise de mélancolie sur le compte de l'alcool et me coucha tel un enfant avec des mots très durs. J'eus la sagesse de ne pas répondre.

Sur pied, dès l'aurore, avec le sentiment d'avoir quelque chose à me faire pardonner, j'arrivai au bureau avec une bonne demi-heure d'avance. Il fallut que Mlle Marie vînt m'ouvrir la porte palière.

Le téléphone crépitait déjà. Je décrochai. C'était de nouveau Manuel de Diéguez. Sa voix vibrait. Il paraissait mal contenir une sourde colère. Que lui avais-je fait ? « Vous n'avez pas appelé ma femme aux Éditions mondiales ! – C'est vrai, j'ai complètement oublié. – Elle vous attend aujourd'hui même, à dix-sept heures, au restaurant de la tour Eiffel. N'oubliez plus. Vous le regretteriez, j'en suis sûr... – Mais enfin de quoi s'agit-il ?... – Je ne suis pas mandaté pour vous le dire. Je le sais et cependant ne vous dirai rien. Soyez exact au rendez-vous que mon épouse vous donne et tout sera clair pour vous et vos amis. »

Il était à peine neuf heures. Je consultai les journaux qu'on venait d'apporter et pensai que M. Roulleau ne serait plus jamais là pour les lire et les commenter à sa manière. Histoire de me donner du courage, j'appelai Alain Bosquet, mais il faisait une conférence en Belgique ; Robert Sabatier, maintenant directeur du service de presse des Presses universitaires, recevait le pasteur Boegner ; Jean Laugier, s'apprêtait à partir en tournée d'été avec la troupe de Jacques Fabbri.

Pascal Pondaven m'ayant rejoint, parla de fonder un prix littéraire – un de plus ! – qui serait présidé par Jean Marin dont je n'avais pas oublié la voix de Londres.

« Tout est prêt, me dit-il et je sais que Roger Nimier sera des nôtres. Seul, le titre me manque. J'ai pensé à Prix des associations bretonnes de la région parisienne. »

Je faillis mourir de rire. Je dis : « Pourquoi pas Prix Bretagne ?

– Tu as raison. C'est simple et c'est nous ! Bien entendu, tu feras partie du jury. Il y aura Hervé Bazin, Paul Guimard, Roger Nimier, Henri Queffélec, Jean Markale, Louis Le Cunff et toi. Tu seras le benjamin d'une très belle famille.

– Non, ce sera Jean Markale.

– Ah bon ! Il est plus jeune que toi ? »

Je dus écrire à ces jurés potentiels pour un déjeuner d'information qui les réunirait dans une auberge jouxtant le Palais du Luxembourg. Cela me prit un temps fou. Il m'en restait assez pour me rendre à pied à la tour Eiffel.

Vers le Champ-de-Mars, la Seine me fit penser à Apollinaire, un livre ancien sous le bras. Juin moussait aux arbres en des feuillages épais d'où partaient des tourterelles. Des péniches se croisaient vers le pont Mirabeau. On criait les journaux du soir. On amusait les enfants avec des moulins tricolores que faisaient tourner des hélices.

Dès qu'elle me vit, Mme de Diéguez me conduisit à Mme Simone Del Duca qui voulut bien marquer sa surprise de me voir si jeune. Près d'elle, un garçon de mon âge qu'elle me présenta comme un disciple de M. Roger Martin du Gard.

En attendant que les invités fussent tous arrivés, René Rembauville – c'était son nom –, me dit qu'il avait mis des années à écrire son livre et des années à le faire éditer. Si l'auteur des *Thibault* ne s'en fût mêlé, il eût été comme perdu dans le maquis littéraire de la capitale.

J'avais eu moins de chance que lui. Pas de Prix Nobel pour lire par-dessus mon épaule et pas de roman édité.

Mme de Diéguez qui se souvenait de nos rencontres des Insulaires, me demanda des nouvelles de ma femme et me félicita très chaleureusement. Comme je me demandais en toute innocence le pourquoi de ces félicitations, Rembauville, en grand gosse qu'il était encore, mit ses mains autour de sa bouche et me dit en riant à la renverse : « On va se partager la bourse Del Duca ! Un million chacun, tu piges ?... »

Dans la grand-salle du restaurant, le buffet avait été dressé pour des princes. Dans des seaux d'argent, le champagne s'adornait de serviettes tandis que les petits-fours se présentaient, sur des plats d'argent eux aussi, en alignements glorieux.

L'arrivée de M. André Maurois interrompit les apartés. Il baisa la main des dames et nous félicita d'avoir le talent de notre jeunesse.

On fit cercle autour de sa personne et ce fut avec un très grand sérieux qu'il annonça que la bourse de la Fondation Del Duca, pour 1958, était partagée « entre M. René Rembauville, auteur de *La Boutique des regrets éternels* et Charles Le Quintrec, dont le roman : *Les Chemins de Kergrist*, allait paraître, à l'automne, aux éditions Albin Michel. »

Je n'en croyais pas mes oreilles. Je venais de me découvrir un mécène et un éditeur. Comme je me demandais par quel hasard mon manuscrit se trouvait entre les mains de M. Robert Esménard et de M. André Sabatier, Roger Piault, bras droit de Pierre Seghers, me dit l'avoir adressé rue Huyghens pour en avoir lu le manuscrit avec grand plaisir.

Nous fûmes invités à dire quelques mots. Rembauville s'en tira à merveille. Plus timide, je fus plus emprunté. Cette impression se dissipa lorsque je vis M. Cino Del Duca venir vers nous avec le président Edgar Faure et le (toujours) jeune ancien ministre François Mitterrand.

Edgar Faure nous congratula avec un cheveu sur le bout de la langue et la pipe à la bouche. Il nous compara aux chevaliers de la Table ronde. Nous avions enfourché nos plus fougueux destriers pour conquérir la Toison d'or et le château du Graal.

François Mitterrand nous serra la main et dit : « C'est très bien, les garçons ! Ce début prometteur demande une confirmation éclatante. Il ne faut pas décevoir mon ami Del Duca, moins encore sa charmante épouse. »

Complet bleu croisé, cheveux ondulés, regard de chat sous la broussaille des sourcils, il faisait penser, non à pas à Machiavel, comme il est dit partout, mais à Fabrice del Dongo dans les robes de la Sanseverina.

Il accepta de se laisser photographier entre les lauréats et les heureux donateurs. Edgar Faure voulut aussi figurer sur les images. Rebelote quand André Maurois, avec des mines de conspirateur, nous remit le chèque de notre célébrité. Je le glissai dans ma poche sans prendre le temps d'en regarder le montant. J'avais mieux à faire, et ce fut d'un cœur large comme ça, que j'invitai Rembauville à prendre une coupe de champagne. Du Taittinger, et du meilleur !

Nous nous regardâmes au fond des yeux comme deux jumeaux, comme deux complices. Nous étions – qui l'eût dit ? Qui l'eût cru ? – millionnaires !

Nous étions aussi pleins de projets : romans, poèmes, scénarios, pièces de théâtre. Mme Brousse à la Porte Saint-Martin !

Rembauville connaissait Jean Marchat, Marcel Herrand, Edwige Feuillère. Il envisageait de les faire jouer ensemble dans un impromptu de sa composition. La musique du divertissement, il la demanderait à Jean-Michel Jarre.

Je lui parlai de Pierre Brasseur et d'Arletty que je portais aux nues. Pour des comédiens de cette envergure, nous décidâmes de passer de l'impromptu à un drame à la fois romantique, historique, fantastique et fantasmagorique. En totale réaction contre le misérabilisme bourgeois qui sévissait sur les scènes et vidait les salles.

Nous ne serions ni les disciples de Ionesco, ni les baladins de Beckett. Nous allions jeter à la tête du Tout-Paris assez de sang pour lui faire crier grâce.

Des garçons stylés, des hôtesses charmantes nous proposèrent des rafraîchissements. Une coupe, deux coupes, tchin-tchin !

Nous nous mîmes à nous moquer des anarchistes, des maximalistes, des altruistes, des ébénistes, des véristes, des puristes, des fumistes, des misanthropes, des pithécanthropes, des marchands d'oublies, des marchands de merde, des marchands du Temple et des marchands d'esclaves qui mutilent les hommes et s'offrent des femmes à coups de fouet. Nous allions mettre bon ordre à tout ce bas commerce !...

Nous avons eu des mots très irrévérencieux pour Edgar

Faure et François Mitterrand, autrement dit pour nos grands parrains boursiers.

Les filleuls étant encore plus ingrats que les enfants, nous nous sommes gaussés de la pipe salivante de celui-ci et des airs de conspirateur de celui-là.

Après avoir de nouveau trinqué, nous avons eu une pensée et une sorte de tendresse respectueuse pour Roger Martin du Gard, mais je traitai son ami Gide, mort depuis sept ans, de pédéraste frileusement distingué. Je ne fus guère plus amène pour Jacques Prévert dont j'ai horreur des calembours, des chansonnettes et des papiers collés. Nous avons été d'accord pour tristouner Sartre entre le diable et le bon Dieu et pour applaudir aux rubans de Camus décoré par le cheval de Caligula.

Avec une coupe de plus, nous fûmes d'une iconoclastie totale. Il nous fallait abattre les murs de Babylone et relever ceux de Jéricho. Afin de venir à bout de ce terrible travail, nous allions arrêter la lune dans son décan de manière qu'elle pût être engrossée par le soleil de minuit que l'Esquimau découpe en tranches, à l'entrée de son igloo et que l'orignal, à genoux dans la neige, adore en éternité.

Quelle sainte colère quand j'y pense et quel bonheur d'être au centre d'une fête organisée rien que pour nous !

« Dis-moi...

– Tu as raison, Maurois est trop vieux, Mauriac trop dévot, Morand trop pressé... Seul, Roger Martin du Gard... »

Mme Simone Del Duca nous demanda de l'entourer pour une dernière photo, puis elle nous tendit la main en disant : « Continuez sans moi, c'est votre jour. »

Edgar Faure et François Mitterrand étant repartis, nous redemandâmes à M. Taittinger de nous avoir en complaisance. Ce fut après avoir porté un toast, puis un autre, puis un autre encore à sa santé, que nous avons entrepris de descendre, à pied, les innombrables marches de notre apothéose.

Au bas de la tour, nous nous sommes juré à la vie à la mort et nous nous sommes embrassés en frères.

J'appelai un taxi et, dans la lumière des phares, j'entrevis une dernière fois le visage de ce garçon sur qui Roger Martin du Gard fondait de si belles espérances. Je n'en ai plus jamais entendu parler.

Dans le courrier reçu dans les jours qui suivirent, ces quelques mots de Robert Sabatier : « Jean Laugier et moi avons fêté ton succès à notre manière au cours d'une soirée mémorable plus rouge que le beaujolais village ingurgité avec bravoure. Je suis fier d'être ton ami. »

4

Désireux de remercier le Seigneur de ses bienfaits : un enfant, du travail, un appartement, des prix – cela en moins d'un an –, je décidai – avec l'assentiment de Notre-Dame-des-Victoires – de me rendre à Lourdes, le long du gave de Pau.

En aurons-nous parlé de Lourdes sur la lande bretonne ! Chaque année, quelqu'un de notre parentèle faisait le pèlerinage et nous rapportait des croix, des médailles, des bénitiers et des images de la Vierge en robe blanche et ceinture bleue, les pieds nus reposant sur un églantier sauvage.

Parfois, nous héritions d'un globe qui émettait comme une pluie d'étoiles sur fond de Voie lactée ; parfois c'était l'image de Bernadette Soubirous, la petite bergère de Bartrès, saisie par le Merveilleux au pied des Espelugues.

Nous parlions de Lourdes pendant les foins et les battages, plus encore le soir, à la veillée. Dans le feu de notre foi, nous aurions pu invoquer La Salette, Ars, Pontmain ou Fatima dont la réputation n'était déjà plus à faire, mais nous « cristallisions » à partir de Lourdes que nous imaginions comme une terre de magie plus célestielle que promise.

Je décidai que ma femme et ma mère seraient du voyage. Lorsque j'étais enfant et que j'avais besoin de toute la tendresse du monde – et de celle de maman plus encore – celle-ci me disait vouloir visiter Lourdes et Paris avant de mourir.

Pour nous faire honneur et se présenter dignement à la Dame de Massabielle, elle avait revêtu ses grands habits.

Les photographes du long du gave toujours à la recherche d'un soupçon de miracle et d'un brin de pittoresque, ne voyaient que par sa coiffe, son tablier brodé et sa robe de haut velours.

On lui demanda de sourire, d'avancer, de lever les yeux au ciel, de joindre les mains, de faire semblant de chercher son chapelet, seulement, elle n'entendait pas, elle ne voulait pas entendre ces gens lancés à sa poursuite et, de ce fait, ne cherchait pas même à leur échapper.

Elle touchait au but. Elle allait voir, enfin voir ! ce qu'elle avait tant de fois ressassé dans ses prières. Par le truchement d'une humble paysanne de sa sorte, par la grâce d'une enfant pas plus savante qu'elle-même, elle allait entrer dans la vérité de sa vie.

Dans un premier temps, nous ne vîmes que la grotte. Dans un second, les dorures de la basilique du Rosaire.

Arriva le moment où, comme tous les assoiffés d'absolu, et tous ceux-là qui nous entouraient, nous nous précipitâmes à la fontaine, mais elle avait été en quelque sorte soustraite à notre dévotion, disons : modernisée. On ne s'y regardait plus le visage dans la transparence du ciel. Maintenant, l'eau pulsait le long d'un mur truffé de robinets presque rustiques. Il n'importe. Nous nous aspergeâmes la figure et baignâmes nos yeux tandis que le gave bondissait de l'autre côté du muretin protecteur.

Nous étions au milieu d'une foule hétéroclite, comme cadenassée de ferveur. Perdus en elle. Nous marchions à la cadence de la multitude qui passait de l'imploration et de la salutation au cantique avec une promptitude déconcertante.

Nous avons acheté des cierges à toutes nos intentions. Maman qui en avait promis à ses parents, à ses amis, à ses défunts, aurait voulu se ruiner à ce commerce... Las ! Lorsqu'elle s'approcha des chandeliers d'adoration, il n'y avait plus de place et ce fut à contrecœur qu'elle rangea ses « lumières », dans une caissette bleue et blanche mise à la disposition des pèlerins par une bedaille vétillarde, toujours aux aguets.

Elle se rattrapa la salutation à la bouche. Elle savait tenir là, non pas une revanche sur les malheurs et les avanies de toute une existence, mais la justification de sa foi, de sa fidélité au Seigneur, en quelque sorte, sa récompense.

De la matinée, elle ne cessa d'aller et d'aller encore dans la direction de son cœur par des sentiers secrets que des foules innombrables avaient tracés avant elle, pour elle.

Les chants des uns, les hymnes des autres, les célébrants, les desservants, les délirants, les prêcheurs et les sermonnaires ne la divertirent pas, ou très peu, de l'exercice du rosaire dont elle avait appris les vertus, dans son enfance, chez les religieuses de Grand-Champ.

Dans ce Lourdes mythique, elle émergeait de longues, très longues années de servitude. Après tant et tant d'alarmes, de soucis, de malheurs et d'épreuves, en ce jour, elle savait enfin tenir sa journée !

Qu'on rampât autour d'elle à la manière de ces défigurants espagnols qui, dans la semaine de la Passion, montent du

Sanhédrin jusqu'au Crâne avec des convulsions ; qu'on se traînât à la communion en mimant des douleurs démentielles ; qu'on allât jusqu'à perdre connaissance ou qu'on dérangeât par des cris d'agonie la procession du Saint-Sacrement, ne la dévoyait en rien de son itinéraire qui était d'embrasser les pieds du Seigneur en travers les genoux de la Sainte Vierge, pietà d'une réalité bouleversante et d'une éternité adorable.

Le spectacle des pleureuses, la houle des lamentations, les mains jointes et les cœurs repentis ne la détournaient pas de son devoir qui était de demander rémission pour les pécheurs et protection pour les siens, si peu intéressants qu'ils fussent parfois. Il lui incombait aussi de jeter les anaon [1] de notre parentèle dans le paradis perdu, mais ici retrouvé par la grâce de la Vierge Marie, apparue à Bernadette Soubirous dans toute sa gloire.

Il y avait eu des deuils, des larmes, des pauvretés honteuses, des misères inqualifiables.

Avec ses piquants d'ajonc, la lande se tenait en permanent état de révolte. Il fallait tenir compte de ses menaces afin de la dépouiller de ses pouvoirs. Il fallait également courir à un travail d'autant plus impérieux qu'à peine fait il est à refaire. Tout est toujours à refaire sur la terre des hommes de bonne volonté. Elle remercia le Seigneur qu'il en fût ainsi.

La grotte de Massabielle la fascinait. Elle y pénétra, embrassa le rocher, regretta que l'églantier sauvage de la corniche ne fût pas en fleur.

1. Peuple des âmes dispersées dans le légendaire breton.

Petite paysanne, notre mère connaissait bien la pastourelle. Elle savait que les filles de la campagne se font voyantes à volonté et qu'il arrive qu'elles aient accès au monde invisible.

En Bretagne aussi, sur la lande tondue par les galernes, on en avait vu de toutes sortes. De même, en Bigorre, la tradition voulait que Bernadette ne fût pas seule, que de Bétharram à Piétat, elle eût des devancières. Mais ce n'est pas tout de se faire voyant, ô Rimbaud ! il faut entrer dans sa voyance et la partager, comme une hostie, à tous ceux qui en ont besoin.

Avant de passer à la table d'hôte, j'emmenai maman et Violette au cachot de la famille Soubirous.

Rue des Petits-Fossés, pas un chat, pas un quidam. La voie étroite descend en pente raide vers la rivière.

Le cachot c'est celui de l'ancienne prison. Des contrebandiers, des voleurs, des vagabonds, des assassins, qui sait ? y ont séjourné pendant des décennies.

Depuis le trottoir, on y accède par un couloir sombre. À l'intérieur d'un quadrilatère de vingt mètres carrés environ, le meunier et sa famille vivaient entassés là, les uns sur les autres.

Le sol est recouvert d'ardoise en provenance de la carrière voisine. Au plafond, de grosses poutres noires et encore noircies par les mouches. Une fenêtre donne sur une cour exiguë. À l'époque de Bernadette, quelque volaille picorait dans les immondices accumulées à cet endroit.

Nombreux sont les pèlerins qui veulent voir cet antre de miséricorde. La porte de plein chêne, aujourd'hui vermoulue, et les barreaux de la fenêtre attestent le côté carcéral de ce lieu humide et froid où les rats, remontés de la rivière, disputaient de leur pitance à la poulaille.

Une religieuse, une de ces petites sœurs bleues qui vénèrent la fille du meunier, vous fait visiter un asile qui n'existe pas et vous laisse là, dans le dénuement de l'amour même, nimbé de silence.

Ce silence, nous l'avons respecté un long temps et notre mère a dit : « Que c'est triste partout la misère des pauvres gens ! À Vannes, rue de Séné, t'en souviens-tu, mon gars, on n'était guère mieux logés. C'est là que tu auras attrapé ton mal.

– Et l'asthme de Bernadette prend sa source ici », dis-je.

J'ai bien vu que maman avait envie de pleurer. Les personnes autour de nous l'auront détournée de sa compassion. Elle a dit à Violette : « Je te remercie, ma fille, de veiller sur mon fils. »

André Sajous, le voisin des Soubirous, disait qu'ils vivaient au coude à coude et que le soir, avant de se coucher, ils priaient et chantaient la gloire de Dieu d'un même cœur.

Aux aurores, quand elle ouvrait la fenêtre donnant sur la cour sordide, Bernadette s'émerveillait du passage d'une hirondelle. Une cloche d'angélus soulevait le ciel et secouait, au-dessus des monts très proches, des nuages de neige et de pluie. La gifle du vent lui était bienfaisante. Deux ou trois poules qu'elle libérait d'un semblant de perchoir, venaient à elle avec tant de confiance qu'elle se mit à les regarder avec la tendresse que d'ordinaire, les filles de son âge, réservent aux agneaux nouveau-nés.

Elle aimait le matin. Elle était persuadée que le jour qui allait suivre transformerait la terre entière. Au loin, à portée de fusil, le gave faisait son roulement sourd d'application têtue à se vouloir dans le droit fil d'une eau robuste, parfois tumultueuse, encore qu'elle eût déjà été beaucoup sollicitée par les pierres des pentes et l'amont des moulins.

Les moulins étaient de bonne fortune et nombreux sur la rivière. Que ses parents eussent été chassés du leur pour dettes, la bonne chanson de la meule qui permet de livrer à la pratique une superbe fleur de farine, enchantait la fillette. Elle serait restée des heures à regarder couler l'eau que l'eau remplace, s'il ne lui avait été demandé de se rendre utile.

Maman partit heureuse de ce qu'elle avait vu et des prières qu'elle avait faites. Je suis alors monté avec ma femme vers Bartrès, village où Bernadette garda les moutons de Marie Arravant.

Violette attire mon attention sur les portails bigourdans qui sont souvent des chefs-d'œuvre de ferronnerie.

Nous prenons par les vieux chemins qui sont ceux de la voyante et nous nous abritons d'une averse sous des chênes qui se souviennent encore de ses chansons et de ses jeux.

À la ferme Burg – en Bigorre les fermes ont toutes des noms de femmes – nous avons vu Marie Arravant lui enseigner le menu de la religion. La statue de la sainte leçon est là, dans le vestibule. Marie tient le livre ouvert et tâche de faire réciter la pauvre enfant qui n'a, semble-t-il, aucune mémoire pour le par-cœur du bon Dieu. En revanche, on devine qu'elle entre sans problème dans le mystère de l'Incarnation.

Chez Marie Arravant, Bernadette est au vestiaire de la puberté. Marie la mène comme une servante et la gronde parfois durement. Louise, sa mère, ne la reprend jamais et François, son père, souffre de la voir loin des siens.

Cet automne-là – c'est une image qui s'impose à mon esprit – on la voit partir chaque matin avec les agneaux et leurs mères vers les landes de la Grande Bergerie. Le troupeau étant encore là-haut, dans les estives, Bernadette ne garde que ceux qui sont nés juste avant et après le départ des transhumants.

Il se trouve parmi ses petits protégés ceux qui bêlent à fendre l'âme et qu'elle plaint, et ceux qui bondissent de bonheur dont elle se fait des amis.

Tout le monde ici se souvient encore de ce qui se disait autrefois des envolées primesautières de la pastourelle qui déployait des guirlandes de feuillage autour des capucines, ces fenêtres des toits qui permettent de plonger du regard en direction des monts tumultueux se chevauchant et soutenant le ciel.

Arrive l'heure de coudre, de ravauder, de filer la laine et de repousser les cendres de la cheminée à l'aide d'une plume d'oie. Dans un moment, quand les hommes seront rentrés, on passera à table. La jatte-pot est pleine de bouillie de maïs et le pintou, de madiran. Pour les moins difficiles il y aura de la garbure [1].

Bernadette se laisse gagner par ce bonheur rustique quand une voix lui parle du cachot de Lourdes où la garbure dédaignée par certains ferait merveille.

Ce matin-là, l'hiver frappant au carreau et le bois menaçant de manquer, Bernadette qui a quitté Marie Arravant, décide d'aller en chercher avec Toinette, sa sœur, et Jeanne, une voisine de leur âge.

---

1. Soupe paysanne.

Par la rue des Petits-Fossés qui est déserte et la porte du Baous, les trois fillettes gagnent les communaux et courent vers les champs de Savy.

Du côté de Massabielle, le canal rejoint la rivière. C'est un endroit de prairies plantées d'aulnes et de peupliers que dominent les flancs forestiers des Espelugues.

Moitié riant, moitié se dépêchant, les trois fillettes surprennent des colverts qui s'envolent à leur approche tandis que de maladroits halbrans cherchent à se dissimuler dans les roseaux.

Brusquement, tout semble saisi dans une sorte d'immobilité, de silence. On n'entend plus les roulements du gave. On dirait que la Terre se retient de tourner.

De l'autre côté du canal, Jeanne et Antoinette se congratulent de pouvoir ramasser tant et tant de bois mort. Elle veut les rejoindre, mais il lui faut enlever ses bas. Son asthme ne lui permet pas de rester dans des vêtements mouillés.

Tandis qu'elle s'apprête à courir vers ses compagnes, il se fait un grand coup de vent. Cependant les branches des arbres ne bougent pas. Point de risées sur l'eau, seulement l'aigre musique des égouttis et le plongeon d'une grenouille.

Intriguée, Bernadette regarde autour d'elle comme si elle se savait observée par quelqu'un. Une impression indéfinissable, qu'elle a déjà ressentie à Bartrès, au milieu de ses moutons.

Elle roule ses bas de laine pour les enfoncer dans les poches de sa blouse, se saisit de ses sabots, relève ses jupes à mi-cuisses, calcule les pas qu'elle devra faire pour passer de pierre en pierre au-dessus du torrent. À ce moment, sans trop savoir pourquoi, elle se retourne, elle regarde au-dessus de la grotte le rosier sauvage qui y fleurit hors saison. De plus en plus intriguée elle regarde encore et... elle voit.

Ce n'est qu'une ombre, rien qu'une ombre comme on en surprend dans les pâturages, sorte d'impressionnant berger qui veille à mettre les bêtes à l'abri de leurs écarts, brusqueries fantasques et dévergondées.

Elle revient sur ses pas et laisse tomber ses sabots dans l'herbe. Toinette et Jeanne ont disparu derrière les roseaux. Elle est seule avec ce rêve qui l'exprime tout entière, l'enchante et en même temps lui fait peur.

Le cachot pourrait-il s'ouvrir sur une réalité différente ? Y a-t-il de l'azur quelque part, même pour ceux qui n'y croient plus ? Y a-t-il, quelque part, assez de bois pour voler au secours de ceux qui ont froid ? Assez de pain, quelque part, pour apaiser les affamés ? De la lumière, de la tendresse, de la joie pour les tristes enfants perdus ? Le monde serait-il autre chose qu'une immense brassée de pauvres ?

Tant d'idées traversent son esprit qu'elle en est comme accablée. Même à sa mère, elle refuserait de dire comment elle espère et quels songes parfois sont les siens. Même ses parents ne pourront pénétrer dans son plus secret sanctuaire.

Elle ne sait pas encore, pas vraiment, qu'il s'agit de cela. Elle ne sait que regarder vers la grotte où se manifeste une lumière douce faite pour des yeux tranquilles. Joie ! Dans cette lumière un sourire se dessine, une bouche prend forme, des yeux apparaissent, bleus, comme peut être le ciel de Bigorre au temps de la moisson.

Il y a quelqu'un près de la roche. Une femme ? Une fée ? Non, pas une femme ! Plutôt une jeune fille. Non, pas une jeune fille ! Une enfant de son âge ! Une simple bergère.

« Aquero [1] » !

Cela est vêtu de blanc avec une large ceinture bleue qui retient la robe à la taille. Cela joint les mains et lui demande d'approcher. Elle n'ose, elle tremble. Soudain, le trouble qui s'était emparé d'elle se dissipe. Elle se met à genoux, tire de la poche de sa pèlerine son chapelet de Bétharram et prie devant *Aquero*. Cela dure une éternité.

Elle est en face d'elle-même et ne se reconnaît plus. Elle ne sait pas encore – elle ne saura sans doute jamais – que la jeunesse du monde passe par son regard, jusqu'à tout modifier autour d'elle.

Parce que pauvre, elle ne peut imaginer qu'on ait les yeux sur sa personne et cependant, voici que *Cela* – cela qui n'a pas de nom : *Aquero* plus que jamais ! – l'exhorte à la confiance, l'appelle par son prénom et lui dit des choses d'une grâce infinie dans une langue étrangère qu'elle a bien dû apprendre sur les genoux de sa mère. Jamais elle n'aurait pu imaginer que le bigourdan se modulât avec toute cette musique. Les mots volent, légers papillons de feu, passent au-dessus de sa tête, pénètrent en son esprit, le libèrent, le lavent délicieusement. Ah, bonheur, bonheur de ces ablutions célestielles !

Père, mère, Toinette, Jeanne, venez, venez vite ! Il y aura maintenant du soleil jusque dans le cachot des pauvres !

C'est grâce à Bernadette de Lourdes et à Thérèse de Lisieux que les écailles me sont tombées des yeux et que je suis entré – par privilège – dans la lumière du premier matin du monde.

---

1. « Cela », en bigourdan.

Comme cela m'est arrivé à l'ombre sacramentelle de Notre-Dame-des-Victoires, me voici déshabillé par la foudre. Je pleure à chaudes larmes et je me retrouve léger comme l'oiseau, on dirait lavé de toutes mes fautes.

Oui, avec Thérèse de Lisieux au sanatorium de la Musse et Bernadette à Massabielle, je peux, dans une même prière, réunir tous ceux qui m'ont quitté, à commencer par la vieille tante de Loperhet, Marie-Jeanne, ma grand-mère, mon père Jean-Marie et tous ceux-là des hôpitaux et des sanas qui s'en sont allés me préparer une place au chaud du Seigneur.

Je n'ai aucun pouvoir. Je ne suis pas sauvé puisqu'il me faudra travailler à mon salut jusqu'au bout, mais je me sais aimé d'En Haut et cela suffit à mon bonheur d'ici-bas.

Tous les enfants de la terre
Sont aimés d'un même amour
Va le dire à la bergère
À l'ouvrier du faubourg
Dieu nous a donné sa Mère !

Épilogue

1

J'AI quitté Lourdes par Ossun, patrie de Paul Guth. Cet arrière-petit-cousin de Bernadette Soubirous, naïf de son état, m'avait lancé en montant dans l'avion qui nous allait ramener à Paris : « Toute la Bigorre est une cantate, mais Lourdes est une hymne ! »

Dès mon retour dans la capitale, j'ai repris par les sentiers de la poésie qui ne sont connus que de quelques initiés. Pas d'affluence. Pas d'excellence. De fait, on n'y rencontre personne quand on les emprunte à partir d'une certaine ligne de crête. Pourtant, ils existent, corsètent la ville, l'ouvrent à cette lumière qui palpite du Pont-Neuf au pont Mirabeau et de Notre-Dame à Notre-Dame-des-Victoires.

Dans ces jours-là, aussi curieux que cela soit, j'ai regretté de m'être éloigné de la rue Saint-Joseph et de n'avoir plus la visite de mes amis. J'y étais, bien sûr, comme dans le cachot de Bernadette, mais aussi, comme elle, lancé dans toutes les directions d'une aventure vertigineuse.

Mme Brousse – ses conseils et ses sarcasmes – m'a beaucoup manqué. Au cœur d'une banlieue banale, il m'a bientôt semblé n'avoir plus rien à dire.

Il me fallait retrouver plus que la musique, la messe des mots. Pour y parvenir, je me récitais des fragments d'*Alcools* en marchant dans les rues, ce qui n'allait pas sans interloquer le quidam qui me prenait pour un fou.

Chez Apollinaire, il y a une ferveur d'enfance qui annonce les équipées du Grand Meaulnes sur le chemin du domaine perdu. C'est un bondissant bonheur de mélancolie.

Verlaine... Apollinaire !

Verlaine m'enchaîne à Villon et celui-ci m'entraîne au cœur du vieux Paris. De rues en ruelles, j'en imagine l'inhumanité fétide. J'entends rouler les tonneaux de vin et les fûts de salaisons sur des pavés qui s'en vont verser dans la Seine les immondices et les sangs de leurs écorcheries. Entre les cochons qu'on égorge et les chevaux que la mort épouvante, il y a place pour les polissonneries des marmousets et les amours des filles prises et surprises par le guet, le robin cornu, le prêtre frôleur, l'écrivain public, le médecin maléficieux et le forçat réchappé de l'enfer pour accabler Valjean et délivrer Vautrin.

Les rues de ce Paris-là, ne sont pas plus larges que des sentiers, mais encombrées d'éventaires, d'enseignes, de chariots, de charrettes, de poules divaguantes et de chiens errants. Près de la fontaine Notre-Dame, la populace enfiévrée piétine un chemin de fange jusqu'aux abords de la cathédrale où le criminel de service, la chemise coupée aux genoux, un cierge à la main, fait amende honorable. S'il osait repousser les sergents du prévôt et les prêtres encagoulés, il crierait son innocence, car il est innocent d'être venu au monde sans l'avoir demandé.

On dirait que dans une autre vie j'ai processionné des reliques et conduit des gueux, qui valaient mieux que moi, de l'amende honorable à la place de Grève.

Certains soirs, avec Gérard de Crancé, nous nous échappions des prés Saint-Germain pour courir vers les quartiers crasseux qui avaient notre préférence.

De la rue d'Aboukir vers les Boulevards, les artisans et les commerçants affichaient de leurs activités par des publicités outrancières. Les tailleurs s'en remettaient aux gandins de leurs catalogues plus qu'à la qualité de leurs tissus ; les opticiens aux photos de stars portant magnifiques lunettes d'écaille ; les écaillers à la touffeur de leurs oursins.

Vers la porte Saint-Denis, nous pénétrâmes un soir dans une boutique où une jeune fille nous reçut en robe de chambre. Autour de nous, paumes en relief, lignes de vie, de cœur, de réussite s'entremêlant, des mains feuillolaient dans des cadres à listons noirs.

Près de la fenêtre, on avait punaisé un texte d'André Maurois, de l'Académie française, sur les origines et les mystères de la chiromancie.

Tandis que Gérard bouffonnait à son habitude, la jeune personne apporta un guéridon et trois dépliants. Elle prit place entre nous.

Son visage était celui d'une madone de plein vent plus habituée aux injures qu'aux neuvaines. La régularité des traits et le bistre de la peau accentuaient encore la flamme sauvage des yeux.

Elle me prit la main, la tourna et la retourna dans les siennes. Son geste de recul fut suivi d'un sourire qui m'exhortait à la confiance.

Je serais heureux. C'était écrit ! J'allais confondre mes ennemis, triompher de mes difficultés, oublier les anciennes misères. Elle me voyait dans une grande maison. Auparavant, il me fallait exorciser le mal qui s'attachait à mes basques, tricher avec lui, le jeter à la mer.

« Rien n'est joué », dit-elle.

Elle me demanda deux cents francs avant d'ajouter : « Rien n'est jamais joué ! La preuve ? Les lignes de notre destin se transforment tous les jours. »

Elle n'eut pas un mot au sujet des lignes de la création artistique et littéraire dont m'avaient parlé Pierre Viaud et son épouse. J'en fus fort dépité.

Sur ces entrefaites, je reçus un appel de Jean-Pierre Giraudoux qui venait de fonder le prix Médicis avec Gala Barbizan et Denise Bourdet. Il ne me demandait pas d'entrer dans le jury, mais d'en être le secrétaire. Maurice Chapelan, Jacques Bour et Hervé Bazin me poussèrent à accepter.

Je me rendis donc, le jour indiqué, rue Princesse, chez Alexandre, où les huîtres de Belon et la selle d'agneau étaient délicieuses. En Breton ludique, Alain Robbe-Grillet faisait aussi confiance aux huîtres de chez nous. Il disait en jouant de sa moustache gaélique : « Balzac et moi », et gobait les fruits de la mer avec une plus haute fringale.

Nathalie Sarraute qui n'aimait pas les huîtres – mais qui avait tracé la voie du nouveau roman – de pleurer d'être prise pour une douairière et de n'apparaître au sommaire de la NRF que derrière l'auteur de *La Jalousie*. Il fallait toute la diplomatie et la tendresse de Dominique Aury pour apaiser si grand chagrin.

Ces comédies du parisianisme amusaient Pierre Gascar et Félicien Marceau. Jean-Pierre Giraudoux en arrachait la croix de Lorraine de sa boutonnière et se demandait pour quelles raisons il avait réuni ce beau monde.

Reconnaissante à Staline, passionnément fidèle à sa mémoire, Gala Barbizan dans la mouvance d'un richissime italien, demandait à chacun de reprendre ses esprits, de lire, de confronter ses lectures à celles des autres et d'avoir faim. Le déjeuner se terminait dans les potins d'usage.

Puisque je me permets de dire un mot du prix Médicis aujourd'hui connu dans le monde entier, j'en profiterai pour me rendre, à son invitation, à Montmartre, chez Gala Barbizan. Elle est magistralement campée dans le journal posthume de Mathieu Galey. Il a très bien vu les travers exquis de cette dame qui crut devoir me reprocher de n'être pas communiste et de ne rien savoir de la misère des classes exploitées.

Pour moi, le destin a toujours eu le visage de la poésie. « La poésie, la poésie, j'en suis malade ! » dit Alain Bosquet.

Elle est ce qui subsiste du dialogue Créateur-créature du paradis terrestre. On nous dit qu'alors la relation subliminale fut interrompue. Il me semble qu'un poète – Dante –, qu'un musicien – Mozart – sont capables de rétablir le contact fabuleux. Il y a des mots, des harmonies qui remontent à la Genèse et qui vibrent toujours très intensément dans les espaces.

L'homme, c'est son honneur, s'emploie à vouloir renouer les fils de la concertation première et ses échecs – pour importants qu'ils soient – ne parviennent pas à le décourager. Toujours il éprouve le besoin de poser les questions de sa présence au monde et de ses fins dernières.

« Dès qu'il se distingua de l'animal, écrit Renan, l'homme fut religieux. C'est-à-dire qu'il vit dans la nature quelque chose au-delà de la réalité et, pour lui-même, quelque chose au-delà de la mort. »

Torturé plus encore que douloureux, voyant avant que la voyance n'eût été mise à la mode par l'enfant de Charleville, Charles Baudelaire, dans *Mon cœur mis à nu*, fait une sorte de récapitulation des grandes questions qui se posent aux sociétés et plus encore aux individus. Les voici, telles que le poète, au même titre que le savant voudrait y répondre :

Où sont nos morts ?
Pourquoi sommes-nous ici ?
Venons-nous de quelque part ?
Qu'est-ce que la liberté ?
Peut-elle s'accorder avec la loi providentielle ?
Le nombre des âmes est-il fini
ou infini ?

Qui répondra jamais à pareil questionnaire ? Sommes-nous, par notre faute, à ce point séparés de qui nous sommes dans l'Éternité ?

La poésie nous est donnée ou nous est refusée comme l'amour et comme la grâce. Beaucoup l'aiment assez pour la vouloir servir qui doivent se contenter de l'admirer chez les autres. Beaucoup en parlent avec une sorte de désinvolture, voire de cynisme, qui ont le plus aimable commerce chez les Muses. Chateaubriand qui la vénéra toute sa vie n'en obtint que des odes fades dans le goût de Parny quand Rimbaud, qui ne fit jamais rien pour la séduire fut, potache encore, tout imprégné de son souffle et sorti de lui-même par l'efficace d'un verbe qu'il sut reconnaître à ses œuvres avant de le désavouer dans sa vie.

Dans ma solitude noiséenne, à quatre lieues du cœur de Paris, je me suis dit que si la poésie demeure un mystère, on peut se faire une idée du poète.

Il est essentiellement un homme à part. Il ne fait pas nombre. Il ne descend pas dans la rue avec des pancartes et des banderoles. Il n'est pas attendu. Il n'est pas élu. De ce fait, il peut être inquiétant pour les sociétés criminelles ou confortables.

S'il vient du peuple – c'était l'avis d'Armand Robin – il est une sorte de réprouvé. Les siens ne le comprennent pas et, presque toujours, le renient. Du haut de leur argent, les autres le méprisent. Il est d'ailleurs parfaitement méprisable aux yeux de ceux qui vont célébrant le siècle sans se rendre compte qu'il est le plus fou furieux de l'histoire de l'humanité.

Ce poète – fût-il agnostique – comprend les mille et une manifestations du surnaturel. Il s'en fait volontiers le modeste truchement.

Que l'eau soit changée en vin ; que le vin devienne sang ; que le pain se fasse chair ; qu'une Vierge enfante ; que Dieu, l'UNIQUE, soit UN en TROIS personnes, il n'y a rien là, absolument rien là pour le surprendre. En ce domaine, il est sûr que le mensonge est impossible.

Ment-il, lui, quand il surprend des îles dans les arbres, des archipels dans les nuages, des volcans au creux de ses mains ?... Non, il n'arrange pas, il n'embellit pas, quand la matière n'est plus obstacle et que la gravitation fait ce qu'elle doit.

Chant, célébration, voyage vers l'Invisible, vers l'Ineffable, vers l'Indicible, la poésie c'est ce qui reste aux hommes quand, par malheur, ils n'ont plus rien.

On l'a bien vu pendant la guerre, au cœur de la clandestinité quand Pierre Emmanuel, Loÿs Masson, Louis Parrot et Jules Supervielle entre autres, ont osé dire non aux forces de la nuit. Même tirés à peu d'exemplaire, leurs messages – et celui d'Éluard –, nous ont aidés à reprendre conscience et courage.

Dans notre cachot de la rue Saint-Joseph Jean Vodaine m'a dit : « Lorsqu'il a fallu que nous quittions précipitamment notre pays slovène, notre fuite n'empêcha pas notre mère de glisser dans son corsage le cahier de nos vieux airs. En arrivant en France, c'était là toute notre fortune. »

Je l'ai dit à Paris, à Bruxelles, à Luxembourg et à Knokke-le-Zoute où je me suis rendu à trois reprises, l'acte poétique est avant tout un acte religieux.

Quand la monstrueuse salive de la Création engluait encore toute chose, l'homme a crié son effroi. Il a prié, il a chanté, il a dansé dans l'espoir d'attendrir les forces qui l'agitaient dans son esprit et dans son cœur. Il a fait acte d'allégeance au fleuve, à la montagne, à l'océan, au ciel, au tonnerre du ciel. Le premier poème a été un chant pour se protéger de la forêt partout présente. Un chant et un agenouillement.

N'ayons pas honte de nos bons sentiments. S'ils ne font pas de bonne littérature, il n'importe !

Il nous faut préparer la Fête, convoquer les mots de la tribu pour des noces. En ce domaine notre pouvoir serait infini si nous avions la volonté de puiser largement dans les dictionnaires de la ferveur.

Des savants, oui, des savants sont venus nous dire que nous ne sollicitons que très imparfaitement les forces cosmiques, magiques, mystiques, féeriques, poétiques, qui, de toute éternité, ont été mises à notre disposition par la Providence.

En vérité, le poète ne se joue jamais la comédie. Il sait qu'il ne restera rien de notre importance quand les vautours feront silence au-dessus des rochers ou paraîtront réfléchir sur les branches d'un arbre sans feuilles, fossile vertical resurgi du néant.

C'est un grand vertige d'empires qu'il nous transmet à travers le déclin, puis la disparition de son être indivis.

Survolons avec lui des siècles de silence et contemplons avec lui une mâchoire d'ânesse oubliée dans les dunes.

Regardons-le. La mort est sa compagne. Parfois, il la regarde avec tendresse et parfois, il la jette aux ronces en sachant très bien que les ronces ont de la vigueur.

Qui ne le sait ? La mort est partout dans le chant de vie des poètes ! La petite gloire très éphémère d'un poème se paie comptant. Le poète est le nécrophore de lui-même.

Dix fois, mille fois, sans délectation, il va se pencher sur l'urne de ses cendres, sur la terre promise à son corps pas encore glorieux.

Tant de lumière en lui pour tant de ténèbres qui s'acharnent à le vouloir détruire ! Et si la lumière avait le dernier mot ? Si – comme il est dit dans les Écritures – elle circulait jusque dans l'argile ? Alors la vraie vie serait ailleurs. Autant rêver ! Mais c'est justement de rêve que nous sommes pétris. « Tout va sous terre et rentre dans le jeu[1]... » Ce jeu on le connaît et, les dés seraient-ils pipés, qu'on aura toujours plaisir à les lancer et à les voir rouler dans les étoiles.

---

1. Paul Valéry.

Un Breton à Paris

J'ai toujours su et j'ai toujours dit que la poésie est dans le pain, dans le vin, et dans la manière qu'on a de les servir. Vous qui avez faim, vous qui avez soif, faites un détour. N'ayez crainte, la table est ouverte. Venez hardiment. Frappez à la porte. Asseyez-vous sans arrière-pensée. Vous étiez, vous êtes attendus. Voici le festin qui ne finira jamais. Voici le pain des anges ! Voici le vin d'étoiles ! Quelqu'un qui vous aime ira chercher jusque dans le cœur des pierres l'étincelle et le feu.

2

NOUS avons profité d'un beau dimanche de septembre pour emmener nos filles s'amuser au milieu des arbres et jouer avec eux.

Danielle poussant le landau de Françoise et Jacqueline ramassant des fleurs et des feuilles déjà automnales, nous sommes arrivés au haut du plateau d'Avron.

Il y avait du soleil sur les vignes qui couraient le long des sentiers, entre les sureaux. À bout de branches, les quetsches avaient des reflets de pourpre cardinalice.

Comme je le faisais avec mes sœurs et mon frère du Parc-Lann au moulin du Guern, j'ai donné le signal de la cueillette. Nous avons grappillé notre saoul, puis Danielle est montée dans un arbre qu'elle a secoué d'importance. Nous avons ramassé des fruits pour notre gourmandise immédiate et, celle-ci calmée, pour des confitures. Ah, les confitures de Mme Brousse !

Le landau de Françoise nous a permis de faire des provisions. Des fruits sauvages avec une bonne odeur de miel. Notre bonheur était si grand que nous nous sommes assis à l'ombre d'un saule qui paraissait rentrer de voyage tant il y avait de fine poussière sur le dépeigné de ses branches.

Dans les lierres et les ronces, les oiseaux nous ont regardés sans manifester de réprobation. C'étaient des rouges-gorges, des pinsons, des merles, des grives, sœurs de celle qui, dans le parc du château de Montboissier, servit d'inspiratrice à M. de Chateaubriand.

Ces oiseaux du ciel préféraient les mousses et le gui des vieux pommiers. Ils se sont enfuis à l'arrivée de l'homme.

J'ai cru devoir m'avancer vers l'inconnu. « Excusez-nous, lui ai-je dit, nous avons cueilli de vos fruits. Je suis prêt à payer...

– Laissez cela, m'a-t-il répondu... Tenez, mon verger vous est ouvert. Prenez ! Emportez tout ce que vous pourrez ! Cela me fera le plus grand plaisir.

» Voyez, monsieur, la culture ici, c'est fini. Dans quelques semaines, ces arbres magnifiques vont *donner* pour la dernière fois. On va raser les haies, on va tout chambouler, creuser ici, niveler là, combler plus loin. Des marteaux-piqueurs, des pelleteuses vont entrer en action. Tout va être aplani. Nous allons tout perdre, jusqu'à nos souvenirs les plus chers. C'est d'extrême justesse que nous avons réussi à obtenir qu'on ne touche pas aux tombes de nos anciens. Dieu merci, mes vieux parents et ma femme ne verront pas tout ce gâchis. Mes enfants, eux, sont déjà loin. Je reste seul à regarder ce qui, demain, ne sera plus, et qui nous fut bonheur. »

Il a souri à Françoise qui s'amusait des papillons qui la venaient visiter et il s'est éloigné, triste, résigné, sans un mot de plus.

Nous avons poussé jusqu'à Neuilly-Plaisance. Les hirondelles se rassemblaient aussi pour un départ. Dans une prairie où les arbres avaient cédé la place à des pylônes, des vaches avec de l'herbe jusqu'au ventre, paissaient avec une sorte d'application têtue. À l'abri de ses murs, une ferme faisait encore semblant de croire à une solidité séculaire. Dans son ensemble, le plateau paraissait ignorer les mauvais coups qu'on allait lui porter.

Dans le dos des enfants qui s'émerveillaient d'un lapin débusqué à la limite d'une luzerne, j'ai dit à ma femme que c'était là la fin d'un monde ; qu'il y avait encore là une raison, une joie de vivre qu'on ne connaîtrait plus. Même les arbres ne joueront plus dans leur jeunesse. Partout, le long des routes, on les abat sans pitié.

La campagne est en miettes. Demain, le monde ne sera plus qu'un immense cloaque citadin. Certes, il y aura des réserves. On y conduira des êtres désemparés qui, naguère encore, allumaient les feux de l'amour entre trois pierres et trois libellules. Faut-il désespérer pour autant ?... Non. La Sagesse éternelle suscitera toujours des hommes de lumière au milieu des multitudes et, toujours, nous serons sauvés par quelques-uns.

Suite de la page 4

Récits

PAIN PERDU
DES MATINS DANS LES RONCES, prix Saint-Simon

Journal

LES OMBRES DU JOUR (1970-1980)
LES LUMIÈRES DU SOIR (1980-1985)
L'ESPÉRANCE DE LA NUIT (1985-1993)

Chez d'autres éditeurs

LES NOCES DE LA TERRE (poèmes), Grasset, prix Max-Jacob
ALAIN BOSQUET (essai), Seghers
CHOIX DES POÈMES, avec une étude de Robert Lorho, Seghers
LES TEMPS OBSCURS (poèmes), René Debresse, prix Gérard-de-Nerval
CARNAC, Ouest-France
LES GRANDES HEURES LITTÉRAIRES DE BRETAGNE, Ouest-France, prix des Écrivains bretons
CHATEAUBRIAND ET LE PAYS DE COMBOURG, Ouest-France
BRETAGNE EST UNIVERS, Ouest-France
LITTÉRATURES DE BRETAGNE, Ouest-France
LA FÊTE BRETONNE, Ouest-France
LOURDES, Champ Vallon
DES ENFANTS DE LUMIÈRE (nouvelles), Liv' Éditions
VENT D'ÉTOILES (nouvelles), Liv' Éditions
SAINTE ANNE D'ARVOR OU LA GRÂCE DE LA BRETAGNE, Éditions S.O.S.

Charles Le Quintrec s'est vu décerner
le Grand Prix de la Société des Gens de lettres
pour l'ensemble de son œuvre.

Cet ouvrage, composé
par I.G.S. - Charente Photogravure
à L'Isle-d'Espagnac,
a été achevé d'imprimer sur Roto-Page
par l'Imprimerie Floch à Mayenne,
pour les Éditions Albin Michel
en septembre 2002.

N° d'édition : 20900.
N° d'impression : 55063.
Dépôt légal : octobre 2002.
Imprimé en France.